心理劇的アプローチと小学校の通級指導教室

― 発達障害児への教育支援 ―

都築繁幸・長田洋一　共著

まえがき

　障害児者を取り巻く環境は、ここ 10 余年の間に大きく変化しています。教育面では 2007 年度より「特別支援教育」に転換され、小学校・中学校及び高等学校において特別なニーズがある児童生徒の支援が推進されています。

　通級による指導は、1993 年度から制度化されています。通級による指導は、自立活動を主とし、必要に応じて教科の補充指導を行うことができます。2006 年 3 月に学校教育法施行規則が一部改正され、2006 年度から学習障害（LD）や注意欠如多動症（ADHD）、自閉症その他の障害のある子どもが通級による指導の対象として正式に位置づけられました。自閉症の児童生徒は、他人と社会的な関係を形成することに困難を伴い、コミュニケーションの問題のみならず、行動上の問題、学習能力のアンバランスが混在し、通常の学級における一斉指導だけでは十分な成果が上げられない場合があります。こうした場合には、円滑なコミュニケーションをとるための知識・技能を指導内容とした個別指導が必要になり、その個別指導の般化場面として小集団指導（グループ指導）が必要な場合もあります。小集団指導では、個別指導で学んだことを学校の決まりや適切な対人関係を維持するための社会的なルールの確認など、社会的適応に関することが主なねらいとなります。

　文科省の資料によると 2017 年度現在、小学校で通級による指導を受けている児童は、全国で約 97,000 人います。これは、制度化当初と比べて 9 倍の人数であり、通級による指導へのニーズが高まっています。通常の学級において気になる子どもが 6.5％程度みられますが、そのうちの 1.1％程度しか、通級指導教室の対象となっていません（文科省、2019）。指導の実際面では、自閉症スペクトラム (ASD) の社会性等を改善するためにソーシャルスキルトレーニング（SST）が試みられ、一定の成果が得られていますが、子ども自身が SST の必要性を感じ、意欲をもって取り組むようになるには、一般的なソーシャルスキルを順番に教え、練習するだけでは不十分であるとの指摘もあります。

　発達障害者に様々な技法が適用されています。心理劇による治療技法が特別支援学校や福祉現場に適用され、『発達障害のための心理劇－想いから現に－』としてまとめられています（高原朗子編著、九州大学出版会、2007）。高原氏は、その後も実践を展開され、『軽度発達障害のための心理劇－情操を育む支援法－』（高原朗子編著、九州大学出版会、2009）、『発達障害児の生涯支援－社会への架け橋「心理劇」－』（高原朗子編著、九州大学出版会、2012）を公刊されています。

　心理劇は、もともと病院臨床技法として考案されたものです。高原氏が心理劇を福祉現場に活用し、実践されたことは、発達障害者の支援において先導的な試みであったと言えます。本書は、高原氏の実践から示唆を得て、発達障害者の社会性を改善する技法として心理劇を学校教育場面、特に通常の学校の通級指導教室に適用した実践書です。

　通級指導教室は、1993 年度から制度化されましたが、その運用の報告を目にすると千差万別であることがわかります。

　第 1 部は、理論編（Ⅰ）として、国内の文献を中心に通級指導教室の実践を整理しました。第 1 章で通級指導教室の制度的側面、第 2 章で通級指導教室における実践研究の動向を概観しました。

　第 2 部は、理論編（Ⅱ）として、心理劇の教育現場への導入について述べました。まず、第 3 章で心理劇と発達障害者の支援を概観しました。高原氏の実践をベースに地域療育活動で心理劇を試

み、学校教育への適用の足掛かりを得ようとして行った実践が第4章でまとめられています。第5章では、中学校の自閉症・情緒障害特別支援学級で心理劇を試みた実践を紹介しました。小学校の通級指導教室で心理劇を適用するための手がかりを得ようとしました。第6章では、本書が試みた「心理劇的アプローチ」に関する基本的な考え方などを述べました。第4章と第5章の実践をもとに、通級指導教室で心理劇の実践を構想している中で、高良聖の『サイコドラマの技法』（岩崎学術出版社、2013）の「童話を用いた心理劇」の事例に出会いました。これは、統合失調者への心理劇技法の一つとして「童話」を用いた心理劇の実践です。これを参考にしながら、心理劇の本来のねらいを堅持させながら、心理劇を通級指導教室に適用しようと考えました。本書では、高原氏らの実践と区別するために、「童話を題材にして、児童に自分の役柄を自由に演じさせる」指導を「心理劇的アプローチ」としました。

第3部は、実践編（Ⅰ）です。通級指導教室における心理劇的アプローチの実際を述べました。本書では、試行錯誤する中で行った、最近の実践の中から4例を紹介しています。第7章から第10章の実践例は典型的なものではありません。公立の小学校の通級指導教室において普段着のまま、実践を行ったものです。それらの実践を第11章で総括しました。本書で示した事例紹介のスタイルは、典型的な心理劇研究と様式は異なっています。教育現場において教師が心理劇的アプローチをイメージしやすいように資料を提示しています。

第4部では、実践編（Ⅱ）として通級指導教室において心理劇的アプローチを展開していくための諸要件を述べました。ソーシャルスキルトレーニング（SST）と心理劇的アプローチについて言及しています。通級指導教室のサービスを拡充していくために小集団学習形態でどのように発達障害児の指導方法を改善していくかに主眼をおいています。その一つが心理劇的アプローチです。

本書は、もとより、前述した高原氏、高良氏著作のように、臨床心理学的基盤に基づいて実践された大著ではありません。臨床心理学で定式化されている心理劇を現状の通級指導教室に適用し、発達障害児の教育支援の発展に寄与したいと考えました。

本書は、筆者らの特別支援教育に関する実践報告等の中から「心理劇」と「通級指導教室」に関するものを選び、それらを加筆・修正し、まとめ直しました。執筆にあたっては、都築と長田で協議し、合意したものを最終的に本書の内容としました。執筆にあたり、プライバシーには十分に注意し、内容を損なわない範囲で脚色が施されていることを付記しておきます。また、本書で紹介した実践例には、多くの方々が関与されています。一々、お名前をお出ししておりませんが、関係者には厚く御礼申し上げます。

最後に本書を出版するに当たり、構成の段階から相談にのって頂き、ご尽力いただいたジアース教育新社代表取締役の加藤勝博氏、編集部長の舘野孝之氏、編集部の西村聡子氏に深く感謝申し上げます。

2020年3月14日
都築繁幸
長田洋一

もくじ

まえがき …………………………………………………………………………… 2

第Ⅰ部　　理論編（Ⅰ）･･･通級指導教室の実践 ……………………………… 9

第1章　　通級指導教室の経緯と制度的位置づけ ………………………………… 10
　第1節　特別支援教育における通級指導教室 ……………………………………… 10
　　第1項　特別支援教育の現状 …………………………………………………… 10
　　第2項　通級による指導の制度化の経緯 ……………………………………… 11
　第2節　通級による指導の制度的位置づけ ……………………………………… 12
　　第1項　対象となる児童 ………………………………………………………… 12
　　第2項　特別の教育課程の編成 ………………………………………………… 13
　　第3項　自立活動 ………………………………………………………………… 13
　　第4項　実施形態 ………………………………………………………………… 15
　第3節　巡回指導方式による指導の実際 ………………………………………… 15
　　第1項　巡回指導方式の概要 …………………………………………………… 15
　　第2項　指導事例 ………………………………………………………………… 17
　　第3項　保護者や学級担任との関係 …………………………………………… 19
　　第4項　個別の指導計画の作成 ………………………………………………… 21

第2章　　小学校通級指導教室における実践研究の展開 ………………………… 24
　第1節　通級指導教室の発達障害児に対する指導内容と指導形態 …………… 24
　　第1項　障害種別に見た指導内容と指導形態 ………………………………… 24
　　第2項　通級指導教室の役割との関連 ………………………………………… 26
　第2節　アスペルガー症候群（ASD）の対人関係の向上をめざした小学校の実践　26
　　第1項　通常の学級で行われた実践 …………………………………………… 26
　　第2項　学級全体で行われた実践 ……………………………………………… 31
　　第3項　通級指導教室で行われた実践 ………………………………………… 31
　　第4項　特別支援学級で行われた実践 ………………………………………… 33

第2部　　理論編（Ⅱ）･･･心理劇の学校教育場面への導入 ………………… 35

第3章　　心理劇と発達障害者の支援 ……………………………………………… 36
　第1節　心理劇とは ………………………………………………………………… 36
　　第1項　経緯 ……………………………………………………………………… 36

　　第 2 項　心理劇の構成 …………………………………………………………… 37

　　第 3 項　発達障害者への心理劇技法 ……………………………………………… 37

　第 2 節　施設・病院等で実践された心理劇 ………………………………………… 37

　　第 1 項　1980 年代・1990 年代の取組 ………………………………………… 37

　　第 2 項　2000 年代の取組 ………………………………………………………… 39

　　第 3 項　2010 年代の取組 ………………………………………………………… 42

第 4 章　地域療育活動における心理劇の適用 ……………………………………… 44

　第 1 節　地域療育活動における心理劇の適用（Ⅰ）……………………………… 44

　　第 1 項　小学校 4 年生の高機能広汎性発達障害児の集団に対する心理劇の適用…… 44

　　第 2 項　指導の経過 ………………………………………………………………… 46

　　第 3 項　実践上の課題 ……………………………………………………………… 46

　第 2 節　地域療育活動における心理劇の適用（Ⅱ）……………………………… 48

　　第 1 項　小学校の高機能広汎性発達障害児の宿泊活動における集団心理劇の適用… 48

　　第 2 項　指導の経過 ………………………………………………………………… 49

　第 3 節　地域療育活動における心理劇の適用（Ⅲ）……………………………… 51

　　第 1 項　教育相談までの経緯 ……………………………………………………… 51

　　第 2 項　対象児の概要と手続き …………………………………………………… 52

　　第 3 項　指導の経過 ………………………………………………………………… 53

　　第 4 項　活動の振り返り …………………………………………………………… 57

第 5 章　中学校自閉症・情緒障害特別支援学級における心理劇の適用 ………… 60

　第 1 節　実践の概要 …………………………………………………………………… 60

　　第 1 項　背景 ………………………………………………………………………… 60

　　第 2 項　指導計画の概要 …………………………………………………………… 60

　第 2 節　指導の経過 …………………………………………………………………… 65

　　第 1 項　様子の概要 ………………………………………………………………… 65

　　第 2 項　知的に遅れがある生徒の様子 …………………………………………… 66

　　第 3 項　会話場面 …………………………………………………………………… 67

　第 3 節　指導の振り返り ……………………………………………………………… 73

　　第 1 項　心理劇 ……………………………………………………………………… 73

　　第 2 項　ソーシャルスキルトレーニングと心理的アプローチの融合 ………… 75

第 6 章　心理劇的アプローチの構想 ………………………………………………… 77

　第 1 節　通級による指導を巡る諸問題 ……………………………………………… 77

　　第 1 項　通級担当者の実践に対する意見 ………………………………………… 77

　　第2項　通級指導教室の運営に関する問題 ………………………………………………… 78

　　第3項　通級指導教室の実践研究からの諸問題 …………………………………………… 79

　第2節　発達障害者への支援 ……………………………………………………………………… 81

　　第1項　社会性や対人関係の支援 ……………………………………………………………… 81

　　第2項　療育の場等における心理劇による発達障害者への支援 …………………………… 81

　第3節　心理劇の変法としての心理劇的アプローチ ………………………………………… 82

　　第1項　童話の導入 …………………………………………………………………………… 82

　　第2項　心理劇的アプローチと他の活動との差異 …………………………………………… 83

　第4節　心理劇的アプローチの実施方法 ……………………………………………………… 86

第3部　　実践編（Ⅰ）···通級指導教室における心理劇的アプローチの実際 ··· 89

第7章　知的な遅れのない3年生男子2名に対する実践（事例1）………………………… 90

　第1節　対象児の概要と手続き ………………………………………………………………… 90

　　第1項　対象児の概要 ………………………………………………………………………… 90

　　第2項　手続き ………………………………………………………………………………… 90

　第2節　指導の経過 ……………………………………………………………………………… 91

　　第1項　心理劇的アプローチの注目行動 …………………………………………………… 91

　　第2項　セリフと動作・行動のプロセスレコード ………………………………………… 92

　第3節　まとめ …………………………………………………………………………………… 98

第8章　知的な遅れのある5年生女子と4年生男子に対する実践（事例2）……… 101

　第1節　対象児の概要と手続き ……………………………………………………………… 101

　　第1項　対象児の概要 ……………………………………………………………………… 101

　　第2項　手続き ……………………………………………………………………………… 101

　第2節　指導の経過 …………………………………………………………………………… 102

　第3節　まとめ ………………………………………………………………………………… 110

第9章　知的能力に差のある3年生男子2名に対する実践（事例3）………………… 112

　第1節　対象児の概要と手続き ……………………………………………………………… 112

　　第1項　対象児の概要 ……………………………………………………………………… 112

　　第2項　手続き ……………………………………………………………………………… 112

　第2節　指導の経過 …………………………………………………………………………… 113

　　第1項　心理劇的アプローチの注目行動 ………………………………………………… 113

　　第2項　授業中の様子 ……………………………………………………………………… 115

　　　第3項　セリフと動作・行動のプロセスレコード ……………………………… 115
　　　第4項　映像による自己フィードバック時の児童の反応 …………………… 120
　　　第5項　学級担任による通常の学級での行動の観察 ………………………… 121
　　第3節　まとめ ………………………………………………………………………… 123

第10章　知的な遅れのある4年生男子2名に対する実践（事例4）……………… 125
　　第1節　対象児の概要と手続き ……………………………………………………… 125
　　　第1項　対象児の概要 ……………………………………………………………… 125
　　　第2項　手続き ……………………………………………………………………… 126
　　第2節　指導の経過 …………………………………………………………………… 127
　　　第1項　心理劇的アプローチの注目行動 ……………………………………… 127
　　　第2項　セリフと動作・行動のプロセスレコード ……………………………… 129
　　　第3項　映像による自己フィードバック時に児童が示した反応 …………… 131
　　　第4項　児童の感想の分析 ……………………………………………………… 132
　　　第5項　学級担任による通常の学級での行動の観察 ………………………… 134
　　第3節　まとめ ………………………………………………………………………… 136

第11章　心理劇的アプローチによる対象児の変化 ……………………………… 138
　　第1節　通級指導教室と通常の学級における変化 ……………………………… 138
　　　第1項　通級指導教室における変化の特徴 ………………………………… 138
　　　第2項　通常の学級で見られた変化の特徴 ………………………………… 139
　　第2節　ＡＳＤの症状の変化の特徴 ……………………………………………… 140
　　　第1項　社会性の障害（対人関係、級友との付き合いかた）……………… 140
　　　第2項　こだわり（固執性）……………………………………………………… 141
　　第3節　事例別の特徴から見た対象児の変化 …………………………………… 141
　　　第1項　在籍する学級の違い …………………………………………………… 141
　　　第2項　知的な能力差 …………………………………………………………… 142
　　第4節　児童の変化をもたらした要因 …………………………………………… 143
　　　第1項　映像による自己フィードバック ……………………………………… 143
　　　第2項　童話の取り上げ方 ……………………………………………………… 144
　　　第3項　実施回数 ………………………………………………………………… 145

第4部　実践編（Ⅱ）…通級指導教室における心理劇的アプローチの展開 …147

　第12章　心理劇的アプローチと通級指導教室 ………………………………… 148

第1節　従来の手法と心理劇的アプローチとの違い ……………………………… 148

第1項　ＳＳＴと心理劇的アプローチの違い ……………………………………… 148

第2項　高原・高良の実践と心理劇的アプローチの違い ……………………… 148

第2節　心理劇的アプローチを実施する上での留意点 ………………………… 152

第1項　心理劇的アプローチの流れや手順 ……………………………………… 152

第2項　心理劇的アプローチを行う際の通級担当教師の役割 ……………… 153

第3節　心理劇的アプローチを導入するための周囲への働きかけ …………… 156

第1項　学級担任への働きかけ …………………………………………………… 156

第2項　保護者への働きかけ ……………………………………………………… 158

第4節　これからの通級指導教室 ………………………………………………… 159

第1項　通級指導教室の課題 ……………………………………………………… 159

第2項　自閉症スペクトラム障害の支援の課題 ………………………………… 160

第3項　心理劇的アプローチの概要 ……………………………………………… 160

第4項　総括：通級指導教室で心理劇的アプローチを行うことの意義 ……… 161

本書の出典　……………………………………………………………………………… 163

文献　……………………………………………………………………………………… 164

あとがき　………………………………………………………………………………… 169

第1部　理論編（I）　通級指導教室の実践

　通級指導教室は、1993年度から制度化した。その後、2006年3月に学校教育法施行規則が一部改正され、2006年度からLDやADHD、自閉症その他の障害のある子どもが通級による指導の対象として正式に位置づけられた。そして2007年度から特殊教育から特別支援教育に移行された。

　2005年4月には発達障害者支援法が施行され、発達障害者の定義と社会福祉法制における位置づけを確立し、発達障害の早期発見、発達支援を行うことに関する国及び地方公共団体の責務、発達障害者の自立及び社会参加に資する支援が明文化された。同法には、発達障害者支援センター設立などの施策も入っており、我が国は、障害の早期診断・療育・教育・就労・相談体制などにおける発達障害者支援システムを確立しようとしている。

　一方、国連では、2006年12月に「障害者権利条約」が採択された。教育面では、障害者が障害を理由にインクルーシブ教育システムから排除されないこと、障害を理由に無償でかつ義務的な教育から排除されないこと、個人に必要とされる合理的排除が提供されることが挙げられ、障害者の教育がインクルーシブ教育システムの下で必要な支援が提供され、個別化された支援を保障することをめざしている。我が国は、2014年1月に障害者権利条約に批准し、この条約の順守を遂行している。2013年6月に「障害者差別解消法」が成立し、2016年4月から施行されている。このように我が国の障害者支援は、国連の「障害者権利条約」や「障害者差別解消法」を含め、整備された一連の法体系の下で展開されていく状況となった。

　本書は、自閉症その他の障害のある子どもを対象にした通級指導教室が、インクルーシブ教育システムの中でどのような役割を果たしていくべきかを考えていく。

　第1部は、理論編として通級指導教室の制度的側面と実践研究の振り返りとなるが、第1章では、まず、特別支援教育の現状にふれ、通級による指導の制度化の経緯を述べる。次に通級による指導の概要を述べ、巡回指導方式による指導の実際を述べる。

　第2章では、第1節においてLDやADHD、自閉症その他の障害のある子ども（以下、発達障害児）に対する通級指導教室における指導内容と指導形態を検討する。第2節では、アスペルガー症候群に焦点を当て、対人関係の向上を目指した実践を整理する。

第Ⅰ章　通級指導教室の経緯と制度的位置づけ

第Ⅰ節　特別支援教育における通級指導教室

第Ⅰ項　特別支援教育の現状

　現在、我が国の特別支援教育は、「障害者の権利に関する条約」等に基づき、障害のある者と障害のない者が共に学ぶことを追求し、個別の教育的ニーズのある児童生徒に対し、自立と社会参加を見据え、その時々で教育的ニーズに最も的確に応える指導を提供できる、多様で柔軟な整備を進めている（文科省、2019）。

　特別支援教育の現状を表1に示す（文科省、2019）。特別支援学校は、障害の程度が比較的重い子どもを対象とし、専門性の高い教育を実施し、特別支援学級は、障害の種別ごとに学級編成をして子ども一人ひとりに応じた教育を実施している。「通級による指導」は、1993年度から制度化された。通常の学級に在籍する障害のある児童生徒が、各教科等の大部分の授業を通常の学級で受けながら、一部の授業について、障害に応じた特別の指導を「通級指導教室」といった特別な場で受ける指導形態のことである。通級による指導は、障害の状態がそれぞれ異なる個々の児童生徒に対し、個別指導を中心とした特別の指導をきめ細かに、弾力的に提供する（文科省、2019）。通級による指導は、全児童生徒の1.1％に支援を提供している。

表1　特別支援教育の現状（文科省初等中等教育局特別支援教育課、2019)

	特別支援学校	小・中学校等	
		特別支援学級	通級による指導
概要	障害の程度が比較的重い子供を対象として、専門性の高い教育を実施	障害の種別ごとの学級を編制し、子供一人一人に応じた教育を実施	大部分の授業を在籍する通常の学級で受けながら、一部の時間で障害に応じた特別な指導を実施
対象障害種と人数（平成29年度）	視覚障害　　　　　（約5,300人） 視覚障害　　　　　（約8,300人） 知的障害　　　（約128,900人） 肢体不自由　　　（約31,800人） 病弱・身体虚弱　　（約19,400人） ※重複障害の場合はダブルカウントしている 合計：約141,900人 （平成19年度の約1.3倍）	知的障害　　　　（約113,000人） 肢体不自由　　　　（約4,500人） 病弱・身体虚弱　　（約3,500人） 弱視　　　　　　　（約500人） 難聴　　　　　　（約1,700人） 言語障害　　　　（約1,700人） 自閉症・情緒障害（約110,500人） 合計：約235,500人 （平成19年度の約2.1倍）	言語障害　　　　（約37,600人） 自閉症　　　　　（約19,600人） 情緒障害　　　　（約14,600人） 弱視　　　　　　　（約200人） 難聴　　　　　　（約2,200人） 学習障害　　　　（約16,500人） 注意欠陥多動性障害（約18,100人） 肢体不自由　　　　（約120人） 病弱・身体虚弱　　（約30人） 合計：約109,000人　※公立小・中 （平成19年度の約2.4倍）
幼児児童生徒数（平成29年度）	幼稚部：約　1,400人 小学部：約41,100人　　全児童生徒の 中学部：約30,700人　　0.7％ 高等部：約68,700人	小学校：約167,300人　　全児童生徒の 中学校：約　68,200人　　2.4％	小学校：約97,000人　　全児童生徒の 中学校：約12,000人　　1.1％ 高等学校は平成30年度から開始
学級編制定数措置（公立）	【小・中】　1学級6人 【高】　　　1学級8人 　※重複障害の場合、1学級3人	1学級8人	【小・中】13人に1人の教員を措置 ※平成29年度から基礎定数化 【高】　加配措置
教育課程	各教科等に加え、「自立活動」の指導を実施。障害の状態等に応じた弾力的な教育課程が編成可。 ※知的障害者を教育する特別支援学校では、他の障害種と異なる教育課程を編成。	基本的には、小学校・中学校の学習指導要領に沿って編成するが、実態に応じて、特別支援学校の学習指導要領を参考とした特別の教育課程が編成可。	通常の学級の教育課程に加え、又はその一部に替えた特別の教育課程を編成。 【小・中】週1～8コマを標準 【高】年間7単位以内
	それぞれの児童生徒について**個別の教育支援計画**（家庭、地域、医療、福祉、保健等の業務を行う関係機関との連携を図り、長期的な視点で教育支援を行うための計画）と**個別の指導計画**（一人一人の教育的ニーズに応じた指導目標、内容、方法等をまとめた計画）を作成。		

出典：文科省ホームページ
(http://www.mext.go.jp/component/a_menu/education/micro_detail/__icsFiles/afieldfile/2019/03/06/1414032_09.pdf)

第2項　通級による指導の制度化の経緯

　東京都は、国が制度化する30年前の1962年から、区市町村教育委員会が小・中学校の一部に拠点的に「通級学級」を設置するなど、先駆的な取組を行ってきた。こうした取組が次第に全国に及ぶようになり、文科省も制度の動きを模索していた。

　1992年4月の「通級による指導に関する充実方策について（審議のまとめ）」にその経緯が端的に示されている。

　　　我が国の特殊学級は、1947年の学校教育法の制定により、学校制度上明確に位置付けられ、特殊学級が、1955年から1965年（昭和30年代から40年代）を中心に急速に整備が進められ、軽度の心身障害児の教育の場として、重要な役割を果たしている。

　　　当初、特殊学級は、児童生徒が籍を置き、大半の指導を受ける場として想定され整備されてきた。いわゆる「固定式」の特殊学級である。しかし、近年、各教科等の指導の大半を通常の学級で受けつつ、心身の障害の状態等に応じた特別の指導を特殊学級等で受けるという形態での教育が行われる例が見られ、障害の種類・程度によっては、一般的な教育の形態となりつつある。これが「通級」である。

　　　このような「通級」による指導は、心身障害児のうち、各教科等については通常の学級において指導するのが適当であるようなものに対しては、有効な教育の形態であると考えられている。既に、1978年に、文部省の特殊教育に関する研究調査会の報告「軽度心身障害児に関する学校教育の在り方」も、軽度心身障害児に対する具体的方策の1つとして、「通級による指導」を考慮すべきことを提言している。また、1987年の臨時教育審議会の第3次答申や、1988年の教育課程審議会の答申においても、「通級学級」における指導体制の充実や、教育条件の改善を図るべきことが述べられている。

　　　このような「通級」による指導については、これまで教育課程上の位置付けや、対象となる児童生徒の障害の種類・程度、指導内容・方法が明確にされておらず、また、学級編制上も従来の基準には当てはめがたいなどの問題があり、これらの問題を検討し、解決することが必要となっていた。

　　　また、最近、いわゆる「学習障害児」の問題が重要な課題となっており、「通級」による指導が効果的であるとの指摘も行われている。

　文科省は、この「審議のまとめ」を受け、1993年度から通級による指導を制度化した。当時、学習障害（以下、ＬＤ）等の実態が明らかでなかったために具体的な指導方法等は検討課題とされ、ＬＤ等は正式に通級の対象とはならなかった。

　2005年12月に中央教育審議会が「特別支援教育を推進する制度の在り方について（答申）」をとりまとめ、「通級による指導」においてＬＤや注意欠陥多動性障害（以下、ＡＤＨＤ）をその対象にすることや指導時間数の制限を緩和すること等の見直しを示した。これを受け、2006年3月に学校教育法施行規則が一部改正され、2006年度からＬＤやＡＤＨＤ、自閉症その他の障害のある子どもが通級による指導の対象として正式に位置づけられた。さらに通級による指導の対象であ

る「情緒障害者」の分類から自閉症等が独立して規定された。

第２節　通級による指導の制度的位置づけ

　前節で述べたように、「通級による指導」は、大部分の授業を通常の学級で受けながら、一部、障害に応じた特別の指導を特別な場（通級指導教室）で受ける指導形態のことであり、障害による学習上又は生活上の困難を改善し、又は克服するため、特別支援学校指導要領の「自立活動」に相当する指導を行うものである（文科省、2019）。以下、通級による指導の制度的位置づけを述べる。

第１項　対象となる児童

　現在、対象となっている児童は、言語障害、自閉症、情緒障害、弱視、難聴、ＬＤ、ＡＤＨＤ、肢体不自由、病弱及び身体虚弱の児童である。通常の学級での学習におおむね参加でき、一部特別な指導を必要とする程度の者である。知的障害については、障害の特性や発達状態に応じた特別の教育課程や指導法により比較的多くの時間、特別支援学校において指導することが効果的であり、ほとんどの時間、通常の学級で通常の授業を受けながら通級するという教育形態はなじまないことから通級による指導の対象になっていない（文科省、2019）。

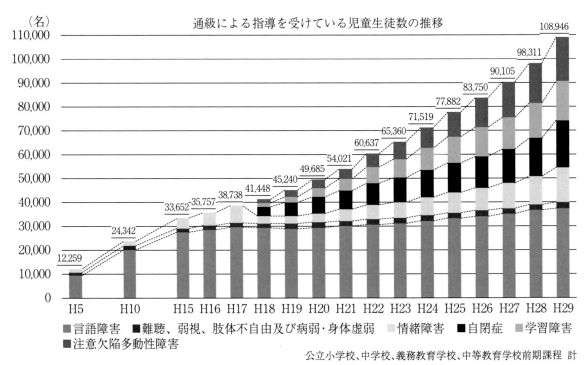

通級による指導を受けている児童生徒数の推移

公立小学校、中学校、義務教育学校、中等教育学校前期課程　計

※「注意欠陥多動性障害」及び「学習障害」は、平成18年度から新たに通級指導の対象として学校教育法施行規則に規定
　（併せて「自閉症」も平成18年度から対象として明示：平成17年度以前は主に「情緒障害」の通級指導教室にて対応）
※H5、H10は参考として記載。H6〜H9、H11〜H14は省略

出典：文科省ホームページ
(http://www.mext.go.jp/component/a_menu/education/micro_detail/__icsFiles/afieldfile/2019/03/06/1414032_09.pdf)

第2項　特別の教育課程の編成

　通級による指導は、学校教育法施行規則第140条及び第141条に基づいて行われる。通級による指導は、障害に応じた特別の指導を通常の教育課程に加え、又はその一部に替えて行う。通級による指導を受ける児童については、特別の教育課程を編成する必要がある。

　障害に応じた特別の指導は、「障害による学習上又は生活上の困難を改善し、又は克服することを目的とする指導」である（文科省告示、1993）。これは、特別支援学校の特別な指導領域である自立活動の目標とするところであり、特別支援学校の自立活動に相当する指導とされる（文科省、2019）。

　「学校教育法施行規則の一部を改訂する省令等の公布について（通知）」（2016年12月9日付）において、通級による指導の指導内容に関して、「各教科の内容を取り扱う場合であっても、障害による学習上又は生活上の困難を改善し、又は克服することを目的とする指導として行うものである」と明記されている。このように特に必要がある時は、障害の状態に応じて各教科の内容を取り扱いながら行うことができるが、あくまでも障害による学習上又は生活上の困難を改善し、又は克服することを目的として行われる必要があり、単なる各教科の遅れを補充するための指導ではない。特別の指導の授業時間数は、年間35単位時間から280単位時間以内範囲で行うことが標準とされている。これは、週当たり、1単位時間から8時間程度までである。

　2018年度から高等学校で通級による指導が開始された。表1にあるように、小学校・中学校では、対象児童生徒13人に一人の教員を措置することになっており、2017年度から基礎定数化されている。高等学校は、加配措置である。

第3項　自立活動

　自立活動の内容を表2に示す。自立活動の目標は、「個々の児童が自立をめざし、障害に基づく種々の困難を主体的に改善・克服するために必要な知識、技能、態度、習慣を養い、心身の調和的発達の基盤を培う」ことである。これは、子どもの主体的な学習を目指している。

　自立活動の内容は、「健康の保持」、「心理的な安定」、「人間関係の形成」、「環境の把握」、「身体の動き」、「コミュニケーション」の6区分26項目からなる。自立活動は、6区分26項目の指導内容をそのまま個々人の目標に設定するものではない。6区分26項目の中から、個々人の目標を達成するために必要な項目を選定して授業を展開する。

表2　障害種別の自立活動の内容（例：視覚障害の場合）

区分・項目		主な指導内容
健康の保持	①生活のリズムや生活習慣の形成 ②病気の状態の理解と生活管理 ③身体各部の状態の理解と養護 ④健康状態の維持・改善	○生活リズムの安定と健康な生活環境の形成 ○保有する視覚機能の維持と視覚管理 ○眼疾患に関わる病気の理解と生活の自己管理 ○健康の自己管理
心理的な安定	①情緒の安定 ②状況の理解と変化への対応 ③障害による学習上又は生活上の困難を改善・克服する意欲	○視覚障害に起因する心理的な不適応への対応 ○視覚障害に基づく種々の困難を改善・克服しようとする意欲
人間関係の形成	①他者とのかかわりの基礎 ②他者の意図や感情の理解 ③自己の理解と行動の調整 ④集団への参加の基礎	○相手を意識した姿勢の調整や声の大きさの調節 ○積極的に他者にかかわろうとする態度の形成 ○聴覚的な手掛かりによる他者の意図や感情の把握と場に応じた行動の形成 ○自己肯定感の形成 ○集団に参加するための手順や決まりの理解
環境の把握	①保有する感覚の活用 ②感覚や認知の特性への対応 ③感覚の補助及び代行手段の活用 ④感覚を総合的に活用した周囲の状況の把握 ⑤認知や行動の手掛かりとなる概念の形成	○触覚や聴覚（反響音等）の活用 ○視覚補助具の活用 　・弱視レンズの活用 　　単眼鏡等の遠用弱視レンズ 　　ルーペ等の近用弱視レンズ 　・拡大読書器や拡大教材の活用 ○触覚による観察の仕方 ○ボディ・イメージや空間概念の形成 ○地理的な概念の形成 ○情報の予測 ○視覚的な認知能力の向上
身体の動き	①姿勢と運動・動作の基本的技能 ②姿勢保持と運動・動作の補助的手段の活用 ③日常生活に必要な基本動作 ④身体の移動能力 ⑤作業に必要な動作と円滑な遂行	○正しい姿勢の保持や運動・動作の習得 ○運動時における動作とバランスの調整 ○食事や排泄、衣服の着脱、洗濯、掃除等、日常生活に必要な技術の習得 ○歩行軌跡の表現と歩行地図の活用 ○歩行の基本的技術 ○白杖の活用 ○手指の巧緻性や身体の敏捷性 ○各種道具の使い方 ○平面や立体の構成と作図
コミュニケーション	①コミュニケーションの基礎的能力 ②言語の受容と表出 ③言語の形成と活用 ④コミュニケーション手段の選択と活用 ⑤状況に応じたコミュニケーション	○点字の読み書きや表記の仕方、中途視覚障害者に対する点字指導 ○保有する感覚の活用による言語の正しい理解 ○コンピュータや情報通信ネットワーク等の情報手段の活用 ○点字使用者に対する普通文字の指導 ○場の雰囲気等を読み取り、その場に応じた意思の伝え方

出典：https://www.pref.yamaguchi.lg.jp/cmsdata/c/1/2/c12aa8f36e0bbf7da05197254737baf5.pdf

第4項　実施形態

　通級指導教室の形態には、自校通級、他校通級、巡回指導の3つがある。児童が在籍する学校において指導を受ける「自校通級」、児童が他の学校に通級し、指導を受ける「他校通級」、通級による指導の担当教師が該当する児童のいる学校に赴き、又は複数の学校を巡回して指導を行う「巡回指導」がある。

　自校通級、他校通級、巡回指導のメリットとデメリットを表3に示す。巡回指導は、他校通級に比べ、子どもへの負担が少ないといえる。市町村の学区の規模により、一校につき一つの通級指導教室が設置できない状況にある場合には、巡回指導は有効である。

表3　自校通級、他校通級、巡回指導のメリットとデメリット

	メリット	デメリット
他校通級	・担当教師は学校間を移動しないので多くの授業が実施できる。	・対象児が学校間の移動をする際に送迎が必要になるため、保護者に負担がかかる。 ・対象児は、移動時間に授業が受けられない。
巡回指導	・対象児はすべての授業が受けられる。 ・保護者にかかる負担がない。	・担当教師は授業時間内に学校間を移動するため、その間の授業が実施できない。
自校通級	・他校通級と巡回指導のメリットと同じ。	・特にない。

(「通級による指導の手引　解説とQ&A　改訂第2版」(文部科学省、2012) を参考に作成)

　次節で巡回指導方式による指導の実際を述べる。

第3節　巡回指導方式による指導の実際

　愛知県X市は、1995年度から巡回指導方式により全市の児童を対象に通級の指導を展開している。以下、X市の巡回指導方式による指導の実際を紹介する。

第1項　巡回指導方式の概要

(1) 経緯

　X市は愛知県名古屋市から約40km離れ、東西の長さが8km、南北の長さが12kmであり、地形は楕円に近い。市内の学校間を自家用車で移動する際、山間部はなく平坦であるため交通渋滞に巻き込まれることはなく10〜20分で移動できる。人口は約7万人であり、小学校は7校ある。

　X市に最初に通級指導教室が設置されたのは1995年度である。通級担当教師が1名配置され、指導対象児が在籍する3、4校を巡回し、10〜15人の児童を指導していた。数年後には、5校で20人以上の児童が通級による指導を受けるようになり、1999年度より担当教師は2名（設置校が2校）となり、担当教師1名が2、3校を分担するようになった。

　2006年度から発達障害児が通級による指導の対象となり、更に2007年度から特別支援教育が発足したことにより通級による指導を希望する児童が急増した。7校すべての小学校で合計50〜60名の児童が通級による指導の対象児となったために、2012年度から担当教師は3名（設置校が3校）となった。現在は、担当教師1名が2、3校を分担し、おおよそ20人の児童を指導している。

（2）2017年度の通級指導教室の子どもの実態

　X市の7校の児童総数は、ほぼ4,100人である。2017年度にはほぼ60人の児童が通級による指導を受けている。この割合は、児童総数の約1.5％であり、全国平均よりも高く、発達障害児の指導がより広範に展開されている。障害種別では、ＬＤ児が26人、ＡＳＤ児が16人、ＡＤＨＤ児が12人、言語障害児が4人、場面緘黙児が1人、高次脳機能障害児1人であり、発達障害児が全体の9割を占めている。その中で、医師の診断を受けているのは12人であり、決して多くはない。ほとんどが校内委員会で通級による指導の必要性が協議された子どもたちである。学年別にみると1年生が3人、2年生が11人、3年生が8人、4年生が12人、5年生が17人、6年生が9人であった。60人の中で年度の途中から通級による指導を受けた児童が13人、年度の途中で通級による指導を終了した児童が2人であった。

　通級による指導は、年度の途中において指導が必要な時から開始でき、必要がなくなった時には終了できる。通級による指導の希望者が多く、担当教師一人が指導する児童の上限を概ね20人を目安にしている。指導の形態は、対象児が多いこともあり、また指導内容から判断し、個別指導よりも小集団指導を多く取り入れている。指導内容は、自立活動の内容が中心であるが、指導時間内に学級や家庭の様子を自由に話す時間を設け、小集団指導ではゲームを行って児童同士の交流を図っている。小集団指導では児童同士の交流の場ができることによって、参加児童の社会性を育成していくのに有効である。

（3）担当教師Ｙの指導の状況

　1998年度と2017年度の通級指導教室の担当教師Ｙの指導の状況を表3、4に示す。1998年度の時点では担当教師は1名であったため、Ｙは自校（Ａ小学校）以外に4つの小学校（Ｂ〜Ｅ）を巡回し、計5つの小学校で通級による指導を行っていた。

表3　1998年度における巡回指導の状況

	月曜	火曜	水曜	木曜	金曜	土曜
1校時	B小学校 （巡回指導）	C小学校 （巡回指導）	D小学校 （巡回指導）	B小学校（巡回指導）	E小学校 （巡回指導）	A小学校 （自校通級）
2校時				学校間の移動		
3校時				C小学校（巡回指導）		
4校時	学校間を自家用車で移動					
5校時	A小学校（自校通級）					

表4　2017年度における巡回指導の時間割

	月曜	火曜	水曜	木曜	金曜
1校時	A小学校 （自校通級）	B小学校 （巡回指導）	A小学校 （自校通級）	A小学校 （自校通級）	B小学校 （巡回指導）
2校時					
3校時					
4校時		学校間の移動			学校間の移動
5校時		A小学校 （自校通級）			A小学校 （自校通級）
6校時					

表3と表4の最も大きな違いは学校間の移動時間である。1998年度では学校間の移動時間が6時間であったが2017年度ではそれが2時間となり、4時間分、授業時間数を増やすことができた。担当した授業時間は、1998年度は21時間、2017年度は25時間であった。

　2017年度は、通級担当教師が3名であり、Yは自校（A小学校）と巡回校のB小学校を担当した。対象児はA小学校で18名、B小学校で4名、計22名であった。

　1998年は、巡回する学校が4校であるために授業時間内で週6時間は学校間を移動する時間に充当された。学校間の移動に時間が費やされる分、授業時数が少なくなっている。巡回する学校の対象児の数によっては複数の児童を同時に指導する小集団指導を実施した。A小学校では、6人の児童に読み書きの能力を高める個別指導を行った。B小学校では、5人の児童に発音を改善する個別指導を行った。C小学校では、6人の児童に聞く、話す等のコミュニケーション能力を育成する小集団指導を行った。D小学校では、5人の児童に協力し、助け合う態度を形成する小集団指導を行った。E小学校では、4人の児童がいっしょにゲームや遊びに取り組むことにより心理的な安定を図る小集団指導を行った。

第2項　指導事例

　1998年度に行ったD小学校の小集団指導とE小学校の自立活動の事例である。これは20年以上前のものであるが、最近行った第5章の小集団指導の実践と参照するために紹介する。

（1）D小学校

　巡回指導では、巡回先の学校の教室数が潤沢でない場合には、通級による指導の専用の教室を確保することが難しく、授業を特別教室で行うこともある。D小学校では、図書室で3年生の児童3人を同時に指導することになった。対象児は、ADHDのA児、自閉的傾向があり場面緘黙のB児、知的な遅れが境界線上にあるLDのC児であった。通常の学級でA児は他児に挑発行為を行う、B児は話そうとしない、C児は能力差により級友と関われないという状態が見られた。3人とも対人関係上の問題を抱え、学習意欲に欠けるという問題点もみられた。学級担任は3人がいっしょに学習する中で相互に関わりを持ち、主体的に学習する場として通級指導教室がふさわしいのではないかと考え、校内委員会に提案した。その結果、校内委員会で了承され、保護者も同意したために、指導が開始された。授業は、図書室で学習することと小集団で学習することの利点を活かし、調べ学習を取り入れた。例えば、「『人魚姫』は誰が書いた作品ですか？その人はどこの国の人ですか？他にどんな作品を書いていますか？」などの一連の課題を与え、3人が協力しながら資料を捜し、答を見つけるようにした。最初は、3人が関わろうとせず、別々に活動していた。そこで、どのように協力すると早く、正確な答が見つけられるか考えさせた。すると、リーダー格のA児が役割分担を提案し、他の2人も同意した。その後、A児が2人に役割を割り当て（書棚から参考になりそうな本を見つけて持ってくる子、その本から答が書いてある箇所を探し出す子、答をプリントに書き写す子など）、3人が自分の役割を果たすようになり、効率よく答が見つけられた。課題を達成し終えた後の残り時間は、図書室内にある紙芝居を教師が読んで聞かせたり、教師も含めて4人でトランプやカルタなどのゲームを行った。日頃はめったに声を発しないB児は、調べ学習の時はA児の指示のもとに自分に割り当てられた役割を黙々と果たし、ゲームの時間には笑い声を上げて取り組んだ。このように3人がいっしょに学習する小集団指導の形態をとることにより、人と関わる

ことが苦手な児童が交流する楽しさを味わうことができた。

（2）E小学校

1）人間関係が形成できず、会話も成立せず、授業中、勝手に離席し、多動性及び衝動性が強い、2年生男児

A児（小学校2年男子）は、1年生の2学期に同級生のB児（女子）とC児（女子）に何度も他害行為を繰り返した。この2名に強く固執し、衝動的に手が出てしまうようだ。そのために学級担任も含め、複数の職員（特別支援教育支援員、養護教諭、通級担当教師など）による支援体制が築かれ、A児とその学級全体を支援していくことになった。以下、通級指導教室でのA児への支援を述べる。

通級指導教室では、社会性を養うためにA児に週2時間の指導を行った。1時間は、自立活動としてソーシャルスキルカードを用いたSSTを個人指導の形態で行った。もう1時間は、同学年の男子3人といっしょに行う小集団指導とし、個人指導の時に学習したSSTをロールプレイで演じさせた。これによりスキルの定着を図り、ゲームをしたり、歌を歌ったりするなど3人のコミュニケーションを図った。

個人指導のSSTでは、A児が抱える問題と関連したトレーニング用の問題場面を提示した。A児は、どの場面においても興味を示し、何がいけないのか、どうすればよいのかの考えをめぐらせ、積極的に発言した。以下は、学期別の学習内容である。

①　「場面の認知と予測と対処」（1学期）

「次は体育の時間なのに着替えていない」、「机上に本やノート等が置きっ放しになっている」、「掃除の時、ほうきを振り回していたら近くの子の頭に当たってしまった」等、提示された場面で次に行う行動は何かを考えさせた。

②　「時間的、空間的な文脈の中での場面や相手の気持ちの認知」（2学期）

「トイレで外からドアを思いきり叩かれた人の気持ち」、「理由がわからないのに、いきなり『早く帰れ』と言われた人の気持ち」等、相手が嫌な気持ちになる場面を取り上げた。

③　「社会的な常識と許される範囲の行動の認知」（3学期）

「お店で、欲しかった玩具を自分のかばんに入れてしまった」、「近所のお兄さんに『君のお金でお菓子を買って食べよう』と言われた」等を取り上げ、事の善悪を考えさせた。

A児は、1年生の時には人間関係が形成できず、会話も成立しない状態であった。学級では、授業中、勝手に席を立ち、多動および衝動性が強かった。1年生の2学期から複数の職員による支援体制が作られ、2年生になってからはA児は人間関係を形成できるようになり、会話も成立するようになった。学級では落ち着いた行動が取れるようになり、特定の子を攻撃することはなくなった。複数の職員による支援体制を約1年間続け、A児が対人関係や行動面で改善を示したことから、3学期からは通級による指導以外の特別な支援を外してみた。A児は、多少、戸惑ったが、慣れるに従い、何ら不自由さを周囲に感じさせなくなった。以前に暴力を振るった女子2名と仲良く過ごすようになった。A児が成長したことを学級の子どもたちが認めるようになり、学級担任をはじめ支援を行った関係者もA児の変容を客観的に把握できるようになった。そこでA児への複数の職員による支援体制は1年間で終了した。

２）ＡＳＤの疑いのある４年生男児

４年生のＣ児は入学当初から集団生活をとることができず、新しいことに対する抵抗感が強く、グループ活動が苦手であった。学校生活を送る中で機嫌が悪かったり、学習課題が難しかったりすると教室から抜け出し、保健室に逃げ込むことがしばしば見られた。欠席や遅刻も多かった。Ｃ児は受診していないが、職員間ではＡＳＤの疑いがあると認識されていた。

Ｃ児への通級による指導は４年生から開始された。通級指導教室ではＣ児に集団生活への適応に向けた自立活動が主な学習内容であった。具体的には、コミュニケーション能力の形成を目指し、通級担当教師と体験や感情を共有することでＣ児の精神の健康を図り、人間関係作りの基礎を作る内容であった。授業では、ゲームなどの実際的場面を多く設けた。週に一度、Ｃ児と通級担当教師は将棋で対局したが、Ｃ児の腕前は通級担当教師の予想をはるかに上回っていた。時には熱戦となり、授業時間内で勝負がつかず、一旦中断し、授業後に再開することもあった。通級担当教師との対局にＣ児は没頭し、「先生に将棋で勝とう」という気持ちが前面に表れ、接戦の末に勝った時には「やったー！」と両手を上げて歓声を発し、負けた時には悔しそうではあるが爽やかな表情を示した。Ｃ児はこれまであまり自分の感情を表に出さなかったが、将棋に没頭する中で少しずつ感情が表現できるようになった。そして、将棋の合間にＣ児は自己の内面をぽつりぽつりと語り始めるようになった。例えば、「自分は大勢人がいるところがどうも苦手だ。こうして先生と２人の時はいいが、５、６人もいるとなぜか怖くなってしまう。」、「本当は学級のみんなと楽しく遊びたいが、自分から声をかけていけない。」「担任の先生や学級のみんなに迷惑をかけてしまっている。」などＣ児の内面が将棋の場を通して少しずつ表出されるようになった。

通級指導教室で知りえたＣ児の気持ちは、Ｃ児の了解を得た上で学級担任に報告し、Ｃ児をより深く理解してもらうよう働きかけた。学級担任は、通級担当教師の報告を受け、これまで知らなかったＣ児の気持ちを初めて知ることができ、Ｃ児に同情や共感を抱くようになった。学級担任は、Ｃ児が通級指導教室に行き、学級に不在である時に学級全員にＣ児の気持ちを伝え、温かい思いやりやさりげない声かけを呼びかけた。級友たちはこれまでＣ児への誤解があったことを知り、寛大な心で温かく接するようになった。級友が温かく接するようになり、Ｃ児はこれまで固く閉ざしていた心を少しずつ開くようになった。級友に話しかけられた時、小声ながら返事をするようになり、親切にしてもらった時には笑顔で「ありがとう」と気持を素直に表現できるようになった。こうしてＣ児は学級担任や級友たちに支えられながら成長し始めた。

第３項　保護者や学級担任との関係

通級指導教室の担当教師は、訪問先の学校に滞在できる時間が限られ、各学校の保護者や学級担任と直接、顔を会わせる機会が少ない。通級による指導では通級指導教室で学習した内容が日常生活の場である通常の学級（在籍学級）や家庭で活かされることを目標とすることが多い。巡回指導では、児童の指導だけでなく、児童の保護者や学級担任と計画的にコミュニケーションを図ることが大切になる。

（１）保護者

保護者には、通級による指導を開始する際に必ず同意を得る。同意を得るために、なぜ、子どもが通級による指導を受ける必要があるのかを説明する。通級指導教室で何を目標に、どのような内

容の授業を行っていくか等を説明するために授業計画および指導の方針を示し、保護者に承認してもらう。同意が得られ、通級による指導が開始された後も保護者には定期的な働きかけを行い、信頼関係を築いていく。そのために「通級連絡ノート」を通して授業内容を報告し、通級指導教室の授業参観や懇談会を独自に持ち、保護者とコミュニケーションを図る。

　通級連絡ノートの目的は、通級指導教室で学習した内容を担当教師が保護者に伝えることである。通級指導教室で指導する全ての児童に一冊ずつノートを用意し、通級指導教室で行った授業内容を毎回記入し、成果や励ましの言葉を添えた。これを各児童は家庭に持ち帰った。担当教師は、1時間の授業の中で児童の成長を一つでも多く発見できるように努め、わずかであっても何ができるようになったのか、何ができそうになりつつあるかをノートに記載し、保護者が読んだ時に心温まるような連絡ノートになることを常に心がけて作成した。通級連絡ノートは、保護者とのコミュニケーションを図る上で重要な役割を果たす。

（2）学級担任

　通級対象児の成長を願う思いは通級指導教室の担当教師も学級担任も同じである。担当教師が学級担任と密な連絡を取り合うことにより連帯意識が高まっていく。授業開始前の朝や放課の時、職員室で対象児の学級担任の座席まで出向き、その日の授業の実施の確認や変更の有無、児童の最近の学級での様子や体調、対象児が通級指導教室で指導を受けている間の在籍学級の授業の補充の配慮等について綿密に打ち合わせた。「通級による指導の記録」は、実施した授業の内容や授業をしている時の児童の様子などを記したものである。授業した後には毎回、「通級による指導の記録」を作成し、学級担任に提出し、通級指導教室における学習の状況や成果を理解してもらうように働きかけた。学級担任は読んだ後に学級のその児童の様子を書き添えることもあった。指導の記録を介して通級の担当教師と学級担任が有意義なコミュニケーションを図るようにした。

　通級連絡ノートの活用、通級指導教室独自の授業参観や懇談会の実施、学級担任との話し合い、指導の記録など、これらはいずれも地道な活動であり、時間や手間がかかる。こうした地道で手間のかかることを担当教師が手を抜かずに長年、続けていくことが保護者や学級担任と信頼関係を構築していくことにつながる。

（3）通級連絡ノートの実際の例

　「通級連絡ノート」の実際例を表5に示す。この事例は、通級連絡ノートが通級担当教師と保護者との二者間だけでなく、学級担任や学校長も積極的に関わった例である。対象児のA児は1年生であり、保護者の申し出によって入学して間もなく通級による指導を開始した児童である。

表5　「通級連絡ノート」の実際例

・通級担当教師より　5月14日
今日は授業を見に来てくださって、ありがとうございました。お母さんが「ことばの教室」（通級指導教室）に関心を持ってくださり、また、A君の教育にたいへん熱心でいらっしゃること、うれしく思います。今後、お母さんといっしょにA君が成長していくことを目指していきたいと思います。また、いつでも授業を見に来てください。
・学級担任より
本日はごくろうさまでした。特別なことがない限り、週2時間通級担当教師に個別指導をしてもらいます。ぜひこれからも授業参観にお越しください。また、せっかく来てくださった折にはよければそのあと学級の授業の様子も見てもらってもけっこうです。

本日の通級担当教師と懇談された時、私も同席させていただきたかったけど、学級のことで手が離せず、残念でした。後で、通級担当教師からお母さんがA君のことをたいへん心配されていると聞きましたが、あまり心配されなくてもよいと思います。今後、通級担当教師と連絡を取り合って指導していきますので、よろしくお願いいたします。希望がありましたら、何でも連絡してください。

・**保護者より**

昨日は授業参観をさせていただきありがとうございました。Aが「ことばの教室」で、とても生き生きと学習する姿を見て、この子には通級が必要なことがよくわかりました。先生のAを見る暖かいまなざしがとてもうれしかったです。また、その後の話し合いに時間をかけていただき、本当にありがとうございました。Aはお兄ちゃんに比べて小さい頃から手がかかり、とても苦労が多かっただけに今でもどうしても心配ごとの方が先に頭に思い浮かんでしまいます。でも、先生が私の話を聞いてくださり、そして励ましてくださったおかげで幾分気が楽になりました。先生がおっしゃられたように、焦らず一歩一歩これから進んでいきたいと思います。先生には担任の先生同様これからたいへんお世話になります。また、時々授業を見に行かせていただきますので、よろしくお願いいたします。

・**学校長より**　5月15日

昨日はごくろうさまでした。今日は担任が休暇を取っておりますので、私が授業に行かせてもらいました。今後も何かありましたら気軽にご相談ください。

A児の指導を開始して早々に担当教師、保護者、学級担任、学校長が共通理解し、支援体制づくりの第一歩ができあがった。

通級指導教室として独自に授業参観や保護者懇談会を開催した理由は、当該の学校で授業参観や懇談会が行われている時には、保護者は通級指導教室よりも在籍学級を優先させ、通級担当者が保護者と接する機会が限られるからである。巡回指導を各校で行っていると通級担当教師がそれぞれの学校の授業参観や懇談会に合わせて学校を訪問することができない。そのために当該の学校の行事とは別に通級指導教室として独自に授業参観や懇談会を開催した。各学校で年2回程度、保護者が通級指導教室に授業参観ができるようにした。その後に保護者と懇談会を行い、保護者には積極的に丁寧に働きかけていった。

第4項　個別の指導計画の作成

個別の指導計画は、特別な支援を必要とする児童一人ひとりのニーズに応じた指導目標や内容、方法などを示した計画である（加藤、2015）。個別の指導計画は、乳幼児期から卒業後までの一貫した支援の目標や内容を記した「個別の教育支援計画」とともに特別支援学校のすべての児童生徒に作成することが義務づけられている（文部科学省、2008）。

通級指導教室は、行動面や学習面でつまずいている児童生徒に個の教育ニーズに応じた指導を行い、児童生徒が自信を回復し、有意義な学校生活が送れるように支援する。通常の学級では、授業は学習指導要領にそって進められるが、通級指導教室では障害の程度や教育的ニーズに応じて行われる。そのために例えば、同じ障害のAさんとBさんとでは、アプローチの仕方が異なるのはしばしばみられることである。このように通級指導教室は個に特化した教育を行う場である。個に特化した教育を行うため、通級指導教室では「個別の指導計画」を綿密に作成し、その計画に基づいて指導を行っていく。個別の指導計画は、自校通級や巡回指導等の通級の形態に限らず、通級による指導を受けている児童全員に作成する。

毎年度、新学期が始まり、通級による指導を受ける児童が確定した際に最初に個別の指導計画を全員分、作成する。個別の指導計画は、通級指導教室の担当者が４月中に作成し、対象児の学級担任に打診する。「この１年間、この子に、このような形で通級による指導を実施していきます。」と提案する。同意が得られることは、学級担任と通級担当教師の双方が指導方針を理解したことを意味する。

次の段階は、各学校で通級による指導を受ける児童全員分の個別の指導計画に起案書を添え、役職者（校長、教頭、教務主任、コーディネーター等）に回覧することである。これは、どの児童が通級による指導を受けており、どのような学習をしているのかを役職者に知ってもらうためである。個別の指導計画が作成でき次第、学級担任および役職者に回覧し、指摘や指導があった場合には修正し、授業に活かしていく。個別の指導計画は、保護者から開示請求があった場合には提示することになるため、開示を前提として作成していく。

個別の指導計画の具体例を表６に示す。この例は、巡回指導形態でおこなったもので、前出のE小学校の人間関係が形成出来ず、会話も成立せず、授業中、勝手に離席し、多動性及び衝動性が強い、２年生男児のものである。

表６　　平成○○年度　通級指導教室における個別の指導計画　３年○組　　　A児
目　標　「ＳＳＴによって級友との適切な関わり方を学ぶ」　通級による指導の時間　週１時間

経緯	今年度の課題	障害の程度・状態
・昨年度の４月より通級による指導を開始する。 ・春休みに保護者の承諾を得るため、旧学級担任と家庭訪問する。	通常の学級における集団生活への適応を図るため、ソーシャルスキルトレーニング（ＳＳＴ）を実施する。	・反応性愛着障害とＡＤＨＤ（医師より診断済み） ・約１年間、薬を服用していた。 ・Ｋ－ＡＢＣの結果（通級担当教師が実施） 　認知処理尺度81（継次処理96、同時処理73） 　習得度尺度88

通級担当教師所見	本児は１年生の２学期の時に同じ学級の特定の女子２名に対し、殴る、蹴る、噛みつくなどの行為を何度も繰り返した。直ちに、保健室や心の相談室で授業を受けたり、特別支援教育支援員が専属でついたりし、常時A児に誰かが寄り添う支援体制が構築された。その甲斐あって、２年生の終わりには落ち着きがみられ、問題行動も見られなくなった。そのため、学級担任がA児の主治医に薬の服用の中止を申し出たところ、承認された。A児は薬を飲まなくても通常の学級で生活できたため、３年生では思い切ってこれまで実施してきた保健室、心の相談室、特別支援教育支援員による支援を取り外し、週１回の通級指導教室での支援のみを実施することが校内委員会で提案され、保護者からの承諾も得られた。通級指導教室では、社会性を身につけることを目標にソーシャルスキルトレーニングを実施していく。

	4～5月	6～7月	9月	10～11月	12～1月	2～3月
社会性の獲得	場面の認知と予測		時間的、空間的な文脈の中での場面や相手の気持ちの認知		社会的な常識と許される行動の認知	
	【例】 ・次は体育の時間なのに着替えていない。 ・机の上に教科書、ノート、鉛筆等が置きっぱなしになっている。など	【例】 ・掃除の時、ほうきを振り回して遊んでいる。 ・掃除の時間、雑巾をしっかりしぼらずに机を拭いてしまう。など	【例】 ・トイレで、外からドアを思いきりたたかれた人の気持ち。 ・理由がわからないのに、いきなり「早く帰れ！」と言われた人の気持ち。など	【例】 ・何も言わずにガチャリと電話を切られた人の気持ち。 ・いきなり「勝手に遊ぶな、もう帰って！」と言われた人の気持ち。など	【例】 ・お店で、欲しかった玩具を自分のかばんに入れてしまった。など	【例】 ・近所のお兄さんに、「君のお金でお菓子を買って食べよう」と言われた。など

個別の指導計画は、昨年度の指導内容と成果、今年度の課題、児童生徒の実態および障害の種類と程度、長期目標、年間指導計画とその手だて、所見などからなっている。一旦、計画を作成したら、それで終わりではなく、授業を実施した後に定期的に指導目標に即して達成状況を確認し、授

業の評価を行っていく。計画どおりに授業が進んでいるかどうかを点検し、必要に応じて計画の修正をした上で再び授業を進めていく。個別の指導計画を作成して行う指導の連続的な流れは、「Plan（実態把握と目標の設定）→ Do（実践と記録）→ Check（評価）→ Action（修正）」の手順である（井澤・小島、2015）。

第2章　小学校通級指導教室における実践研究の展開

第1節　通級指導教室の発達障害児に対する指導内容と指導形態

　通級による指導は、1993年に制度化され、2006年度からLDやADHD、自閉症その他の障害のある子どもも通級による指導の対象として正式に位置づけられた。制度化されてからほぼ、四半世紀を経た現在、当時と状況も変化してきている。LDやADHD、自閉症等を対象とする通級指導教室においてどのような指導形態でどのような指導を行ってきたかについて言及する。

　2003年から2014年までに発行された学会誌「LD研究」および2002年の創刊から2014年までに発行された研究啓発誌「LD ADHD＆ASD」に掲載された実践論文から通級指導教室に関する41件の指導事例を分析したものを紹介する（長田・都築、2015）。

第1項　障害種別に見た指導内容と指導形態

（1）LD
　1）個別指導による国語の教科補充
　国語に関する補充として、「ひらがなカード」（長田、2002）、「物語教材と説明文教材の読み」（福井、2008）、「国語の教科書の音読」（長田、2013）、「ローマ字」（近藤、2013）、「物語文」（近藤、2013）、「漢字のルビつけ」（公文、2014）がある。福井（2008）、長田（2013）、近藤（2013）、公文（2014）の実践は、「予習」として行われており、「その学期に学習する物語教材と説明文教材は先行学習として通級指導の場で先に読み、読めない漢字には読みがなをつける」（福井、2008）、「自信回復のため音読で上達した個所を在籍学級の音読でも指名することを担任に依頼する」（長田、2013）等である。

　「音読」、「漢字のルビつけ」、「予習」が多く行われているのは、LD児の「読み」の苦手さに対処するためである。読みの障害は、在籍学級の一斉音読や指名読みの際に音声の遅れとして表れ、その遅れが他の子どもにわかりやすく、LD児本人も他児と異なることを自覚しやすい。在籍学級の授業が行われるよりも前に少しでも遅れを取り戻し、他児のレベルに追いつくために通級指導教室で事前に音読練習を行っている。音読の際には本文中の漢字が正しく読めないときには、読めない漢字を最小限に抑えるため手だてとしてルビをつけている。読めない漢字にルビをつけるのは、在籍学級で音読する際の手助けとなり、読み仮名を書くことでその漢字の読みを定着できる。通級担当教師は、LD児に音読や漢字のルビつけを予習で行うには個別指導が適していると捉えている。
　2）小集団指導による教科の補充
　「音読と読解と作文」（渡邊ら、2007）、「作業が遅く、不器用ですぐ混乱して泣く双子のLDにゲームや手指の動きを通して算数指導につなげていった」（梅田、2003）等がある。
（2）ADHD
　1）個別指導による教科の補充
　「手順表を見ながら三角形をかいたり、マグネット定規で直線をかいたりする」（杉本、2014）があり、不注意や集中の問題を補う手だてが講じられている。また、「集団の中で学習することや静かにしていることが困難な児童に学習進度を先取りしてコンパスでの作図や漢字練習などを行う」

（日野、2013）がある。

　ＬＤ児が音読や漢字の学習そのものに苦手さを示すのに対し、ＡＤＨＤ児は障害の特性から授業に集中できなかったり、注意力が欠如したりすることにより学習に支障をきたしている。通級担当教師は、刺激が少なく静かな環境の場である通級指導教室で学ぶことが心理的安定につながると判断している。

　２）小集団指導による自立活動

　４人のグループでＳＳＴ（社会性技能訓練）をイントロダクション、モデリング、リハーサルの順で実施し、行動の改善に対する評価を学級担任が行った（関原、2008）ものがある。

（３）ＡＳＤ

　１）個別指導による教科の補充指導

　ＬＤと同様に、漢字学習（深川、2012）、国語の予習（廣瀬、2013）、国語の補充（楠、2013）、音読とルビ打ち（長田、2013）など、国語の学習が行われていた。「漢字学習において、言葉の意味を考えてイメージを視覚化し粘土で表現する」（深川、2012）や「読みの苦手な児童に、行が目立つように１行おきにラインマーカーで色をつけた文章を使用する」（楠、2013）など、視覚優位というＡＳＤの特徴を活かしている。

　２）個別指導による自立活動

　「ワークシートを使い、自分自身のよいところと苦手なところをふり返る」（吉橋、2008）、「うまくできたことはその場で誉め、ありがとうカード に書いてファイルに綴る」（吉橋、2008）、「トラブル回避の記録カードとポイント交換」（古田島、2012）のようにカードやワークシートを活用している。また、「コミュニケーション力向上のため、あいさつ、声の大きさ、あったか・チクチク言葉の練習をする」（吉橋、2008）、「人の気持ちの読み取りや言葉の概念を指導」（吉田、2009）など、ことばの指導と関連させながら指導している。

　３）小集団指導による自立活動

　「担任との連絡帳のやりとりや面談とＳＳＴ」（岡田ら、2014）、「ＳＳＴとチャレンジ日記」（高畠ら、2013）、「学級担任へのユニバーサルデザインの提案とＳＳＴ」（公文、2010）がある。これらは、ＳＳＴだけでなく、ＳＳＴを別のものと組み合わせて実践している。「グループ学習」（公文、2010）、「劇」（高畠ら、2013・中村、2014））、「仲間交流プログラム」（岡田ら、2014）など、小集団の特性を活用している。

　中村（2014）は、ＡＤＨＤとＡＳＤの４～６年生でトラブルが多い７名に身近で起きているコミュニケーションの問題を取り上げ、「ウソをつくことは悪いこと」などの格言を劇で役割分担して演じさせている。高畠ら（2013）は、寸劇を行っているが、ＳＳＴの流れの中でモデリングとして行っている。中村（2014）と高畠ら（2013）の実践は、本書の「心理劇的アプローチ」の範疇に含まれる。

　菊池ら（2014）は、通級指導教室において子どもがある程度、落ち着いていても、いざ通常の学級に戻ると他の児童など刺激が多くなるため落ち着いて学級に適応できなくなり、再びトラブルを繰り返してしまう児童が多いと述べている。小集団指導の自立活動でＳＳＴが他の活動と組み合わされて実践されていたのは、ＳＳＴがＡＳＤ児の社会性や対人関係の問題を直接的に題材にできるからである。ＳＳＴのみを行う場合にはＡＳＤ児が抵抗感や時に辛く感じることもあるためにＳＳＴを何かと組み合わせ、緩衝させている。

第2項　通級指導教室の役割との関連

　通級指導教室の主要な役割は、少人数の場を計画的に設け、ここでの学びを通常の学級に移行していくことである。小集団による自立活動では一つの課題に集団で取り組む。その際に、参加人数が増えるに従い、活動に積極的に参加する子どもとそうでない子どもに分かれ、取り組みに差が生じることがある。積極的な子どもには授業が有意義なものとなるが、そうでない子どもには個別指導の方が有効な場合もある。自立活動の個別指導では、カード等を利用して生活作法の理解を促していた実践もあり、「ワークシート」、「ありがとうカード」、「記録カード」など、視覚的な紙媒体の教材を使用することにより、人との関わりが苦手な子どもに抵抗感や緊張感を軽減させている。中村（2014）は、できるだけ子どもたちの当事者性、適時性を大事にするという視点から現実的な問題を取り上げ、小集団による劇を通して問題の解決方法や改善策を考えさせている。

　通級指導教室での支援を障害別に見るとLDとADHDには「教科の補充指導」、ASDには「自立活動」を視点としているものが多い。教科の補充指導では個別指導、自立活動では小集団指導が多かったのは障害特性によるものである。通級指導教室の担当教師は、通級指導教室での子どもの学習が在籍学級で般化できるように指導している。通級指導教室でうまく学ぶとはどのような状況であるのかを担当教師と通常の学級担任と共通理解する必要がある。上野（2013）は、通級指導教室における教科の補充指導は、障害特性に応じた指導であって通常の学級についていけない子どもに対する補習が第一目標ではないとする。通常の学級と通級指導教室がともに障害特性に応じた指導を行っていくことが発達障害児の発達を促していく。

　笹森ら（2008）の調査では、通級指導教室に子どもの意欲の回復と情緒的な安定を期待していたことを示している。自立活動の内容は、「心理的な安定」や「人間関係の形成」が多い。通級指導教室の担当教師は、通級指導教室の入級の理由が在籍学級の不適応行動である場合には、その子どもにとって通級指導教室がまず心理的に安定する場所となるように工夫している。

第2節　アスペルガー症候群（ASD）の対人関係の向上をめざした小学校の実践

　特殊教育から特別支援教育に制度が変更され、その体制を学校組織として構築していくには、一人の教員が単独で支援を必要とする子どもに介入していくだけでなく、立場の異なる者がそれぞれの介入するチームアプローチを行っていく必要がある。小学校の通常の学級、通級指導教室、特別支援学級において対人関係に問題がある発達障害児への行動支援が、どのような考え方で、どのような内容で実施されているかについて言及する。

　過去10年間（2005年以降）の「LD研究」、「特殊教育学研究」、「行動療法研究」、「臨床発達心理実践研究」、「教育心理学研究」、「学校心理士会年報」および大学や研究所の紀要（CiNiiより検索）から27編を選定し、検討したものを紹介する（都築・長田、2016）。

第1項　通常の学級で行われた実践

（1）学級ワイドな支援
　学級ワイドな支援とは、問題行動に関する第一次的な介入として学級全体に対する介入を行うこ

とである。

　小泉・若杉（2006）は、多動傾向のある2年生男児の衝動的な行動や授業妨害の行動を改善するために個別指導と学級集団指導を組み合わせて指導している。学級集団指導として社会的スキル教育を経験した学習支援ボランティアが社会的スキルトレーニング（Classwide Social Skill Training：ＣＳＳＴ）の授業を週1度、計5回実施した。このトレーニングでは目標スキルを挨拶のしかた、上手な聞き方、質問の仕方、仲間の入り方、あたたかい言葉かけに設定している。学級対象のＣＳＳＴでは、教室、多目的ホール、体育館で紙芝居やゲーム形式を取り入れた活動を行い、この男児に役割や賞賛を意図的に増やした。この男児に授業前の休み時間に個別指導を行った。その結果、級友から承認を得られるようになり、友だちといっしょに遊ぶなど、適応的な行動パターンが身についたとする。

　森脇・藤野（2009）は、社会的相互作用と言語の使用に困難がある4年生のアスペルガー障害女児に学習支援員が週1回、半年間、全18回指導を行っている。その内の9回の個別指導ではソーシャルナラティブなどの1対1のＳＳＴを研修室で実施し、そこで獲得したスキルを学級や友人場面で生かすため、ティーム・ティーチングの形式で通常の学級で支援した。その結果、対象児は学級で適応できるようになり、学級活動に参加することが促進されたとする。

　大久保・高橋・野呂（2011）は、通常の学級における日課活動への参加を標的とする行動支援を行った。給食準備、片づけ場面、掃除場面で他児を叩く、蹴る、抱きつく等の不適切行動を示す2年生に学級集団内での個別的支援（従事行動の提示など）を行い、その後、学級全体に対する支援（達成できた児童にシールなど）を実施し、両支援の効果を比較した。その結果、対象児童の行動は改善され、学級全体に支援を実施した期間の方が個別的支援を実施した期間よりも高く安定した効果が得られ、他の児童の行動にも改善が見られた。個別的支援と学級全体に対する支援の効果を論ずるには厳密に統制すべきであるとしながらも、通常の学級における行動支援は、個別支援よりも学級全体に対する支援を優先的に実施する必要があるのではないかとする。

　関戸・安田（2011）は、通常の学級に在籍し、授業中離席をする、板書をノートに写さない等の授業参加が困難な4年生児、5名に学級ワイドな支援と個別支援を行った。第一次介入として「話を聞く」、「ノートに写す・プリントに記入する」等の学級ワイドな支援を自己評価カードや担任からの賞賛コメントを用いて行った。その後、第一次介入で授業参加行動に改善が見られなかった1名に、第二次介入として「取り出し」によって国語・算数の個別支援を専用の教室で行った。その結果、5名の授業参加行動に改善がみられ、1年半後においても5名中4名の授業参加行動が維持されて、1名は話の聞き方において改善がみられた。このことから学級ワイドな支援を基盤としたうえで個別支援を導入する方法は、複数の児童が対象であっても問題行動の改善を可能にし、他の児童にも適切な行動の増大をもたらすと結論づけている。今後の課題として担任に負担をかけることなく複数の児童の問題行動が改善でき、他の児童に適切な行動が増大される支援体制のあり方を全校で検討していくことを挙げている。

　曽山・堅田（2012）は、ルール、関係性（リレーション）、友だちからの受容、教師支援という環境調整の視点から学級全体を教育力のある親和的な集団に育てるための集団遊びと授業づくりを提示している。集団遊びでは、20分休みに遊び係が中心になって活動を計画し、学級全員でかかわり合う遊びを実施した。授業づくりでは、発達障害児を含め、どの子も参加できる授業を目指し、

授業3原則（学習規律、リズムとテンポ、1指示1動作）の授業を担任が実施した。その結果、学級全体の満足度が高まり、発達障害児4名のうちの2名が「学級生活不満足群」から「学級生活満足群」に変化した。この変化の要因は、担任による日常的な配慮と工夫であるとする。

　佐囲東・加藤（2013）は、School-Wide Positive Behavior Support（積極的行動支援）の視点から学級全体に対する支援が個人の問題行動の低減に及ぼす影響を検討した。集団行動が苦手な1年生のADHD男児の授業中における不規則発言を学級全体の問題として捉え、約11カ月間支援を行った。機能的アセスメントに基づく支援計画を作成し、学級全体として不規則発言の低減と傾聴行動の増加を目標に学級ワイドな支援（心理劇、視覚情報カードの使用、賞賛、シールなど）を実施した。その結果、学級全体の不規則発言の減少、傾聴行動の増加が最初にみられ、その後に対象児童の不規則発言も低減した。一事例の研究であり、今後は多数の実践により学級に対するクラスワイドなシステムによる第一次的予防的アプローチの効果を検証する必要があるとしている。

（2）機能的アセスメントに基づいた支援

　機能的アセスメントとは、「問題行動を統制している変数を見つけ出す一連の情報収集の手続き」（福原ら、2008）である。

　興津・関戸（2007）は、通常の学級での授業参加に困難を示す児童への機能的アセスメントに基づいた支援を行った。授業中に声を出す、立ち歩くなどの行動を示す広汎性発達障害が疑われる3年生に機能的アセスメントを行い、トークンエコノミーシステムとCSST（Classwide Social Skill Training）を介入パッケージとして用いた実践を学級担任が週に1度、9カ月間行った。CSSTでは「言葉のかけ方」や「あたたかい言葉かけ」の指導を行った。その結果、行動問題は一斉学習では減少したが、見通しを持ちづらい場面（グループ学習や行事）では十分な改善が見られなかった。このことから対象児自身が自己の行動を管理できるスキルを習得させる必要があるとする。

　関原（2008）は、通常の学級において適切行動を増加させるために機能的アセスメントを取り入れ、他児へのちょっかいや抱きつき等の問題行動を示すADHDの1年生男児に支援を行った。通級指導教室の担当教師が行動コンサルテーションを実施し、学級担任や保護者からの情報収集、心理検査、機能的アセスメントから支援計画（視覚的にルールを示す、評価カードに〇など）を立案した。学級担任には、支援手続きチェックシートを用いて支援の自己評定を依頼した。その結果、対象児の行動変容だけでなく、他の児童に好影響が見られ、行動コンサルテーションの有効性が示されたとしている。

　福原・古田島・加藤（2008）は、高機能自閉の2年生男児にセルフ・マネージメント手続きを試みた。「女の子への不適切な関わり」を標的行動とし、機能的アセスメントを行い、支援計画を立案した。本人参加型の「支援会議」で不適切な行動を図示しながら説明し、「チェックカード」により毎時間ごとの自分の行動を記録させ、通級指導教室ではコミュニケーションスキル訓練を個別指導とグループ指導によって行った。その結果、3カ月後には不適切行動はほぼ0回になり、自発的な言語行動が増加した。対象児は自分の行動を正確に記憶し、記録することができたのでセルフ・マネージメント手続きがうまく機能したが、小学校の現場では担任を専門的にサポートする資源が限られているために定期的な観察や評価が難しいことが課題であるとする。

　五味・大久保・野呂（2009）は、アスペルガー障害の5年生男児に授業参加行動への自己管理手続きを用いた学級内介入を行った。離席や床に寝転ぶなど授業参加が困難な行動に対して機能的ア

セスメントを行い、それに基づいて学級内の支援計画を立案した。機能的アセスメントにより問題行動には嫌悪的な活動からの逃避の機能と教師への注目要求の機能があることが推定された。そこで、支援計画を、1）個別プリントを提示する、2）代替行動として読書を許可する、3）自己モニタリングを導入し、学習参加を2点、読書を1点、離席を0点として自己記録の合計を算出させた。その結果、離席は顕著に減少したが、課題従事に改善は見られなかった。そこで自己記録の対象をプリントの正答数へと変更したところ、正答数を自己記録の対象としたことにより正答数だけでなく、正答にいたるための課題従事率も増加した。これらの結果から自己管理手続きは発達障害児の通常の学級における授業参加を促す効果的な支援方法であるとし、対象児への配慮や補助手段を段階的に撤去する方法を検討する必要があると述べている。

（3）コンサルテーションを取り入れた支援

　学校教育におけるコンサルテーションとは、「異なった専門性や役割を持つ者同士が子どもの問題状況について検討し、今後の援助のあり方について話し合うプロセス（作戦会議）」（石隈、1999）である。

　梶・藤田（2006）は、通常の学級に在籍するＬＤ・ＡＤＨＤ等が疑われる児童への教育的支援として、学級担任にコンサルテーションを行うことによって児童の授業逸脱行動の改善を試みた。コンサルタントは養護学校教師、コンサルティは2年生の学級担任であり、学級で行動問題を抱えた児童3名に対する支援を目的に5カ月にわたって14回のコンサルテーションを行った。機能的アセスメントを試み、対象児童の行動問題に「注目要求の機能」と「活動逃避」の機能が含まれていたために望ましい行動に注意し、褒める・微笑む等の行動を担任が介入に取り入れた。その結果、3名とも授業逸脱行動が減少した。このように行動問題に機能的アセスメントを行い、その結果に基づいて教師にコンサルテーションを行い、この取り組みは一定の成果があったとする。

　小関（2015）は、不適応行動がある小学校3年生男児に行動コンサルテーションを適用した。通常の学級に在籍し、女子更衣室をのぞく、女子の胸を触る等の行動を示す男児をクライアント（ＣＬ）、その学級担任をコンサルティとし、コンサルテーションを約半年間、12回実施した。コンサルタントが情報を基に間接的な機能的アセスメントを行ったところ、ＣＬの問題行動に注目獲得の機能と興奮獲得の機能があると推定された。次にコンサルティ自身が自発的にＣＬに対する機能的アセスメントを行い、教職員が更衣室の前で立つ、休み時間に積極的に外で遊ぶなどの工夫をしたところ、問題行動のほとんどが消失ないしは減少した。この結果から機能的アセスメントを行い、対応方針を立案していくことは意義あることであり、行動コンサルテーションにおけるコンサルティとＣＬの相互作用に関する客観的なデータを収集していく必要があるとする。

　今津・宇野（2009）は、学級経営の考え方が異なる通常の学級の担任にリーダーシップタイプを考慮した担任コンサルテーションを行った。小学校の通常の学級に在籍する高機能広汎性発達障害児2名（3年生と4年生）の学級担任に週1回、計20回の担任コンサルテーションを行った。一方的圧力的タイプの教師に援助機能の補充をねらいとして生活指導員による同室複数指導をすることを提案した。しかし、学級満足度の平均得点は大きくは変わらなかった。バランスの取れたリーダーシップタイプの教師に対象児の「できていることを誉める」ことを意図的に行い、他の児童の良いモデルとするように提案した。その結果、他の児童が対象児を肯定的に評価するようになった。これらの結果から発達障害児が学級に在籍している場合、1）得意な認知特性を活かした指導、2）

実態に合った適切な課題、3）学級状況等を考慮に入れた個別対応、などを考えることが効果的であるとした。その一方、教師の指導行動や態度を変容させるためには教師自身の自己変容の意識が必要であり、その背景にある教師の信念にまで言及することは難しいとした。更に発達障害児が在籍する学級では、学級経営のあらゆる場面を捉えて、的確な実態把握に基づく支援を行うことが必要であるとしている。

（4）校内支援体制

大久保・福永・井上（2007）は、大学と小学校が連携して通常の学級に在籍する発達障害の2年生男児が示す他害的行動に対する行動支援を約1年半にわたって行った。通常の学級の個別的支援として、1）個別活動か学級活動のいずれかを選択させる、2）課題従事行動に対してトークンを随伴させる、3）問題行動をイラスト化したレスポンスコストシート（不適切な行動が見られた場合にトークンを没収する手続き）を提示し、減らすべき行動を明確に示す、などを行った。校内支援体制の構築として、1）校内研修を実施する、2）支援メンバー間で情報を共有する、3）全職員への情報の伝達を行う、などを行った。その結果、対象児の適切な授業参加や課題従事行動が増加し、問題行動が減少した。

長田（2015）は、反応性愛着障害のある広汎性発達障害の1年生男児が通常の学級へ適応するために校内支援体制を構築し、専門医と連携を図った事例を報告している。この男児は、入学後、通常の学級で級友に一方的に暴力を振るう行為を頻繁に表出した。そこで学校側から小児神経科に受診するように保護者に勧めたところ、保護者がこれを受け入れた。診断名が確定し、不適切行動を調整するための投薬が処方された。校内では、学級担任以外の職員（スクールアシスタント、養護教諭、通級指導教室の担当）による多角的な支援をしながら、学級担任は学級全員の前で本児のよいところを褒め、本児が認められるよう働きかけた。その結果、不適切行動は消滅し、適応的な学校生活を送れるようになった。これを維持していくためには卒業するまで複数指導者による支援体制を堅持していく必要があるとしている。

（5）認知行動療法を用いた支援

認知行動療法とは、日常生活の中で生じている認知や行動が非機能的な事態につながっていることに対象者自身が気づき、認知や行動の多様性に気づいたり、他の選択肢を選択および獲得するための手続きである（小関、2018）。

松浦・橋本・竹田（2007）は、高機能自閉症児の6年生男児に認知行動療法とパッケージングを用いて認知の歪みへアプローチした。パッケージングとは、有効な技法をいくつか組み合わせて大きな効果を得ようとする治療法である。認知の歪みを是正するために本児の自己に対する否定的な見方に役割を与えて成功体験を増やし、被害的自動思考に対して聴くスキルを磨くことを集団指導で実施した。上手くいかなかった原因を自分の問題に帰属する「誤った原因帰属」に対しては、個別指導により固定的な見方から脱却するように試みた。その結果、情動や行動をコントロールするスキルやセルフコントロールのスキルが磨かれ、自尊心の高揚が認められ、学級内で中心的な存在になっていった。

第2項　学級全体で行われた実践

（1）機会利用型ＳＳＴを取り入れた実践

　多賀谷・佐々木（2008）は、4年生の学級集団に機会利用型ＳＳＴを学級担任とティーム・ティーチング担当者の双方で実施した。標的スキルを「あたたかい言葉かけ」、「積極的な聞き方」、「自己コントロール」とし、授業中に生起した適切な標的行動を題材にし、その場で学級全体のＳＳＴに移行させた。手続きは、1）適切な標的行動を見つけ、個別にフィードバックする、2）学級全体に提示する、3）モデリングさせる、4）他児に標的行動を見つけさせる、5）行為者に気持ちを確認させる、6）他児が行動リハーサルする、7）フィードバックする、8）気持ちを確認する、9）学級全体に奨励する、である。その結果、仲間への認知が肯定的に変化し、児童相互の関わりの深まりが認められた。

　多賀谷（2014）は、4年生と5年生の107名の各学級担任がセルフモニタリング手続きを利用した機会利用型ＳＳＴを学級単位で実施した。4月に「あいさつ」、5月に「時間」、6月に「準備」、7月に「注目」というように毎月、一つずつの目標スキルを設定した。手続きは、1）目標行動を出現させた児童に社会的強化をする、2）当該児童に目標行動を再現させ、学級全員で目標スキルを再学習する（モデリング）、3）目標行動を実際にやる（行動リハーサル）、4）目標スキルの使用を促進する、という順で行われた。その結果、目標スキルが向上し、進級後も維持されていることが示された。19名の低スキル群は向社会的行動を向上させ、攻撃行動および引っ込み思案行動を低下させたが、高スキル群と比べて社会的スキルが低いために低スキル群にはユニバーサルな支援に加えて、小集団や個別のアプローチなど二次的な介入が必要であるとする。

（2）ＳＥＬ-8Ｓプログラムを取り入れた実践

　香川・小泉（2014）は、ＳＥＬ-8Ｓプログラム（Social and Emotional Learning of 8 Abilities at the School で、8 Abilities は「自己への気づき」「他者への気づき」「自己のコントロール」「対人関係」「責任ある意思決定」「問題防止」「重要事態に対処する能力」「ボランティア」を指す）が社会的能力の向上と学習定着に及ぼす効果を検討した。全校児童を対象に社会性と情動の学習プログラムを導入した授業を他の学習と関連づけながら学級活動や総合的な学習の時間に約3カ月間にわたり、8～9回行った。学習領域は、基本的な生活習慣、自己・他者への気づき、聞く、伝える、関係づくり、ストレスマネジメント、問題防止、環境変化への対応、ボランティアである。プログラムを導入していない学校と比較したところ、ほとんどの学年で実践校の社会的能力（教師評定）の得点が上昇し、国語の学習定着度においても実践校の得点の上昇が見られた。このことより社会性と情動の学習プログラムは、児童の社会的能力を向上させる効果があったとし、気になる児童についてはコンサルテーションを行いながらサポートする必要があると述べている。

第3項　通級指導教室で行われた実践

（1）ソーシャルスキル関連

　高畑・武藏（2013）は、2～4年生の広汎性発達障害児5名に1年7カ月間、隔週で小集団ＳＳＴとチャレンジ日記の発表を行った。小集団ＳＳＴの学習内容は担任へのアンケート結果を参考に計画を立て、チャレンジ日記は対象児の実態などから一人ひとりに応じたものを作成した。その結

果、全員がＳＳＴで意欲的に取り組むようになり、チャレンジ日記では記録枚数が増加し、コミュニケーションが変容した。これは、チャレンジ日記を記録し、発表活動や多様な評価を継続したことが自己肯定感・自信と積極的なコミュニケーションにつながったためとする。

　菊池・伊津野・江川ら（2014）は、大学と連携して発達障害児にグループ・プレイ・セラピーを行った。情緒障害通級指導教室に通う 10 ～ 15 名の児童を一同に集め、学生と通級指導教室の担当教師が一緒になって年 7 回、ソーシャル・ゲーム（社会性を必要とする集団ゲーム）を行った。ゲームの内容は、衝動性のコントロールをねらいとした「キャタピラ・リレー」、他者への興味関心を深めることを目標とした「インタビューゲーム」、他者視点の獲得を目標とした「ジェスチャーリレー」などである。その結果、セッション中の発言や振り返りシートの記述において他者への関心が芽生え、自身の行動に気づき、協調性がある行動がとれるようになった、などの変容が見られたとする。

　岡田・三好・桜田ら（2014）は、自閉症スペクトラム障害児に小集団のＳＳＴを行い、仲間の交流と話し合いスキルプログラムの効果を検討している。5 名の小集団ＳＳＴを週 1 回、21 回実施した。この活動に 4 名のスタッフ（通級指導教室の担当教師 2 名、大学関係者 2 名）が関わった。内容は、#1 から #6 は仲間との相互交渉を増やすことをねらいとした仲間交流プログラム、#7 から #14 は話し合いスキルの獲得を目的にしたソーシャルスキルプログラム、#15 から #21 は事後評価期間として、仲間との相互交渉や話し合いスキルの指導とは直接関係しないプログラムを行った。その結果、6 年生の 3 名が仲間とかかわることが多くなった。このことからこのプログラムが児童の相互交渉を増加させ、ソーシャルスキルの獲得に肯定的な影響を及ぼすとするが、現状ではＳＳＴがＡＳＤに効果的であると結論づけることは難しく、障害特性に応じたＳＳＴ介入の効果を一般化する実践が望まれるとしている。

（2）友だちと遊ぶことを標的とした実践

　青山（2007）は、友だちと遊べない、過ごせないという悩みを持つ広汎性発達障害の 2 年生と 1 年生の女子に通級指導教室で月 1 回のグループ指導を 6 回実施した。最初、自己紹介カード作りをし、二人の共通話題であるお絵描きを中心にした安心できる状況を作った。そして劇やおしゃべりを通して次第に会話へと発展させていった。二人が親密な関係になっていったことから広汎性発達障害児が仲良しになるために共通話題、冗談トーク、共通の関心事が重要であるとする。

　戸田（2007）は、「友だちがほしい、一緒に遊びたい」という願いがある高機能自閉症の 3 年生男児に週 1 回、4 人（3 年生と 4 年生の通級児）による小集団指導を 27 回、約 1 年半にわたって行った。その内容は、タイミングを合わせる運動調整（布くぐり等）、情動調整を行うゲーム（カルタ、トランプ等）、台本を使った自主的な遊びなどである。その結果、運動調整機能や情動調整機能が発達し、安定的な仲間関係が形成できた。通級指導教室で仲間関係が安定した時期と学級で担任が環境調整（大声への予防的な支援等）を行った時期が重なっていたことから通級指導教室と学級との連携が重要であるとした。今後は更に通級指導教室における適切な集団の規模、学年や構成メンバーの相性、在籍学級との連携のあり方などを検討していく必要があると述べている。

（3）集団参加を標的とした実践

　高橋・下平・井上ら（2014）は、自閉的傾向のある 4 年生の男児に運動会に集団参加する抵抗感を減らすための指導（リハーサル）を 1 カ月間、13 回ほど行った。この指導は、次の活動の理解

と安定した参加を標的行動にしたものである。最初の段階は、通級指導教室で写真カードを提示し、競技内容を説明した後に行事の事前学習をペアで行い、励ましの言葉かけをした。次の段階は、体育館や校庭で通級指導教室の担当教師が介入して学年練習に取り組ませた。その結果、運動会当日、競技を全てやり遂げた。この指導が自立活動として実施されたことから自立活動は時間による指導だけでなく、学校生活全体を通して指導する個別の指導計画を立案し、指導目標を設定することにより学校のどの場面においても一人ひとりのニーズに対応した指導を行う必要があるとする。

第4項　特別支援学級で行われた実践

　遠藤（2009）は、通常の学級に在籍する広汎性発達障害児の教育支援を行うために校内リソースを活かした小集団指導を行った。友達とうまくかかわれない3年生に社会性を獲得させるために特別支援学級で3〜4名の教員が6名の小集団にST指導を週1回、10カ月行った。指導領域は、1）集団行動（いすとりゲーム等）、2）セルフコントロール（負けてもドンマイ等）、3）仲間関係（二人組みで手遊び等）、4）コミュニケーション（買い物ごっこ等）である。子どもたちは、初めの頃、平行遊びしかできず、側に近づくことができずに眺めていた。その後、活動を通して小集団の友達と接近した距離で活動ができ、相手を友達と考えるようになり、一緒に活動することに慣れていった。このことより校内リソースを活用した小集団指導は発達障害児にとって精神的にも時間的にもロスの少ない指導体制であり、小規模校においても実施可能であるとした。

　大久保・加藤（2012）は、機会利用型SSTを発達障害児に適用し、交流学級場面に般化するかどうかを検討している。3年男児4名（1名は通常の学級在籍）を対象に「仲間に入る」、「仲間の誘いに応じる」、「仲間を誘う」、「暖かい言葉がけ」、「仲間に頼む」の5つの標的スキルを特別支援学級の小集団において従来のSSTを行った場合と機会利用型SSTを行った場合を比較した。従来のSSTは、標的スキルの教示・説明、絵カードによる場面の提示、モデリング、行動リハーサル、フィードバック、スキル使用の奨励の手順で行われた。機会利用型SSTは、日常生活に近い場面設定、標的スキルの自発を待つ、自発されない場合はプロンプトやモデルを提示、自発したスキルを心理劇、指導者から賞賛、スキルの使用を促すという手順で行われた。いずれもSSTは国語の授業時間に2回行った。2つのSSTの終了後に交流学級場面で直接行動観察を行い、標的スキルの般化を検討した。その結果、従来のSSTよりも機会利用型SSTの方が標的スキルの自発が増加していたことから機会利用型SSTが効果的であったとする。ただし、仲間に頼むスキル（「手伝って」）では般化が見られず、その要因は、スキルの習得が不十分であるか、またはスキルを生起する場面設定が問題であるとしている。

第2部　理論編（Ⅱ）
心理劇の学校教育場面への導入

　心理劇は、当初、精神障害者の治療方法として考案された。心理劇は、病院で統合失調症患者に社会復帰という大きな目標に向け、そのリハビリテーションの一つとして行われてきた。高原は、1990年代から療育や教育の場で発達障害者に心理劇を適用し始め、心理劇が発達障害者に利用可能な支援ツールであることを実証した。

　心理劇が医療サイドで最初に適用されたこともあり、現在、心理劇が学校教育場面で広く使用されている状況にはない。心理劇が、特別支援学校や特別支援学級で試みた例もあるが、通常の学校での実践例はあまりみられない。

　発達障害児の多くは、通常の学級に在籍している。通常の学級では、当該児童への支援は、個別配慮と学級経営の中でなされる全体配慮の両面からなされる必要がある。発達障害児の中には学校で支援を受けながら、学校外で種々の支援を受けている。学校生活以外の場所で支援を行っていく校外の支援が必要である。

　また、心理劇が学校教育場面で使用されないのは、臨床心理士の持つプロフェッショナルな心理療法としての技法に関連しているのかもしれない。学校は、臨床心理士で構成されている教育組織ではないからである。

　第2部は、心理劇を学校教育場面で活用しようとする場合には、どのような実践的課題があるのかを明らかにしようとした。

　まず、第3章で心理劇とは何か、心理劇が発達障害者にどのように使用されてきたかについて整理する。次に第4章で学校教育場面を見立てた地域療育活動における心理劇の実践例を紹介する。第5章で中学校特別支援学級の自立活動における心理劇の試みを紹介する。

　これらの試みは、高原らの実践をベースにしているが、その支援方法や内容が必ずしも高原らのものと一致しているわけではなく、試行錯誤をしながら実践したものである。

　第6章では、こうした実践を踏まえ、心理劇的アプローチについて言及する。

第3章　心理劇と発達障害者の支援

第1節　心理劇とは

第1項　経緯

　心理劇（サイコドラマ）は、ジェイコブ・レヴィ・モレノが 1921 年にウィーンの自発性劇場で始めた集団精神療法である（高良、2013）。モレノは、1925 年に米国に渡り、ニューヨークのビーコンで精神障害者への心理劇を発展させ、自発性理論や役割理論を打ち立てた（高良、2013）。モレノの特筆すべき業績は、精神医学における言語的方法を用い、精神分析の「閉じられた」個人療法を超えて「いま・ここで」の行為を主体とする「開かれた」集団療法を展開し、心理劇の基本構想を創ったことである（三浦、1993）。

　我が国においては 1951 年に松村康平、外林大作によって心理劇が紹介された（高良、2013）。1960 年代には主に対人関係の維持が難しい統合失調症患者に適用されていた（高原、2009）。精神科医である迎は、劇の中で対象者を直接的に指導するのではなく、補助自我が援助していく「間接誘導法」を確立し、慢性の統合失調症患者に適用した（高原、2009）。精神科病院臨床において心理劇を実践したのは、臨床心理学者である台と精神科医である増野である（高良、2013）。

　松村・外林は 1956 年に心理劇研究会を、台と増野は 1975 年に日本臨床心理劇協会を発足させた。さまざまな領域において独自の活動が進む中で松村、迎、台、増野らは、1984 年に日本心理劇連合会を設立し、1995 年には日本心理劇学会を創立した。同学会の会則に、心理劇は、「サイコドラマ、ロール・プレイング、ソシオドラマ、プレイバック・シアター等即興劇的技法やアクションメソッドを用いて行う治療的、教育的集団技法の総称である」と定義されている（高良、2013）。

　心理劇は、モレノが提唱して以来、考え方・技法や適用対象・範囲が広範になった。高原は、迎の間接誘導法の流れをくみ、1990 年代から発達障害者に心理劇を適用し始めた（高原、2007）。高原らは、発達障害者の世界を理解する手がかりとして劇の中で感情を表現することにより発達障害者の感情の浄化やその意味づけを図ろうとし、劇遊びの世界の楽しさを経験させ、人間関係作りや社会的なスキルを学習させるために発達障害者に心理劇を導入した（高原、1995；高原、1998）。その背景として広汎性発達障害の社会性を改善する技法が 1980 年代半ばから論議されるようになり、問題行動の軽減を目指す治療教育的アプローチの一つとして心理劇に着目したとする（吉田・高原、2000）。

　このように心理劇は、当初、精神障害者の治療方法として考案されたが、我が国では 1990 年代から発達障害者にも適用されるようになった。また、心理劇は主に施設や病院で行われていたが、施設外の療育キャンプ等でも自閉性障害者、知的障害者、統合失調症患者らに行われるようになった。

　高原らの精力的な実践は、自閉性障害者、知的障害者に心理劇の適用可能性をもたらした。高原（2007）は、心理劇を実施する具体的な目的を、1）表現の場、2）社会性向上の場、3）集団療法の場を挙げている。滝吉ら（2010）は発達障害者に心理劇を適用する意義として、1）情動体験およびその表現の促進、2）自己や他者への気付きや理解の促進、3）集団における仲間関係の形成を挙げている。

第2項　心理劇の構成

　心理劇を構成するのは、「監督」（劇の進行係）、「主役」（劇の主な登場人物）、「補助自我」（主役の相手役を演じ、監督を補佐する）、「舞台」（心理劇が演じられる舞台）、「観客」（劇の観客であり、時には舞台に参加したり、主役の応援者になる）の5つである（高原、2009）。「監督」、「補助自我」、「観客」は柔軟にその機能を取り分けながらすすめていることが多い（三浦、1993）。

　心理劇は、「ウォーミングアップ」、「劇化」、「シェアリング」の3つの時間的流れに区切られる。「ウォーミングアップ」は、参加者が劇を始めるための心理的身体的準備性を高めるものであり、ゲームをしたり、集団で体を動かしたり、言葉遊びや指遊びなどを行う。「劇化」は、テーマに基づき監督が誘導し、主役や補助自我によって演じられる。「シェアリング」は、参加者が気持ちを共有することであり、とりわけ主役に対して共感の気持ちや支持を表明する（高原、2009）。

第3項　発達障害者への心理劇技法

　発達障害者への心理劇技法は大きく分けて、「思い出語りの心理劇」、「解決を目指す心理劇」、「ファンタジーの心理劇」、「学習のための心理劇」の4つの種類がある（高原、2007）。「思い出語りの心理劇」では、過去に経験した楽しかった思い出を題材にし、その時の思い出を劇の中で再度体験する。「思い出語りの心理劇」は4つの種類の中で最も初歩的で実施しやすい。「解決を目指す心理劇」では、現在直面している生活上の問題や自己の内面的な悩みを題材にし、スタッフからの援助を受けながら問題解決の手がかりをつかむ。「解決を目指す心理劇」では対象者にとって楽しいことばかりではなく、時には辛い思いをすることもあるが、現実問題に対処する能力を養うことにつながる。「ファンタジーの心理劇」では、現実にはありえないファンタジーの世界に浸ることによって願望が満たされたり、社会的に許されないことを題材にして体験することによって現実世界の暴走をセーブしたりする。「学習のための心理劇」では、新しい役割の取り方を学んだり、間違ったやり方をしている行動を修正したりするために用いられる。

第2節　施設・病院等で実践された心理劇

第1項　1980年代・1990年代の取組

　高良・大森ら（1984）は、入院中の19〜33歳（平均年齢26.4歳）の男女8名の統合失調症患者に81回の心理劇を行った。この実践の39回目から不定期に童話を用いた心理劇を計16回、行った。

　8名のうち、「改善」は2名、「やや改善」は4名、「不変」は2名であった。ある26歳の男性の場合、童話が導入される前までは何を言っていいかわからない状態が続いたが、童話が導入されてからは安全が保障されている中で安心して即興的な世界を表現でき、劇の中で「強い男性像」の取り入れを実現させ、その後、養護施設の用務員として働くようになった事例を報告している。高良らは童話を集団という場への影響体として位置づけ、課題解決的な役割体験を無理なく現実化し、心理劇における童話の特質として「空想性」（日常の倫理や時間・場所を超越する）、「安全性」（話の筋や結末がわかっている）、「普遍性」（長い間語り継がれている）、「主題性」（課題達成的要素と

なるモチーフが存在する）の4点があることを述べている。

　土屋（1991）は、毎月1～2回、病院で外来の統合失調症患者に行っている心理劇に自閉症・軽度知的障害の男性（25歳）を父親と一緒に26回（1年9カ月）、参加させた。3回目の「喫茶店で恋人連れの部下にばったり出くわした部長の役」を演じた頃から、「劇は劇であり、現実とは違う」ことを認識し、7回目の「友達の家に遊びに行き、そこでかまくらに入って遊んだ」頃から役を役として演じる」ことができるようになり、12回目の「プロ野球」（本人希望）を演じたあたりから「演じることを楽しむ」ことができるようになった。このことから心理劇は、年長自閉症者のリハビリテーションの一つ方法になりうるのではないかと述べている。

　滝沢（1992）は、精神科病院の30～49歳（平均年齢38.4歳）の統合失調症患者9名に週1回、90分の心理劇を10回、行った。まず、ウォームアップで体操、ゲームを行い、次にイメージアップで「楽しかった思い出」などを思い浮かべ、そしてその中から劇を取り上げるというパターンを第1回から最終回まで行った。第4回には昔話を取り上げ、「一寸法師」と「花咲じじい」を行ったが、うまくドラマにならなかったため、現代的な場面に戻した。第5回からは昔話を取り上げず、「対人関係で困った体験」、「人に対する親切」、「理想の家庭」、「別れ」などのイメージアップの中からドラマのテーマを選んだ。滝沢は、昔話ではストーリーにとらわれ、即興性が失われてしまうためにある程度、日常生活と結びつくテーマの方が入りやすいとしている。

　三浦（1993）は、特殊学級に在籍する小学2年生女子に週1回、家庭訪問を行い、1年3カ月（57回）にわたって臨床心理劇を行った。ここで言う臨床心理劇は、子どもと臨床心理家の対人関係的、相互媒介的かかわりを重視した対人関係の心理療法として位置づけられるものである。臨床心理劇における「架空の人物とのやりとり」を緊張に満ちた生活からの逃避と捉え、空想的・非現実的な体験（「カレンダーの少女との対話」、「シャボン玉の子どもたち」等）を積み重ねていった。その結果、混沌とひろがっていた少女の自己・人・物の領域の枠組みが10回目辺りから自己内に位置づき、27回目辺りから現実の人や物の領域が明確になっていった。

　高原（1993）は、精神薄弱者更生施設に入所している3名を対象に施設内の作業指導室で5～6回（4カ月間）の心理劇を行った。2名（20歳IQ61、28歳IQ測定不能）は、4～5回目の「2人で好きな所へ行く劇」や「小学校1年生の劇」を演じたあたりから、スタッフの適切な働きかけによって「場からのはみ出し行動」（不適切な行動）が適切な自発的行動へと変化していった。他の1名（19歳IQ58）はもともと「場からのはみ出し行動」は少なかったが、自発的行動の増加はあまり見られなかった。このことから通常は不適切な言動としてみなされることが心理劇の場では自発的な行為として変わり得るとしている。

　古川（1994）は、聴覚的理解は良好だが、発話意欲が低下している入院中の75歳の失語症女性に表出能力を高めるためにマン・ツー・マン形式による心理劇を娯楽室にて2年間に32回（1回40分）行った。6回目の「キノコ狩り」からパターン化した応答に変化が見られ、18回目の「友人と食事に出かける」から感覚への自発的な言及が見られ、28回目の「耳をつまむ」から危機場面での自発的な行為・発話が見られるようになった。古川は、マン・ツー・マン形式の心理劇はコミュニケーションや自己表現を高める場を提供できるが、日常の般化は難しく、集団形式への移行やチームアプローチづくりの検討が必要であるとする。

　高原（1995）は、精神薄弱者更生施設の精神遅滞者6名（21～45歳、IQ36～55、男3名、

女3名）と自閉性障害者7名（21〜32歳、ＩＱ36〜62、男7名）を対象に週1回（1時間）、6カ月間にわたって合計20回の心理劇を試みた。ウォーミングアップ中心の開始期では精神遅滞者が主導であったが、抽象的な劇化を試みた13回目あたりから自閉性障害者の方がより自然に動いたり、メンバーを気遣ったりする場面が見られ、対象者どうしの相互作用が次第に増加した。精神遅滞者は表面的な人との関わりは持てるが一定の線を超えると戸惑ったり不機嫌になったりした。対象者13名中、11名に改善が見られ、過去や未来について、また自分の気持ちを語るようになったとする。高原は、自発性や想像性は自閉性障害者にとって苦手な面であるが、心理劇によって自閉性障害者の自発性や想像性が促進されたとする。

　塚越（1996）は、中学校特殊学級に在籍する精神発達遅滞児5名（1年3名、3年2名、ＩＱ35〜69、男3名、女2名）を対象に週1回、100分程度を7回にわたって教育委員会療育プログラムの一部として心理劇を行った。ここでは、スタッフ5名（ディレクター1名、補助自我4名）が関与し、「友人宅を訪ねる」、「お店屋さん」、「レストラン」などの題目で心理劇を行った。その結果、2名は場面を自分で判断したり、他者の動きに合わせて自分も動いたりするなどの変化を示し、残り3名は大きな変化が見られなかった。3名に変化が見られなかったのは、認知能力が低いことや参加回数が少ないことによるものであり、7回の実施回数では不十分であったとする。

　高原・松井（1997）は、精神薄弱者入所施設の19〜47歳の精神遅滞者6名（ＩＱ36〜55、男3名、女3名）と19〜34歳の自閉性障害者8名（ＩＱ31〜62、男8名）を対象にイメージ力を喚起するウォーミングアップ（「チューインガム」や「おもちゃ」になる）の導入を毎月、2週につき1回（約1時間）の割合で3回行った。精神遅滞者は2回目以降他者との関わりや言葉かけがあっても自分なりの表現を続けられたが、自閉性障害者は3回目に指示的な関わり方をすると自発的な動きが無くなり模倣に終わった。このことから精神遅滞者は自発的な行動や感情表出が認められたが、自閉性障害者は補助自我の介入如何によっては自発性を低下させる可能性もあるとしている。

　高原（1998）は、2泊3日の林間学校を通して5名の自閉性障害児・者に心理劇を試みた。対象者の年齢は12〜26歳であり、ＩＱは38〜123であった。初日は「過去」、2日目は「現在」、3日目は「未来」をテーマに心理劇を実践し、自我を強めることに力点を置いた。初日は小さい頃の思い出の中で楽しかったことが語られ、2日目は現在の楽しいこと「友達と高速のＰＡでうどんを食べる」や「家族とのドライブ旅行」を劇で表現し、3日目は将来の理想として「自動車工場で働く」等を劇化した。高原は、自閉性障害者は楽しかった思い出や現在の楽しいこと、将来の理想などを多く表現する傾向にあり、辛いことを劇にすることには抵抗や防衛が働いているとする。

第2項　2000年代の取組

　高原（2000）は、思春期を迎えたアスペルガー障害の男子（ＦＩＱ122、ＶＩＱ123、ＰＩＱ118）に4年（12歳から15歳まで）にわたって心理劇を20回、行った。その内訳は、年1回の2泊3日の林間学校で4年間行い、月2回の療育グループで2年間行った。心理劇を開始した当初（12歳）は、他者とのやりとりが困難であったために抵抗が強く拒否的であったが、7回目（14歳）の時には、「ターミネーター」になり敵を倒していく役を演じるようになった。自己実現することの意味を理解してからは積極的に心理劇に参加し、自分のイメージの世界を語り、12回目には「学校」、

17回目には「三顧の礼」などを劇で表現するようになった。高原は、他者とコミュニケーションを取ることに困難を持っているアスペルガー障害児に心理劇を適用した場合、心理劇が彼らの社会不適応を改善していく可能性があるとした。

吉田・高原（2000）は、広汎性発達障害児を対象に心理劇体験を試みた。養護学校に在学する女児（心理劇開始時13歳、精神年齢3歳4カ月）に2泊3日のキャンプで心理劇を3年間行った。1年目は監督に発言を求められると癇癪をおこし、退室してしまった。2年目は「イヤ！」と連呼し、心理劇には参加できなかったが、部屋から出ていこうとはしなかった。3年目は「観覧車に乗ってアイスクリームを食べた」と自発的に話したエピソードを劇化したところ、他者と交わるという行為が示された。吉田らは、3年間の変化の理由として、本人の成長、愛着欲求を受け止めてくれるトレーナーの存在、対象者を肯定的に受け止めるトレーナーの見方の変化を挙げ、関わる側が何かを感じ取りながら関わる間主観性の概念を用いることの有効性を論じている。

野並・小原ら（2000）は、知的発達の全般的な遅れと場面理解が断片的である小学4年生男児を対象にセラピスト2人（監督、補助自我）が大学附属施設の相談室で1回につき1時間の心理劇を約1年間、8回行った事例を報告している。小学4年生男児が自ら提案する事柄をテーマとして取り上げ、「ビデオカメラマン」（ビデオカメラマンとそれを手伝う人たちで飛行機に乗って取材旅行に行く）、「遊園地」（みんなで従業員になる）、「お化け屋敷」（学校のお楽しみ会の催し）などを行った。初期の頃は、「わからなさ」が露呈する不安から周辺にいてその場をしのごうとしていたが、終盤になって新たな解決策を作り出そうとする主体的、積極的な努力を示すようになった。

高原（2001a）は、高機能自閉症者（ＶＩＱ71、ＰＩＱ101、ＦＩＱ82）を対象に17歳から26歳までの10年にわたり心理劇を行った。劇は、知的障害入所施設で10年間に約200回、8年目より林間キャンプで9回、行われた。第1期（2年2カ月間、場所は施設）では、当初は心理劇を理解できなかったが、2年目の時に「タマネギの芽がこわい」で主役を取るようになった。第2期（2年9カ月間、場所は施設）では、「僕と指導員」、「B君嫌い」というように、こだわりが物から人へと変化していった。第3期（3年1カ月間）では、「S園を出たい」、「ニューハーフ」（場所は別荘）のように劇のテーマが本人の関心に沿うものになってきた。第4期（2年間）では、「切手なしの手紙」（場所は施設）、「失恋」（場所は別荘）のように劇の内容がさらに具体的なものになっていった。高原は、その変化の過程の中で対象者が自分自身の問題を劇のテーマに選ぶようになっていき、自分の辛い感情を表現することで辛い状況を乗り越えようとするようになったとし、心理劇は自己の意思の表明、自己決定に向けた援助になるとした。

高原（2001b）は、アスペルガー症候群の青年を対象に心理劇を試みた。「良い人でいなければならない」という気持ちが強すぎ、他者に自分の本心を出すことができない19歳のアスペルガー障害男性に施設通所6か月目から施設で10回の心理劇を行った。8回目までは複数の対象者がいる場では自分の良い面だけを見せようとし、十分な効果が得られなかった。9回目の「S先生の眼鏡が気になる」と10回目「うるせーって言わないでください」は、個人的な問題に関わる内容であり、友達に知られたくないと考えられたことから本人以外は監督と補助自我だけで劇化した。その結果、それまで口にできなかった不満や不安な気持ちを表現できるようになり、日常生活でのストレスを軽減できたとしている。

高原（2002）は、施設入所者3名（知的障害を伴う自閉性男性）を対象に施設の療育訓練室と療

育キャンプの会場で10年間にわたって心理劇を行った実践事例をもとに自閉症者に対する心理劇の効果を検討している。ある事例（劇の開始が20歳）では、2回目の「チューリップ」や3回目の「学校」で演じることに興味を持ち、積極的であったが、他者の劇には興味を示さなかった。41回目（7年目）に「Cが自分のことを大嫌いと言うのがイヤ」と訴えたことを劇化したところ、感情的な問題点が解消され、表情が穏やかになった。48回目で「自分の後ろからわぁーと来た」と訴えたことを劇化したところ、本人は本人役の補助自我の演技を真剣に見ることによって自分の気持ちを再認識した。83回目には、劇の前に「高校の修学旅行は沖縄に行って楽しかった」と言っていたが、実際にはいじめられていたため、ずっと教師と2人で行動していたのである。そこで修学旅行を劇化し、友だちといっしょの楽しい修学旅行を再現したところ、心が癒され、劇後に「友だちだからさー」、「〜君はいい人だ」などと言い、他者との交流が増すことにつながった。この事例のIQ（WISC-R）は1991年が61であったが、2001年は66になった。他の事例（劇の開始が19歳）では、独り言で動物の名前を羅列するので8回目（20歳）に「動物園」として劇化したところ、他の参加者に動物の役を割り当て、自分は主役として動物園を巡るという非現実を現実的に演じ、願望が体験でき満足そうだった。第2期では「C君嫌い」の当事者であったが、拒否することもなく本人役を演じた。第3期では、紅組に入ることにこだわりを持っていたため100回目に行った「運動会」で自分の意に反して白組に入れられた場面を劇化したところ、劇の途中で「どっちでもいい」と言い、気持ちを整理することができ、劇後にこだわりが薄くなった。自発的な動きは第1期が9%、第2期が22%であるのに対し、第3期は68%に増した。IQ（WISC-R）は1991年では測定不能であったが、2001年は61になった。高原は、心理劇により社会性・対人性が改善され、IQが上昇したのは10年間にわたって継続的に心理劇を行ったことが一因であるとしている。

　森田（2003）は、知的障害者更生施設で2週間に1回（約1時間）、5〜10名の入所者を対象に心理劇を行った。自閉性障害者3名（23〜26歳、IQ47〜62、数年の心理劇経験あり）が自分自身をどのように振り返るかという点から「花火」の劇のビデオ映像を用いて劇の内容や自己に関する質問を行った。その結果、2名は上手にできた具体的な場面を問う質問に回答できた。他の1名は劇のテーマも答えることができなかった。ステレオタイプの「楽しかった」という感想を得ることができた半面、上手くできなかった場面は3名とも回答が得られなかった。森田は、参加者の失敗体験が少なくなるように配慮することは参加者が安心して体験することにつながるとする。

　高原（2004）は、アスペルガー障害の21歳男性（劇の開始が17歳）に「母親へのイライラ」として「母親が自分の言うことを聞いてくれない」と訴えたことを劇化して心理劇を行った。2度目の劇で役割交代法（対象者に本人とは違う役割を演じてもらい、補助自我が対象者を演じる方法）を用いたところ、本人に母親役をさせたことによって母親の本心を理解することができ、シェアリングの時に突然「お母さん、大好きでーす」と言い、母親への思いがあふれ出た。アスペルガー障害の19歳男子大学生（劇の開始が12歳）には、「高速バスで旅行」の劇で態度の悪い客を演じ、警官が来るとパトカーを奪い逃走するという社会的に許されないことをファンタジーの世界で体験させたところ、普段はできないことができて満足そうだった。このことから日常生活では注意せざるを得ないようなことでも心理劇の場ではファンタジーの世界として許し、のびのびと表現させるべきであるとする。法律に関心があるアスペルガー障害の男子高校生（5年前から劇に参加）には、

本人の要望をもとに「盗難車」をテーマに劇を行った。泥棒が盗んだ車で人（本人）をはねて逃走し、はねられた人（本人）が車の持ち主に管理責任を問う場面で「持ち主が悪い」と発言した。役割交代法で「車の持ち主」の役を演じたところ「僕が悪い」とマニュアル通りのことを言ったが、シェアリングの場で他者が「かわいそう」と発言し、「自分は悪くない」という自分の本当の気持ちに気づくことができた。これらのことから高原は、アスペルガー障害者は一般的に思われている以上に豊かな心的状態にあり、それが心理劇の場で表現できることが重要であるとする。

　池田（2007）は、高機能広汎性発達障害の青年、成人の社会適応力を高めるための地域福祉活動である「青年学級」において月1回、約10名に心理劇を行った。アスペルガー障害の男性は、当初劇に参加することを拒否し、「お腹が痛い」と言って出ていこうとしたこともあった。その場で寝転んだ時には他の参加者にも寝転がるよう呼びかけた。4回目の時に、夢で見た「エイリアンと海兵隊との戦闘場面」を、5回目の時に三国志の「三顧の礼の場面」を本人以外の全てのスタッフで劇化し、リアル感を出した。池田は、劇の内容に日常生活の中で周囲から疎外されていることへの不全感や有能感を得たいという願いが投影されていたとする。

　吉川（2009）は、コミュニケーションや対人関係を円滑にする力をつけてほしいという親の会からの依頼を受け、青年期のLD及びその周辺男女8〜9名に対して月1度の心理劇の学習プログラム（導入、ドラマ、終わりの会）を福祉施設で1年間行った。取り上げたテーマは「場に合わせた声の大きさ」、「小さな子を注意する時」等であり、あらかじめ保護者から提出された近況レポートを基に選定した。その結果、課題となるテーマがメンバーに明確に意識されたことでスキルが身に着いたとする。

　松井（2009）は、「あおぞらキャンプ」と称する活動の中でADHD児に心理劇を試みた。このキャンプは広汎性発達障害児者の適応能力を伸ばすことを目的に年に1度夏に2泊3日で行われ、15〜20人が参加している。ある中学1年の男子（小学生の時より参加）は前日登山をしなかったが、最終日にキャンプの思い出を劇化する時、動物になって山登りをする場面で犬になった補助自我の誘いを受けていっしょに犬になってみんなに追いつき頂上まで登り、「楽しかった」と感想を述べた。この事例では、本当は登山したかったが、一年後のキャンプでは目的地まで登山した。ADHD児が、その場ではできなくても、その後のキャンプで楽しめる幅が広がり、定期的でなく年1回でも心理劇を体験することによって発達障害児に効果がもたらされることがあるとする。

第3項　2010年代の取組

　黒川（2010）は、通園施設で言語指導を受けている5〜6歳の軽度発達障害幼児の7名（ASDが6名、場面緘黙が1名：男子が6名、女子が1名）を対象に、幼児が発表した絵日記をもとに、8カ月間、46セッション（1セッション15分、1日3セッション）にわたって劇化した。劇のテーマは、「バッタを捕まえた」、「風船遊び」、「トランポリン」などである。7名の中から参加回数が多かった3名を抽出して分析した。対人関係に問題を持つアスペルガー障害のA児は前半では劇への参加を渋り、否定的な感想を言っていたが、44回目の「キーホルダーを作った」の辺りから肯定的な意見が見られ、苦手な仲間とも遊べるようになった。行動面で問題を持つ高機能自閉症のB児は前半では自分がやりたい、自分が言いたいという気持ちが押さえられなかったが、34回目の「ウルトラマンの映画」の辺りから周りの動きを見ながら演じられるようになった。言語面に問題を持

つ高機能広汎性発達障害のＣ児は前半では集団への参加に対して拒否的な態度が見られたが、34回目から生き生きと自分の経験を話すようになった。黒川は、このように3名は劇の経験を重ね、コミュニケーションの力を育てていったとし、問題の軽減につなげていくには長期に渡って支援しなければならないとした。

　高原（2012）は、発達障害者の心理劇の事例を報告している。9歳高機能自閉症の女児は、最初の劇場面でゲームに負けた瞬間ゲーム盤をひっくり返してしまったために、もう一度同じ場面を行い、「負けても大丈夫だよ」という母親役の助言を受けたところ、ゲームに負けても「仕方ないわね」と対処することができた。21歳アスペルガー症候群の男性（大学生）は、一泊二日のワークショップで古事記のエピソードを丁寧に語り、それを参加者が劇化したところ、補助自我や仲間に感謝を述べた。これらの事例より、心理劇の場は、現実での対人関係と心理劇の場での心理的現実による対人関係という二重の対人関係を体験でき、発達障害児・者の自己理解・他者理解を深めるために有効であるとした。

　中村（2012）は、デイサービスに通う小学1〜6年生の広汎性発達障害児の男児5名に心理劇を行った。「気持ちの理解」を目標に、「ある一日の心理劇」をテーマに取り上げた。「うれしい」、「寂しい」、「怒っている」、「楽しい」と書かれたくじを引き、対象児とスタッフのペアでそこに書かれた情動を表現させ、他児のペアの行為を見てどのような情動を表現したかを発表させた。その結果、情動表出、情動理解ともに個人間で差が見られ、心理劇の中で行為化による情動の活性化を目指していく必要があるとした。

　高良（2013）は、精神科病院に入院中の男女10名の統合失調症患者に週1回（90分）の心理劇を11カ月間（43回）行った。無為、自閉を主症状とする29歳男性に華やかだった高校時代を振り返って、「誰かを誘う」、「友とどこかへ」、「宇宙特急999に乗って」、「ハイキング」とする劇を取り入れた。指導的役割を取ることによって自発性を回復することができ、院外作業（弁当工場）で働くことになった。

第4章　地域療育活動における心理劇の適用

第1節　地域療育活動における心理劇の適用（1）

第1項　小学校4年生の高機能広汎性発達障害児の集団に対する心理劇の適用

　近年の自閉症スペクトラム研究により、アスペルガー症候群の実態や自閉症スペクトラム特有の体験世界やその結果として見られる二次的障害や学校生活における問題が明らかになってきている。高原らの一連の研究により、発達障害者への心理劇の適用の有効性が示された。

　しかし、高原らの研究で有効性が示された心理劇は青年期から成人期の広汎性発達障害者を対象としている。より低年齢の発達障害児、特に小学校に通う児童への心理劇が有効であるかどうかは検討の余地がある。小学校で不適応がみられる発達障害児に心理劇が活用できれば、支援方法が充実される。

　そこで定期的に地域療育活動として行っている支援プログラムの中に心理劇を取り入れて試行することとした。小学校4年生の発達障害児を対象に心理劇を試み、学童期の発達障害児への心理劇適用の可能性を探ることとした。

　今回の試みは、対象が小学校4年生であることを考え、あらかじめ製作しておいた台本を用い、それを見ながら5～6人の班で劇を演じることにした。台本は、小学校中学年を対象とした劇の台本及び紙芝居の物語を変えた。劇化では台本を見ながら動作をつけて演じるように指示をする。セリフや動作等は対象児の考えた独自のものも認めることとした。

　対象は、高機能広汎性発達障害者の地域療育活動に参加している小学校4年生9名である。対象児は早期の段階で小児科・精神科医師によってアスペルガー症候群及び高機能自閉症と診断されている。9名は全員、小学校の通常の学級に在籍している。9名中8名が小学校2年生時から地域療育活動に参加しており、F児のみ小学校4年生の4月から参加している。半数ほどの対象児が前年度の療育活動の一環として行われた小学生合宿で他学年との合同の心理劇を一度だけ経験している。

表1　対象児の行動特徴

対象児	行動特徴
A児	活動には積極的に参加し、スタッフの指示も聞くことができる。テンションが上がってしまうと自分を抑えられず、他人の気持ちを考えずに迷惑のかかる行動をすることがある。《昨年・一昨年の療育活動内での様子》自分から友達に関わったり話しかけたりすることができるが、独自の世界があるようで、友達にはちゃんと伝わっていないことがある。気に入らないことがあると怒って手を出すこともあるが、他に注意を向けることで切り替えができるようになってきた。
B児	活発であり、スタッフの話をよく聞いてリーダーシップを取ろうとする。ルールを守ることに忠実で、守れていない友達に対しては乱暴な言葉かけをすることがある。《昨年・一昨年の療育活動内での様子》活発で、特定の友達には積極的に関わることができる。リーダーのように友達に注意をしたりまとめたりすることができる。汚い言葉を使うことが多かったが、減少してきている。スタッフに反発したり、前で話をしているスタッフをちゃかしたりすることもあるが、他の子に「静かにしろ。」と注意する姿も見られるようになってきた。
C児	《昨年・一昨年の療育活動内での様子》しっかりと活動ができ、友達を手伝うこともできるが、自分の意見を言う場面では恥ずかしがってはっきり言うことができないこともある。工作が得意で、スタッフが「（他の子の）先輩になって作り方を教えてあげて。」と声をかけると、うれしそうな様子で優しく友達に教えていた。
D児	1人でいることが多く、口数も少ない。友だちと関わるときは、言葉よりも、動作で働きかけることが多い。活動はやろうとするが、声が大きすぎるなど力の入れ加減がわかっていないことがある。《昨年・一昨年の療育活動内での様子》活動には参加するが、友達と関わることは少ない。スタッフに話しかけることも少なく、教室にあるもの（黒板消し等）で一

	人遊びをしていることが多いが、一人遊びをしているところに友達が加わり、一緒に遊ぶ様子も見られた。自分の感情をコントロールすることが難しいようで、順番が守れなかったり大きな声を出したりしてしまうことがある。
E児	大人しい性格であるが、友だちの輪の中に入っていこうとする姿が見られる。活動に対して文句を言うことなく積極的に参加し、スタッフの話もよく聞くことができる。《昨年・一昨年の療育活動内での様子》静かで、漢字が得意である。自分から友達に関わろうとはしないが、特定の友達とは仲がよく、話しかけることもある。一人でいることが多かった休み時間に友達とふざけあう様子が見られるようになってきた。周りが騒がしいときなどに注意することができるが、きつい言い方になってしまうことがある。
F児	今年度から療育活動に参加している。始めは恥ずかしがっている様子が見られたが、比較的早く活動に慣れた。友だちに働きかける様子が見られる。活動には積極的に参加できる。寂しがりやで、スタッフと話すことが好きである。周りの目を気にしていないと思われるような言動をとることがある。絵を描くことが好きで、とても上手に描くことができる。
G児	《昨年・一昨年の療育活動内での様子》寂しがりやで、活動前にお母さんと離れることを嫌がることがある。誰とでも関わることができるが、友達よりもスタッフに話しかけることの方が多いときもあった。いらいらすると、汚い言葉を使ったり手を出したりすることもあるが、得意な絵を描いて心を落ち着かせている。活動中にやるべきことを忘れてしまうこともあるが、スタッフがこまめに声をかけることで活動を続けられるようになってきた。
H児	とても元気で、活動前に学内を走り回ることが多く、スタッフに注意されたことをやめないときもある。活動中は落ち着いており、みんなを引っ張っていこうとする姿が見られる。《昨年・一昨年の療育活動内での様子》楽しく活動に参加できるが、活動内容に対して文句を言うことがある。気に入らないことがあるとすねてしまい、気持ちを切り替えることが難しい。「どうせ～」というネガティブな感情が多く、自分を必要とされたいという気持ちがところどころに強く感じられる。

　心理劇は4月、5月、9月、10月、12月の計5回、地域療育活動の活動内に行った。班はあらかじめ決めておいた二つの班に分かれ、6回とも同じメンバーで行った。

　劇の時間は、説明10分、役決め及び練習25分、発表20分、劇振り返りシート記入5分とし、約1時間で行った。役決めでは、各班に別れ、対象児自身が自発的に役を決めるように支援する。発表は順番に行い、発表していない班はもう一つの班の発表を静かに見るように指示を出す。

　監督者は療育活動で1年間、対象児を担当する学生3名である。監督者は、一班に1人つく。ナレーター役、及び人数が足りない場合に劇に参加する。役決めや練習では、対象児が中心となって進行し、班にまとまりがないときや全体の指示が聞けないときなど、必要最低限の声掛け以外はしないようにした。

　心理劇の活動の流れを表2、1年間の心理劇の計画を表3に示す。

表2　心理劇の活動の流れ

時間	活動内容	監督者の支援上の留意点	準備物
10：10 〜 11：10	心理劇 ・説明（10分） ・役決め及び練習 　（25分） ・発表（20分） ・劇振り返りシート記入 　（5分）	・ビデオカメラで記録を撮る。 ・年間で計6回、劇の活動をすることを伝える。 ・劇の流れを説明し、活動に見通しがもてるようにする。 ・時間配分を黒板に示し、時間を守ることができるように促す。 ・話のあらすじを説明する。 ・台本を見ながら演じてもよいということを伝える。 ・スタッフがあらかじめ分けた班に分かれて活動する（班は次頁の通り）。 ・班分けは表にして提示する。 ・役決めは各班内で子どもたちに任せるが、決まらない場合はスタッフがアドバイスをする。 ・他の班が発表しているときは、静かに見るように声をかける。	台本、ネームプレート、劇振り返りシート、鉛筆、消しゴム、記録用ビデオカメラ、デジタルカメラ

表3　1年間の心理劇の計画

4月	・心理劇　第1回「どうぶつ村の村長さん」
	・心理劇　第2回「無用の森」
8月	・心理劇　第3回「いじわるなんかするからさ」
	・小学生合宿（小学2年～6年合同）
9月	・心理劇（他学年と合同）
10月	・心理劇　第4回「みんなのこうえん」
12月	・心理劇　第5回「魚たちとのお約束」
1月	・心理劇の振り返り
2月	・小学生合宿（小学2年～6年合同）

第2項　指導の経過

　今回、心理劇をするにあたって、5回とも同じ班で行った。1班はA児、B児、C児、D児の4名、2班はE児、F児、G児、H児の4名であった。1班と2班では毎月の劇で違いが見られた。1班は体全体を使った動きは各個人が考えて表現しており、劇中の移動も比較的少なかった。それに対し2班は全員で動きを考え、全員でそろえて表現することが多かった。また、皆でそろえた移動も多く、机や椅子を使うなど舞台上での空間設定が班の中で共通に認識されていた。

　1班で班をまとめようとリーダーシップをとっていたのはB児であった。B児は、5回中3回の参加で、毎回B児が先頭に立っていたとはいえないが、B児の声掛けや他のメンバーへの働きかけは1班の中で最も大きい役割を果たしていた。ただ、1班の他のメンバーはB児の言うことに従おうという意識が見られなかった。特にA児やD児は独自の世界観があり、劇には参加するが集団という意識が薄く、他者の目を気にせず自分の思いをそのまま劇の中で表現していた。B児は、皆を引っ張っていこうという意識は高いものの、皆が思うように動かず、ルールに反していると感じたときには乱暴な言葉を掛けてしまう。また、C児もB児同様にみんなで作り上げようという意識が比較的強いものの、セリフを忘れていた友だちを台本で軽くたたくなど、優しい接し方ができていないことがあった。班のまとまりという面では、まとまっていなかったと言える。

　2班ではH児がリーダーシップをとっていた。H児は、劇の内容をもとに自分の想像力を十分に生かし、自分の考えをみんなに伝えていた。2班の他のメンバーは、H児に反抗するとことが少なく、その中で自分の意見を主張したり、H児の意見に賛同したりしていた。H児が想像性を生かし、他のメンバーがH児についていくという形をとったため、まとまりのある表現、発表ができていた。また、班のメンバーが各場面の空間設定を共通理解できていたことは彼らの集団療法という点からみてとても大きな成果である。

第3項　実践上の課題

1）人数

　今回は対象児9人を2つのグループに分け、1グループ4～5人で劇を行った。2～3人の少人数グループで行った場合にはどのように展開するか、また、グループという枠を超え、監督1～2名につき対象児1名で劇を行うことも可能かどうか等である。

2）心理劇の実施頻度

　今回は療育活動内で行ったため月1回の実施であった。頻度を多くし、週1回で実施した場合や定期的な実施ではなく、2泊3日の合宿で3日連続して劇を行うなど一定期間内に集中的に実施し

た場合はどのように展開するのかという点である。

3）心理劇の実施期間

　今回は、1年間（5回）の計画で実施したが、2～3年継続した場合どのような結果が得られるかという点である。

4）班編成

　今回の版編成を Wing（1996）による社会的交互作用の障害のグループ分けからみると、1班は孤立群2名、受動群1名、積極・奇異群1名であり、2班は孤立群0名、受動群1名、積極・奇異群4名であった。班編成は無作為に行い、特別な意図は無かったが、タイプによる偏りがあり、1班と2班の劇には差があった。

5）自己評価

　今回、記述式の振り返りシートを使用し、自分のがんばった点や他の子のよかったところ等を書くようになっていた。登場人物の心情を問う質問項目を設ければ、他者の心情理解の実態や他者の立場に立って物事を考えるかどうかを把握できるかもしれない。

6）思春期の問題

　アスペルガー障害児は思春期以降、独りよがりの行動により他者と齟齬を生じたり、ちょっとしたきっかけでパニックになり、いじめの対象となったり不登校状態に陥ったりする。またこのような状況で被害的になり抑鬱的になる事例の存在が報告されている（栗田・長沼ら、2000）。思春期（青年期前期）は自己の内面への関心が増大し、かつ、他者と自分との違いに気づきながら他者と協力しあうことを学び社会性を育てていかなければならない時期であり、アスペルガー障害児にとって思春期を乗り越えることは、かなり困難である（高原 2000）。

　高原（2000）は実践を通して、思春期のアスペルガー障害児へ心理劇を行うことの意味を3点挙げている。1点目は他者との交流感に欠け、被害的・鬱的、あるいは攻撃的な状況に陥り、さらに交流感が得られないという悪循環を断ち切ることができるのではないかということである。2点目は心理劇での表出の仕方や行動パターンを通してアスペルガー障害と高機能自閉症の状態像の違いを知ることができるのではないかということである。さらにイメージの世界を実体験させることで現実の世界での暴走をセーブすることがその援助として重要であると推測された。3点目は、心理劇は対象者の行動や表現の仕方・状態を理解するのに貢献するということである。また、ストレスやフラストレーションの解消・本人の意思の表明・自己決定に向けた援助となる。

7）シェアリング

　今回は、劇実施後に対象児は個々人で振り返りシートを記入した。これは、対象児が小学校4年生であるために高原の研究でいうシェアリングが難しいのではないかと考えたためである。今回は用意した振り返りシートでは、劇中の自分の様子について客観的に考えて反省したり評価したりするという点では意味のあることであった。しかし、実際には振り返りシートによる自己評価とシェアリングによる他者との感情等の交換、共有は大きく異なるものである。シェアリングをすることで、劇の練習中や発表中に感じたことを友達に伝えたり、友達の感じたことを聞きそれについて考えたりする時間をとることも大切である。それらの中で、自分の意見を相手に伝わるように表現する力や、相手の話を聞く姿勢が身につく。また社会性の欠如に関する問題など、すでに身につけている友だちからどうすることが適切であったかと言うことを教わる時間にもなる。そして何より、

友達からの評価を得ることで自己肯定に大きくつながる。針塚（1993）は心理劇の構造の一つとして心理劇を「対人関係形成的な役割取得の場」としている。心理劇中の「架空の場面」、「架空の役割」は受け入れやすく、その中で他者を認め（他者認知）、自分を認める（自己認知）ことができるとする。シェアリングの場も受け入れやすい「架空の場面」の一部と考えることができる。子ども同士の認め合いの場で、自己の反省及び評価をし、他者からの意見及び評価を得ることは、彼らの自己肯定感形成の一助となる。高機能広汎性発達障害児にとって自己肯定感は、アイデンティティの適切な形成を促し、二次障害を引き起こさないためにもとても重要な要素である。心理劇という集団療法の場が、対象児一人ひとりの自信や自己肯定感につながる場であることが期待される。

　遠矢（2006）は、グループセラピーの特徴を3つ挙げている。一つ目は、子どもにとっての心の安らぎの場になることである。心理的ストレス場面にさらされることの多い高機能広汎性発達障害児にとってグループセラピーは心の癒しのための「居場所」であることが好ましいとしている。二つ目は友人関係の体験の場である。対人関係で問題を抱える子どもは結果的に孤立せざるを得ない状況になってしまうことが多い。グループセラピーでの発達支援を通して、友人関係の体験が自然な形で、不可避に行われることが望ましい。こうしたグループ活動を通して友人ができることで、行動が安定してくる子どもも少なくないとする。三つ目は相互性の体験である。他者との相互的関わりの困難のある子どもにグループセラピーにおいて必然的に他者との双方向なやり取りができる場面を設定することが求められる。声を掛ける－声を掛けられる、話す－聞く、という役割交代が自然に発生する活動を意図的に組み入れることにより、そこで得られた役割交代のスキルを日常生活場面における対人行動に波及させることができるとする。

　高原（2007）は、心理劇を発達障害者へ心理劇を適用する目的として、心理劇を集団療法の場と捉えている。単に治療者と対象者という1対1の場面ではなく、同じような症状をもつ集団で理解してくれる人の存在がその人を成長させるとし、心理劇がそのような場になるのではないかとする。針塚（1993）は、心理劇は集団心理療法として「みんなと一緒に」何かをすることを通して情動的な一体感を共有するという側面をもつとする。他者の視点をもって物事を考えることが不得手な広汎性発達障害児にとって、「みんなと一緒に」何かを成し遂げたり、その経験から達成感を得たりした経験が少ないことが多い。そこで心理劇を活用することで、彼らは集団意識や仲間意識を感じることができる。今回、振り返りシートの「みんなと協力して劇をすることができた」の項目で全員が「とてもよくできた」をつけている。劇を通して子ども自身が友だちを協力する体験ができている。また、集団の中で友だちと協力して活動することで自分の居場所を感じたり、所属感を感じることができる。みんなと一緒にやったという集団意識とともに、自分が主役を演じることで自分の居場所を感じ、所属感を得られたのではないかと考えられる。このような集団意識や所属感を経験しながら、劇という一つの作品を作り上げる経験をすることは達成感、成功感につながる。

第2節　地域療育活動における心理劇の適用（Ⅱ）

第1項　小学生の高機能広汎性発達障害児の宿泊活動における集団心理劇の適用

　広汎性発達障害児に1泊2日の合宿の中で集団心理劇を行った。対象児は、月1回の地域支援活動に参加している小学2年生から小学6年生までの広汎性発達障害の児童22名である。参加した

児童のほとんどは、集団の心理劇を初めて体験した。期間は、200Y年2月に1泊2日の合宿を行った。合宿2日目の午前中に1回、集団心理劇を行った。22名を6名のグループ2つ（1班、2班）、5名のグループ2つ（3班、4班）の計4つのグループに分け、前者と後者をそれぞれセットにして部屋を分けて行った。グループは小学2年生から6年生までの児童を縦割りで分けて構成した。各部屋で劇の内容等を説明した後、グループごとに役決めを行い、練習を行った。その後、グループごとに発表を行い、他方のグループが観客となって劇を見た。すべての劇が終了した後、「ドラマ振り返りシート」に感想等を書かせた。時間の目安は、説明10分、役決め・練習20分、発表10分、振り返りシート記入10分の計50分で行った。

　劇の技法としては、高原の心理劇の実践よりファンタジーの心理劇を採用した。登場人物を人間ではなく動物にしたことで、現実的な部分を排除し、彼らの日常生活の一場面と重複することを避けた。内容は、支援者側が独自に考えたものである。題名は、『どうぶつむらのなかまたち』である。話の大筋は以下のとおりである。さるの「さるお」と「さるこ」がキャッチボールをしていたところ、うさぎの「みみ」とかばの「かばお」が仲間に入れてほしいと頼みに来る。さるおは2人の悪口を言い、仲間に入れてあげない。そこへ犬の「おまわりさん」が現れ、仲間に入れてあげるようさるおに言う。すると、さるおはすねてどこかへ行こうとする。そのとき、さるおは足を滑らせて川に落ちてしまう。みんながさるおを助け、さるおはみんなの優しさ、友達の大切さに気づき、みんなで遊ぼうと誘う。

　登場人物は「さるお」、「さるこ」、「みみ」、「かばお」、「おまわりさん」の計5名である。1班、2班のみ「監督」役を配置した。監督は役決めの進行や発表時のグループの挨拶、役を演じている子へのアドバイスをする役割とし、あらかじめその内容を伝えておいた。

　各班に学生のスタッフを3名（3班のみ2名）配置した。基本は、役決めや練習を子どもたち自身に進めさせるようにしたが、必要なときにはスタッフがアドバイスをしたり、セリフを促したりするなどの支援を行った。

　用意したものは台本、首からかける各役の名札である。台本にはあらかじめ各役の部分に蛍光ペンで色をつけておいた。

第2項　指導の経過

　22名を以下に示す群に分け、劇中の様子を述べる。
　Ⅰ群：劇の効果や影響が見られた群
　　（ⅰ）役への感情移入がみられた群
　　（ⅱ）リーダー性が感じられた群
　Ⅱ群：子どもの性格や特徴、当時の様子が劇に影響した群
　　（ⅲ）役へのこだわりがみられた群
　　（ⅳ）合宿での様子との相違点が見られた群

（Ⅰ）Ⅰ群：劇の効果や影響が見られた群

　『役への感情移入がみられた群』のA児、B児は、2人はともにさるお役であった（B児については練習時のみ）。さるおが、みみやかばおにひどいことを言ったり意地悪をしたりする場面でさるおを非難したり、台本どおりにやろうとしなかった。両者は、さるおの言動に嫌悪感をもってい

た。2人とも劇については意欲的に取り組み、発表ではその役になりきって演じた。2人とも振り返りシートで劇は楽しかったという感想を書いており、劇の世界、役の世界に入り込んで楽しく演じた。役になりきって演じることができるので、役の気持ちを考えることができ、役の気持ちが自分の気持ちや考えと反することに気づき、それに強い抵抗を感じていたと思われる。

『リーダー性が感じられた群』のC児、D児の2人は、ともに監督役であった。2人とも自分から立候補して監督役になった。2人に共通しているのは自分の身の回りのことは自分でやることができ、活動に積極的に参加しようとする様子が合宿中に多く見られたことである。C児は、困ったことは自分の言葉できちんと説明してスタッフに助けを求める場面もあった。D児は、自分の体調を管理できていた。自分のことは自分ででき、監督役に自主的に立候補し、監督という役割を理解して上級生にもアドバイスや注意をすることができていた。

このように、劇の効果や影響が見られた群では、対象児に求める要素を劇の内容や役割に組み込むことで、子ども自身がその課題に直接的にではなく、劇を通して楽しく取り組むことができる。

（2）Ⅱ群：子どもの性格や特徴、当時の様子が劇に影響した群

『役へのこだわりがみられた群』のE児、F児は、役へのこだわりが特に顕著であり、そのこだわりが劇の練習や発表への参加に影響を及ぼしていた。この劇には5匹の動物が登場するが、そのうち3匹が男の子、2匹が女の子であった。子どもの人数の関係上、E児の班とF児の班はそれぞれ女の子が0名、1名であった。そのため、必然的に男の子が女の子役をやらなければならない状況ができた。E児はじゃんけんで負けてしまい、女の子のさるこ役になったとたんに劇をやりたくないといって役決めをしているグループの輪の中から出て行ってしまった。しかし、さるこをさる次郎という男の子役に変えると、すぐにやる気を見せ、再び練習にも本番にも真剣かつ楽しく取り組むことができた。このことから、E児が役にこだわりをもち、異性の役を演じることに強い抵抗感を持っていたと推測できる。F児は、人数の関係上女の子役になってしまった。F児の場合はおまわりさんの役にこだわりをもっていた。じゃんけんで負けてしまい、違う役をやるしかないという状況を受け入れることができず、劇自体に参加することを拒んでいた。練習以降、押入れの中に閉じこもっていたが、自分のグループの練習の様子を何度も伺ったり、発表中に冷やかしの言葉を発したり、自分の不満感を他者にぶつけたりしていた。このことから劇自体に興味がないというわけではないと考えられる。F児は、自分のやりたい役をやらせてあげることができれば、劇に参加できていたのではないかと思われる。

『合宿での様子との相違点が見られた群』のG児とH児を取り上げる。G児は、劇の練習や本番にとても積極的かつ意欲的に参加した。G児は合宿中もスタッフとの約束を守ったり、食事の準備で同じ班の子と協力して作業を進めたりするなど、集団の行動に比較的うまく適応して生活できていた。しかし、雪遊びやお風呂の様子を考えると、自分のやりたいことや熱中できることに集中し始めるとスタッフの指示がG児にうまく通らない。G児には劇は興味を引くものであったため、仲の良い友達と一緒になって工夫をしたり、演技の提案をしたりと、意欲的に参加できていたと考えられる。G児のように自分の興味の持てる劇や楽しいと思える場面で活躍の場を増やし、そこでの成功体験や達成感を積み重ね、自分に自信を持つことができる。H児は、今回の合宿以前に2回の集団劇を経験していた。H児は、人の前に立って意見等を発表することに抵抗があり、人前に立ってもスタッフが隣についていなければ発表できなかったり、発表するまでに時間がかかったり、声

が小さくて聞こえなかった。そのため、H児の学年班では今年度のH児の活動目標として、人前に立って自信を持って何かを発表できることを掲げてきた。1年を通して同学年の10名弱の友達の前で話をする経験を何度かしてきたために今回の合宿ではそれに慣れ、発表では一人でみんなの前に立って発表できた。その一方でH児は、劇の学年班に自分の好きなスタッフがいなかったことに不満を感じ、部屋の隅から動こうとしなかったこともあった。練習中も声は出すものの部屋の隅に座り込み、みんなが立って練習をしている輪の中に入って一緒に練習することができなかった。また、振り返りシートの記入時間にも部屋を出て行ってしまった。

このように子どもの性格や特徴、当時の様子が劇に影響した群では、子どもたちの本来の姿が劇の練習を通して見ることができた。劇に参加できなかった対象児は、劇のその場面で自分の思い通りにならなかったために、自分の気持ちをコントロールして劇に参加することができなかったと考えられる。劇に参加させることだけを目的として子どもの思うとおりに内容や役を変更させるのではなく、思い通りにいかない状況下でも自分をコントロールして集団活動に参加していく力を身につけさせていくことが大切である。

第3節　地域療育活動における心理劇の適用（Ⅲ）

第1項　教育相談までの経緯

大学研究室の地域支援活動においてADHDの疑いのある児童に心理劇を適用した。

本児は、情緒障害特殊学級に在籍している。学級担任は、H児が6年生になってから以下に示す行動が顕著になってきたという。

① 自分の非をごまかすため嘘に嘘を重ねる。

② 叱られたとき、反省の色はなく、叱られていることに嫌悪を示す表情で相手をにらみつける。

③ 善悪の判断なく、本能の赴くままに行動する。

④ 威圧感を感じる相手には本心を語らず、相手に従う。

これらの特徴に対して本児の学校の校内委員会は、反抗挑戦性障害や行為障害の特徴が示されているのではないかと考えていた。

そうした折に衝撃的な出来事が起きた。通学班の集合場所で、兄弟げんかをし、仲裁に入った班の子に次から次へと暴力的な行為を行った。傘でたたいたり、振り回したりした。止めるものがいなければ大惨事になるところだった。以前にもH児の衝動的行動は見られた。H児の行動に注意したA児とけんかになる。H児はA児に対し涙を流し、肩で息をし、震えるほどこぶしを握り締め、一方的に相手をののしり、すごい形相でにらみつけた。自分より弱い子に気が大きく、注意された際、「あんたこそちゃんとやれ」と突き飛ばした。友達のものを欲しがり、手に入らないと泣く。食べ物に対しての執着心が強く、すごく欲しがり、力ずくでとろうとする。ドッジボールで当てられたときには泣く。こうした行動に対して担任は総じて非常に幼稚でわがままであったと述べている。

H児は、教員にも親にも心のガードが硬く、本心を語らないことが多かった。そこで「学校や家庭以外の場所でH児を無条件（H児が心を許せ、ほっとできる）に受け入れてくれる場が必要である」と担任は考えていた。

H児が起こした衝動的な出来事を機に担任は、大学研究室を訪れた。H児は、これまで医療機関に受診したものの確定診断はなかった。学校側から提示された検査結果やこれまでの指導記録などの資料をもとに「広い意味で発達障害の範疇に入り、ＬＤを併せ持つＡＤＨＤが疑われるのではないか」と判断され、学校側には「こうした子は周りの関わり方が大切である。対応がうまくいかないと二次的、三次的障害が現れてくる可能性がある。」と伝えた。学校側は、H児と同じ情緒障害特殊学級に在籍しているＲ児と学校外でも一緒に過ごす時間が確保される体験が必要ではないかと考えた。学校の関係者と協議し、週１回１時間、仲良しで同じ持徴がある児童と一緒に大学研究室に通所し、児童には心理劇、保護者にはカウンセリングを行うことになった。

第2項　対象児の概要と手続き

H児とＲ児の概要を表1に示す。

表1　対象児の概要

名前	H児	R児
学齢	小学6年生	小学5年生
特徴	普段はおとなしく、他者の指示を素直に聞くことができるが、一方で衝動的に暴力を振るまったり、生き物や者に対して残酷な行動をする。他者に謝ったり、責任を感じたりすることはない。	常に明るく、活動をリードしている。創造性が豊かで創作活動が得意である。しかし、自分の興味が向いたものに集中すると、他者の言葉を聞かず、自分が満足するまで行うことがある。
他者への気づきに関する項目	絵や場面から、状況を読み取る力が弱く、友達との会話の中に突然割って入ってくる。 他者の立場になって物事を考えることができない。他者の感情の存在に気づけていない。 国語の「ごんぎつね」の絵を描く授業では、これらの絵を描かずに風景の絵を描いた（担任の話）。	他者の目から、物事を考えることができる。 時々、その人になりきって言葉を表現できる。 絵や場面から、状況を読み取ったり推理したりする力が強い。 他者の感情の存在には十分に気づけている。 また、目上の人に対して、遠慮したり気遣ったりすることがある。しかし、自分のことに集中すると、他者の言葉を受け入れないときがある。

200Y年の9月から原則的に週1回、1時間、心理劇の要素を取り入れた支援を行うことし、遊び的な活動の中に心理劇的な要素を取り入れた。心理劇を終えた後は、シェアリングを行い、心理劇の中で自分がどう思ったかを話し合った。この支援には特別支援教育を専攻する学部学生2名があたった。この2名の学生は、この活動以外にも月1回行う、発達障害者の地域支援活動にも継続的に参加している。また、年1回行う、2泊3日の合宿形式での発達障害者領域キャンプにも参加している。

9月から1月までの活動内容を表2に示す。

表2　活動の目的と内容（9月から1月まで）

月	主な活動（目的）	主な活動の内容
9月	関係作り 感覚運動、想像力育成	ゲーム（体を使って遊ぶもの）いろんなものを使って遊ぼう （布、ゴミ袋、トイレットペーパーなど）
10月	創作活動 想像の世界での役割演技	大きな絵を描こう 探偵になってスタッフを探そう
11月	演じることへの抵抗をなくす	いつ・どこで・だれが・何をしたゲーム いろいろな人になってみよう 話の主人公になりきる

12月	役割演技 舞台で自己表現	演技の練習 劇の衣装・飾り作り クリスマス会での劇発表
1月	演技の中に自分の気持ちを表現する	いつ、どこで、だれが何をしたゲームすごろくでいろいろな題を考えよう 誰かになりきって電話をしよう

第3項　指導の経過

　H児とR児の言動等の概要を月別に示す。

（1）9月

　2人の活動の様子を表3に示す。H児の物に対する発想力の豊かさと活動をリードすることとR児の物に残酷なことを平気ですることが示された。

表3　「大きな布を使って遊ぼう」の言動

H児の言動	R児の言動
「ミイラ」といってシーツにくるまった。	R児もうれしそうにミイラをしていた。
二人ばおりをした。R児が後ろに入り、H児の手となった。	二人ばおりをした。R児が後ろに入り、H児の手となった。「R児、ボール投げてよー」と言って、R児の手にボールをもたせ、R児は思いっきりボールを投げた。それから「ボールを拾って」などと要求したが、R児は「見えないよー」と言って笑っていた。
布を使った遊びは、H児が一番たくさん提案していた。急に全身を布にくるまって、そのあと「さなぎ」と言ったり、「おばけ」と言ってみんなを追いかけたり、「モスラ」と言って布をばさばささせた。	R児は、H児のやっていることが本当に面白かったようで、H児の考えたものをあとからまねして、「お化けだぞー」と言ったり、さなぎのまねをしたりした。

（2）10月

　模造紙4枚分の大きさの紙に自由な発想で絵を書く活動と状況を理解し、判断する力をどれだけ持っているかを試すクイズを行った。そのときの2人の様子を表4に示す。

表4　「僕たちの名探偵」の様子

	H児	R児
日本の今の首相はだれ？ （3択問題）	・漢字の読みが難しかったようで、R君と同様に「わかんないや…1?」と適当に答えた。	・「小泉首相」の選択肢にふり仮名をつけなかったため、「うーん、1?」と適当に答えた。
3つの色の違う紙飛行機（赤・黒・青）を飛ばさずに「どれが一番飛ぶでしょうか？」と問う。	「ただし、はじめは飛行機を飛ばさずに考えてね。」と書いてあるところを、R児にせかされたからか読み飛ばす。飛ばして確かめようとしていたので「カードをもう一度読んでごらん。」と促す。いちばん格好のよい赤い飛行機を選んだ。	・見た目がシャープで飛びそうな赤い飛行機を選んだ。（実際は、ぶかっこうな黒い飛行機が一番飛ぶはずだったが、家から持ってくる途中で少し形が崩れてしまい、結局赤が一番飛んだ。）
絵を見て、なぜ子どもが泣いているのかを問う問題。絵の中には、公園で ・怒っているお母さん ・泣いている子どもと折れた枝 ・犬の散歩用の綱とスコップ ・サッカーをしている子どもが書いてある。 ・ヒントを提示し、そこから男の子が泣いている理由を考え出す。	・はじめに絵を見て答える時、泣いている男の子がしばらく分からなかった。 その後、怒っている女の人の絵を見つけ、「こらー！」って言われて泣いたのかな？」と言った。一つ目のヒントを出し、犬の糞を見つけることはできたが、それと男の子との関係はわからず、それ以降もヒントを提示しても難しく、結局考えている間にR児がしびれを切らし、答えを全部言った。	R「分かった！お母さんが、何やってるの！！勉強しなさい！って言ったん。」スタッフ「でも、それだけで泣いちゃうかな？（1つ目のヒント「木の近く」と書いたカードを出す。）」 R「あ、（枝が折れている絵と、スコップと糞の入った袋の絵を見つける）犬？分かった、犬がつないであった枝が（サッカーボールで）折れたから。」 スタッフ「そうだね。ほぼ正解。でも、待って（2つ目のヒント、「サッカーボール」を出す。）」 R「サッカーボールで折れちゃったのか！」スタッフ「そう。じゃあもう一押し、（ヒント3「謝っている男の子」を出す。）」 R「（はじめ、どの子が謝っているのか探し、す

		ぐに見つける。）この子が枝を折ったんだ。それで謝ってるんだ。」 スタッフ「そうか。なるほど。でもさ、なんで泣いてる男の子は、犬が散歩してたのに、サッカーしてるの？」 R「散歩してたら、サッカーしてたから。」スタッフ「そう。（サッカーに）誘われたんだね。だから、犬をつないでサッカーをしたんだね。」

　R児は、説明は、スタッフに言葉を補足してもらいながらだったが、自分なりに説明できた。絵を見て、R児はすぐに、泣いている子どもとお母さんらしき人との関係を結びつけられた。H児は、まず「泣いている男の子」がどれであるかを一瞬、迷った。その後、男の子を探し出せたが、泣いている理由を絵から読み取るのは難しかった。H児は難しい漢字（「可燃ごみ」など）を簡単に読むことができる。R児はあまり難しい漢字を読むことはできない。R児は、細かいところも見ることができるが、H児は「泣く」という顔を捜すことに戸惑った。R児は、物事の関係を自分なりに解釈できるが、H児は事象・物から現在の状態を把握するのが難しい。

（3）11月

　劇を取り入れた遊びを行った。並行して劇の衣装も作った。R児は自分で衣装を作り、劇世界にのめりこむことができた。H児は自分で衣装を作らなかったが、演技は楽しむことができた。その様子を表5に示す。

表5　「いろいろ人になってみよう」の様子

H児	R児
「むらさきずきん」、「エロおやじ」、「スリッパマン」、「ボールペンマン」、「ナポリタンせいじん」など、自分で考えたキャラクターを紙に書いた。自分で書いたカードを引くと、うれしそうに役を演じた。たとえば、ボールペンマンの時は、体をまっすぐにし、じっと立っていたり、ナポリタンせいじんの時は、手をくねくねさせながら、スパゲッティのようににゅるにゅると動いた。セリフは言わず、「うわー！」とか「ぼー！」と言いながらR児にかかっていった。	新聞紙を細く丸め、うまくできなかったのでスタッフに「手伝って」とお願いしながら、細い剣を作った。そして、先週作った衣装を着て、戦士の真似をし、鏡の前でポーズをとった。立派な衣装を作り、かっこいい剣を作ったことからか、向かってくるH児に「そんなことじゃ勝てない。」と戦士になりきった様子で話した。R児の書いた役柄は、ゲームのキャラクターの名前が多かった。自分の書いたカードを引くと、とても得意げに、キャラクターになりきってポーズをとり、セリフを言った。H児の書いたカードを引いたとき、どうやって演じればいいのかわからなかったのか、H児が演じていたのを真似て演じた。

　H児は、ものの特徴をよくつかんで動いた。しかし、セリフは言わず、演技にはならない。R児は、ものの特徴を体であらわすのは難しいが、キャラクターになりきって行動し、セリフを言うことができた。演技は、R児は得意なようだが、H児は、形を真似することはできても、その立場になってその心理を考えるにはいたっていない。

　H児は相手の立場をうまく理解できず、学校で友達の水筒をへこませてしまったときも謝らなかった。自分がされたときはいやな気分がする、などの相手の気持ちを自分の気持ちに置き換えることが難しいために、なぜ謝らなければいけないのかがわからない。

　10月の活動の終わりに、R児の投げたボールがH児の頭に当たり、H児が泣いてしまった。しかし、H児はそこでR児に攻撃することなく自分でこらえることができた。スタッフは「H君えらい！痛かったけどこらえたね」とほめた。

　11月に活動を終えて、片付けをしているとき、H児がスリッパを飛ばし始めた。みんなの方を

向いては飛ばしていなかったが、一度、「みんなの上をとおしてみせる」と言って、スタッフやR児たちの上をめがけて飛ばそうとした。止めるまもなく、H児はスリッパを飛ばした。スリッパは、R児の頭の横をかすめた。R児は、「いたー」と言ってうつむいてしまい、スタッフが2人とも、「R君、大丈夫？」と、声をかけていたとき、H児が小さな声で「ごめん」と言った。H児は自分から初めて謝った。

（4）12月

　12月の最後の活動日には、劇を発表するという約束をして、12月の活動を開始した。衣装作りやクリスマス会の計画、招待状作りなど、クリスマス会に関する内容である。劇活動でH児とR児の活動の様子を表6に示す。

表6　「クリスマス会を計画しよう」の様子

	H児	R児
いっぱい服（ビニール袋で衣装を作っていた）作ったからさ、お母さんたちに劇披露しようか。 ここの会の名前を考えようよ。どんな名前にする？ クリスマス会はどんなことしようか？	「う、うん。」と、いつものような返事が返ってきた。「クリスマス会にはさ、お菓子出るの？」と聞かれ、「ここではお菓子はなしにしようよ。」というと、素直に「うん。」と返事した。「サンタくらぶ」とか「クリスマスクラブ」といっていた。どうやらクリスマス会の名前だと思ったようだ。いろいろなゲームを提案した。しかし、内容は、テレビの芸能人がやっていたゲームや、オセロ、ダイアモンドなど、あまりパーティーを意識していない様子だった。「オセロはトーナメント戦にしよう」と言い、チームで対抗しようと提案した。	劇という言葉を聞いた時点で自分の世界に入ってしまった。その後は自分が今まで作った服を着て、黒板に舞台を書き始めた。そして、舞台を書いた黒板の前で一人で劇を始めた。スタッフが呼んでも、まったく、耳を貸さなかった。ずっと一人で劇をし、スタッフに「セリフはこういうのだからね、本番はこのとおりに言ってね。」と言い、劇のことしか頭にない様子だった。

　この場面では、R児は積極的であったが、H児が活動の足を引っ張った。H児には、計画の「オセロ」、「ダイヤモンド」のような集団で遊ぶゲームは難しいものであった。しかし、「トーナメント戦にしよう」、「チームで対抗しよう」と発言し、みんなで楽しみたいという気持ちを示した。スタッフは、当初、オセロやダイヤモンドをクリスマス会で行うことにためらいがあったが、母親が乗り気だったので行うことになった。H児は、当日をとても楽しみにしていた。R児は、自分が最強の戦士にみたてて演じることを楽しみにしていた。みんなの前で演じることを伝えると、いつもよりもやる気が増したようであり、自分が劇を発表するときのことを一生懸命考えていた。

　R児は、スタッフの言葉に耳を傾けないほどに自分の世界に没頭していた。黒板に背景を書いたり、鏡に自分の姿を映したりしながらポーズを決めた。このとき、招待状を書く活動も行ったが、R児ははじめのうち、活動に興味を持たなかった。H児がスタッフに促され、母親に招待状を書き、スタッフがほめたのを見て、R児もようやく書き始めた。しかし、緑色のペン1色で、簡単に書いたものであり、意欲的に取り組んでいるとは言えなかった。クリスマス会には、H児の弟とH児の母親、R児の祖母が参加した。活動の様子をプログラムに沿って表7に示す。

表7　クリスマス会の様子

プログラム	H児	R児
1．はじめの言葉	はじめの言葉の次に、歌を披露した。R児がベルを鳴らし、「歌も入れてよ。」とスタッフが要求すると	「今日は、しあわせ会のクリスマス会に来てくれてありがとうございます。」と上手に話した。あとで理由

	H児が歌いだした。小さな声で少し恥ずかしそうだった。	を聞くと「今日もうクリスマス会やったから。」という返事だった。先にやっていたので、すんなり話せたとのことである。
2. 劇披露	劇発表（ゼロ対メタル）では、いつもR児にやられると倒れるふりをするが、今日はなかなか倒れなかった。弟の前なのでかっこ悪いところは見せたくなかったのかもしれない。劇での様子はいつもと変わらず、笑ってくれる観客がたくさんなので、むしろいつもよりもがんばっていた。R児に向かって飛び蹴りをするふりをしたり、途中参加の弟に気を取られているR児に向かって攻撃を仕掛けた。	R児は「ゼロ」という自分のキャラクターになりきっていた。自分の必殺技を出すときには呪文を唱え、「ふん。弱いな。」と大人口調を真似した。しかし、呪文を唱えていることがH児の兄弟には伝わらなかった。唱えている間にも2人に思いっきり攻撃されてしまった。 3ラウンドの戦いが終わると、すぐに「引き分けか…」と、すごく悔しそうにつぶやき、お客さんから笑いを取っていた。R児は3ラウンドの戦いでは満足しなかった。「次は、サドンデス。」と言って、劇を続けようとし、「もう終わりだよ。」と言ってもなかなか聞かなかった。
3. ゲーム大会	まず、いろいろなゲームができることをR児やスタッフに教えてくれた。H児の母親とR児がオセロをやり、H児とR児の祖母とH児の弟でダイヤモンドを行った。弟が「おれ、取って置きの技もってるよ。」と自慢し、「おばあちゃん、そこはいけないんだよ。」とR児の祖母に注意したりし、H児は淡々とゲームを進めていた。ゲーム中はあまり話さず、いろいろ考えているようだった。弟が途中抜け、おばあちゃんと2人の対戦になり、H児が勝ったとき、「やった！勝った」とH児の表情はとても楽しそうであった。	オセロゲームは、R児とH児の母親で対戦した。はじめは有利に見えたR児が「大人なのになんで弱いの？」と挑発したが、最後には逆転された。負けたことですっかり意欲をなくしてしまったR児は、オセロゲームをやめてしまい、違うゲームを始めようとしてしまった。「Nさんと今度組む？」と聞いても、「次は…」ともう次に気持ちが入ってしまっていた。途中でダイヤモンドゲームを抜けたH児の弟とすごろくで遊んで終了した。
4. 終わりの言葉	R児の「H君はこれで卒業です」という勘違いの発言に触発されたのか、「僕は、あと3カ月くらいで卒業します。これからも、よろしくお願いします。」と挨拶して会を閉めてくれた。片づけが終わり、帰るときに「オセロゲーム、トーナメント戦にできなかったね。」と恥ずかしそうな笑顔で話した。	「今日は、私たちのしあわせ会に来てくれて、ありがとうございました。H君は今日で終わりですが…」と残念そうに言うので、「R君、今年はこれでおしまいだけど、また1月からやるんだよ。」と、スタッフが訂正した。

　いつもと違って2人のスタッフのほかに身内の観客がいたことでR児もH児もいつもより興奮していた。劇の場面でR児にはしっかりした自分の世界があったのに対し、H児は「そこにいる相手を倒すゲーム」といった感覚であったようだ。そのためR児が呪文を唱えている間もH児は弟とともに攻撃を繰り返していた。そのうち、R児も攻撃に耐えられなくなり、劇は戦いゲームになってしまった。ゲーム中、H児はあまり話さなかったのだが、ゲームに勝つと、とてもうれしそうな顔をした。R児は周りが見えないほどゲームに没頭していた。

（5）1月
　すごろくや「いつ、どこで、だれが、何をした」というゲームなどの中に「演じる」要素を入れた。これまで、2人は、本活動を通してたくさん演じることを経験してきたので抵抗なくいろいろなものになりきれるようになってきた。
　1月の終わりに、電話を使った遊びを計画した。R児はゲームの趣旨をつかめ、どう進めれば良いのかを把握できていたが、H児はうまく趣旨がつかめなかった。それともうまく演じられなかったのか、要領をつかめていないことが多かった。その様子を表8に示す。

表8　「受話器の向こうは誰でしょう」の様子

活動の内容	H児	R児
1.「だれが」カード、「話題」カードのどちらか	「話題」カードを引いた。カーテンの向こうにいるR児に向かって、「好きな食べ物は何ですか？」と不機	スタッフがあらかじめ書いた「誰が」カードには一切手をつけず、自分が書いたカードだけを意識的に

をそれぞれが引く。「話題」カードを引いた人は、カーテンの向こうにいる相手が誰かを、カードにある話題を言いながら考える。	嫌そうに質問した。R児が引いたカードが何かわかったときは、すぐに「わかった！志村けん」など、元気に答えた。	引き、「あーこれ最悪だよー。」といって喜んだ。R児の書いたカードは「ボブ・サップ」と「志村けん」だった。R児は、書かれたキャラになりきって電話に答えていた。H児にすぐ当てられると、悔しかったのか、物を投げた。	
2. 役割交代	「誰が」カードを引くと、クイズと間違えたのか、「えーっとね、どら焼きが好き…」など、R児が話題を振った後ですぐにヒントを出してしまった。	「話題」カードは自分で書かず、スタッフが用意したものをひいた。「話題」カードに沿って、H児に質問できた。また、棒読みではなく、自分の考えた言葉で質問できた。	
3. 役割交代	R児が、H児にわからないキャラクターになってしまったため、「わかんない、〇〇？」と一生懸命考えていたが、とてもいらだった口調であった。結局、2問ともわからず、意欲が下がってしまった。	1回目でH児にすぐわかってしまったのが悔しかったのか、「フォルテ」や「ヒルマ」と、H児がわからないキャラクターを書き、満足げに演じた。H児が痺れをきらして「誰！」と叫ぶと、「フォルテ!!」と絶叫した。	

　H児は、役になりきることができず、頭で考えてR児にヒントを出していた。H児はクイズと捉えて活動をしていたのか、演じることができなかった。しかし、話題カードに沿って質問することはできていた。誰かに指示されて話すことはできるが、自分から話題を探すのは難しい。

　R児は、劇活動のときと同様、役になりきり、キャラクターの特徴もつかめた。しかし、負けず嫌いなのかどうしてもH児には負けたくないという気持ちがあり、H児にすぐに当てられると少しいらだっていた。

（6）活動の終結

　担任の報告によると、支援を開始してから約3カ月後、H児に変化が出始めた。明るくなり自分の本音を担任に話せるようになった。怒られるかもしれないと自然に防御し、本音を言わなかった部分をポロリと本音を言うようになった。

　5カ月後には担任だけではなく、いろいろな場面で本音を話したり表現したりするようになった。しかし、TPOの思慮がないためにH児が本音で言ったときには、6年生の交流学級の友達とトラブルになることも多くなった。大学での心理劇的体験は、H児にとって遊びながらルールを学び、自分の思いを表現できる、待ち遠しい時間であったようだ。

　7カ月後、学年末や卒業を機に、一旦、通所の支援を終了する。「さよなら会」を行い、本人も気持ちに区切りをつけ、中学へ進学した。

　保護者もこの間、カウンセリングにおいていろいろ相談でき心の安心を得ると同時にH児にゆとりを持って接することができるようになった。

　H児の中学校生活は順調であり、大学の来談日が部活動と重なり、通所による支援は終結した。

第4項　活動の振り返り

（1）R児の豊かな想像世界と他者への気づきについて

　R児は劇場面では、いつも独特の劇世界を演じていた。演じる時の舞台はいつも戦場（R児はフィールドと言う）である。そして、自分はゼロ（自分の名前からとったようだ）という独自のキャラクターになりきる。他の人からどんなに攻撃されようとも絶対にダメージを受けず、自分の唱える呪文や攻撃によって、相手は大きなダメージを受ける。ゼロはいつも孤独な雰囲気を持ち、一人

で戦う。Ｒ児は、ゲームが大好きである。Ｒ児の作り出す世界はゲームから来ているが、それを自分流に作り変えており、Ｒ児の創造力のよさが認められる。

　また、Ｒ児は、相手の劇世界の中にも容易に入り込める。スタッフとＲ児との間で電話のおもちゃを使って遊んだとき、Ｒ児は、スタッフの要求することをすばやく察知し、対応した。そのときのやり取りの様子を表9に記す。

表9　スタッフとＲ児とのやりとり

スタッフ	Ｒ児
もしもし、Ｒ君。お母さんだけど。 Ｒちゃんと大学でがんばってる？ そう。お母さんなんでも見てるからね。 Ｒ君がどんなことやってるかも、ちゃんと知ってるんだよー。 じゃあね、がんばるんだよ。	無言。 やってるよ。うん。 ・照れ笑い
もしもし、どなたですか？プー？おならした？ えー？おなら星人さん？ 地獄に行って、どうなったの？ あ、本当だ。とっても大変なことになってるね。本当だ。	Ｒ自ら誰かに電話をかける。 プー おなら星人だよ。 でも、もう地獄にいっちゃったよ。 閻魔大王様に会って、今一番悪いところに行ってるんだよ。 あ、戻ってきたよ。 その後も、Ｒ児はいろいろな人物になって、スタッフに電話をかけてきた。

　Ｒ児は、自分が設定した役の世界に入り込める。スタッフが、部屋が海であると仮定して話をすると、Ｒ児はすぐにさめになって部屋の中をスイスイと泳ぐ様子を示した。また、Ｒ児は、絵から状況を判断する活動の際、絵の細かなところまで観察し、推測する。これは、日常生活の中でも他者の表情や雰囲気を理解し、それに反応しているからであろう。

（2）Ｈ児の情動活動の活性化と他者への気づきについて

　Ｈ児は、演じること自体には抵抗を感じておらず、むしろ楽しく活動を行っている。例えば、Ｈ児が、物の形状を真似て演技をすることが得意である「ナポリタン星人」、「ボールペンマン」など、自分で考えたキャラクターを演じるときは、スパゲティのように体をくねらせたり、ボールペンのようにまっすぐ立ったりする。しかし、Ｒ児と一緒に劇を行っているとき、Ｈ児は役の世界に入りきることができない。例えば、Ｒ児とＨ児はよく戦いの場面を劇にするが、Ｈ児は役の名前を決めることはできてもそれになりきってセリフを言うことはなく、技をひたすらＲ児にかけている。また、ゼロという役になりきってセリフを言っているＲ児にＨ児が言葉を返すことはない。何か言うときは、Ｈ児本人の言葉として発する。

　Ｈ児は、劇場面での変化は大きく見られなかったが、学校場面や日常生活で大きな変化が見られた。母親や担任の話では、以前はおとなしい性格で、自分から今日の出来事などを言うことはなく、言われたことを文句も言わずに行う面がある一方、自分の衝動性を抑えられずに集団登校中に傘を振り回して他の児童に危ない思いをさせたり、友達の水筒をへこませたりしていた。しかし、大学での活動を始めてから、学校に行くと大学で何をしたかをＲ児とともに事細かに学級担任に説明していた。学校でも家庭でも明るさが出て、ひょうきんなことをして母親を笑わせるようになった。劇活動を行う中で、役になりきることはできなくても、相手に立ち向かっていったり、さまざまな物になってみたりすることで自分の感情をぶつけることができた。それを周りの人たちが受け入れ

たことにより、自分の気持ちを他者に表すことに抵抗を感じなくなった。他者に言われるがままであったH児であったが、自分の限界を感じるまで我慢することなく、自分に興味があることに関して主張し、反論できるようになったのは、他者に関する関心が育ってきたことや他者に気持ちをぶつける体験を重ねてきたためである。劇場面では顕著な変化は見られなかったが、日常生活で大きく変わったのは、劇活動が何らかの影響を及ぼしていたものと考える。

第5章　中学校自閉症・情緒障害特別支援学級における心理劇の適用

第1節　実践の概要

第1項　背景

　中学生の自閉症スペクトラム児の自己表出技能に対する集団指導として心理劇を試みた。

　中学校の特別支援学級は、異学年の児童生徒で構成され、特別支援学級担任（以下、担任）には、学級の実態を踏まえて、教育課程を編成し学級経営を行うことが求められる。自閉症・情緒障害特別支援学級（以下、自・情特別支援学級）に在籍する児童生徒のうち、知的に遅れのある者は約80％であり（国立特別支援教育総合研究所、2008）、そのために教育課程も相当の変更を余儀なくされる。

　中学校の自・情特別支援学級の生徒の実態は、障害の種類も程度も多様である。更に自・情特別支援学級の授業に参加する生徒数も交流学習等で通常の学級で教科指導等を受ける場合があり、教科によって指導する人数が異なる。学級担任が生徒の障害の軽減に向けて全員参加の指導時間を確保し、指導していくかは共通の課題であり、その解決が望まれている。当該の中学校の教育課程に位置づけられていなかった自立活動の活動を作業学習の中に組み込み、全員参加の授業により生徒の障害の改善を図った。

　実践するにあたり、以下の点を考慮した。

① 　指導時間の確保

　当該学級は、「作業学習」の時間が週4時間設けられ、この時間は、学級担任の裁量である程度、柔軟に内容が変更できる。この時間の一部を「自立活動」的な内容を扱う時間とした。具体的には、作業を行うための基本的な態度を養うことをねらいとして、また、目指すべき姿をキャリア教育における人間形成、コミュニケーション力の育成という点に考慮し、作業学習の時間の一部を利用し、月に1時間、「自立活動」のねらいを含め、生活に密着した柔軟な活動内容を組み入れた。

② 　基本的な目標

　目標としてソーシャルスキルを取り上げた。社会生活や対人関係を営んでいくために必要とされる技能であるソーシャルスキルが身についていなかったり、知らなかったりするために友達関係や集団生活で不利を被っている。当該学級での全員参加の授業は、週4時間の作業学習があるものの週時間全体からみれば7分の1以下である。そこで、当該学級でソーシャルスキルを少しでも身につけさせたいと考えた。

③ 　指導の方法

　教示やモデリングの手法ではなく、本人がこうしたいという気持ちやそのときの他者との関わりから素直に表出する思いを活かすアプローチを基本とした。

第2項　指導計画の概要

（1）対象者の概要

　X県Y市の公立中学校の自閉症・情緒障害学級に在籍する3年生の男子、6名である。表1に対象者の概要を示した。指導者は現学級担任と旧学級担任である。

表1　対象者の概要

	診断名・手帳・行動特徴
A	自閉症。療育手帳C判定。精神障害者保健福祉手帳2級。ことばづかいは丁寧で思いやりもある優しい人柄。全く悪気なく人を傷つけることを言う。言いたいことより他のことが気になり、言動にとても時間がかかる。何でも交流学級の仲間と同じがよいと思っている。人と関わりたい気持ちが強い。
B	高機能自閉症。精神障害者保健福祉手帳1級。行事等人が集まる場所を嫌い、限られた人としか話さない。Aとは小学校から仲良しで、唯一気兼ねなく話せる友達である。不登校傾向がある。外に出ず、生活の実践経験が少ない。怒りや悲しみのコントロールができず、怒ったような口調で話したり、泣いたりすることが多々あったが、3年生になり落ち着いてきた。
C	高機能自閉症。固まると何を言っても動かない。しっかりしており、頼んだことや大切なことは絶対に忘れない。大きな音や騒がしい環境が苦手である。特別支援学級の慣れた仲間には明るく自分から話しかけられる。交流学級の仲間から話しかけられても答えられないことが多い。文句やマイナス発言が多いが、やるときはやる。
D	自閉症。療育手帳C判定。フラッシュバックがよくある。周りの目を気にせず、突拍子もない行動をする。絵を描くことが好きで、電車などを精密に描く。同じことを繰り返し話すことが多い。普段から台本を読んでいるかのように話す。パターンは頭にあって場面によって行動できるが、感情が伴っていない。
E	知的発達に遅れのないASD（アスペルガー症候群）。遅刻や早退が多かったが、3年生になってからはほとんどなくなり、交流学級でほとんどの授業を受け、それに抵抗も感じていない。落ち着かないときは、教室の中を回ったり、手を顔の前でひらひらさせたりする。書くことを嫌う。自分の行動は棚に上げて、他者を批判することがある。
F	9月頃から転入した。医療機関にはかかっておらず、診断名はない。本実践には9月、1月の2度だけ参加したのみである。

（2）実施の概要

　20XY年度の6月、7月、9月、11月、12月、1月に計6回、行った。それを表2に示す。

表2　「他者の存在を意識し、自分の意思を伝えよう」の実施内容

	題材名	内容
6月	場面や表情から相手の気持ちを読みとろう	自分が思うように、きっと相手も感じるだろうと決めつけてしまうことがある。相手の表情や言葉から瞬時にその人がどんな気持ちで、どんな言葉を望んでいるかを読み取る。特に、怒りや悲しみの感情の相手に対して、どう接したらいいのかを学ぶ。
7月	誘いを受け入れたり、断ったりしよう	仲間からの誘いを受けた際に、「友達だから」と言って断ることができないことも多い。断ることも大切であることを知り、ただ断るのではなく、場合によっては代案や相手にしないなど上手な断り方を学ぶ。
9月	他者との折り合いをつけよう	1つの課題を他者と協力して達成しようとするときに、自分の考えをもち、かつ相手の考えを聞く。自分の考えと相手の考えを上手に取り入れ、双方が納得するように折り合いをつけるにはどうすればよいかを学ぶ。
11月	自分ってどんな人？（1）	社会に出ると自己評価よりも他者からの評価が重要視される。他者から見て自分はどんな人物像かを知り、今まで知らなかった自分の長所を認識し、多面的に自分を捉える。相手の長所を見つけ、伝える方法も学ぶ。
12月	自分ってどんな人？（2）	他者からの評価の重要性を知り、自分はどんな人物かを知り、自分の長所を認識し、相手の長所を見つけ、伝える方法を学ぶ。
1月	困った時に困ったことを伝えよう	困っていてもプライドやコミュニケーションの不安から、人に助けを求めずにわからないまま終わってしまうことがある。他者と共生していく中で、援助を求めることは悪いことではなく、人から教わって情報を得ることも重要である。そのために上手な援助の求め方や応え方を学ぶ。

（3）配慮事項

　生徒の本当の気持ちを自由に吐露させることをねらいとした。教師のことば掛け等は極力、控えた。配慮事項の基本を以下に示す。

①　活動への参加は強制しない。嫌なら参加しなくてよい。

②　監督者は、スキルの教え込みはしない。「〜しなさい」と指示しない。考えさせ、気付かせるようなことば掛けを行う。

③　自己評価は素直に答えるように伝える。

④　記述式の振り返りシートは、生徒が書くのを嫌がった場合、監督者が聞き取って記入する。

⑤　違う考えも受け入れるように監督者が率先して違う意見も共有し、考える機会を与える。予想外な発言も生徒の本当の気持ちとして、全て受け止める。

⑥　行動特性からもたらす批判的・不適切な発言があっても、それを叱らず様々な方向からアプローチする。

　日本心理劇学会は、心理劇をロール・プレイング等を用いて行う治療的、教育的集団技法の総称であるとする。高良（2010）は、心理劇の意味するところは広く、ロール・プレイングと心理劇の区別化はきわめて曖昧であるとする。心理劇は、監督・補助自我・演者・観客・舞台の5つの構造からなるが、構造は弱く、ときに監督が中に入って補助自我の役割を執り、観客の出入りの自由度も高いとしている。今回は、一般的に「学ぶ、気付く、治す」ことにあり、心理劇は教育領域で発展してきた経緯から「学び」を基本としていると捉え、今回の実践は、高良（2010）の指摘も踏まえ、心理劇とし、どちらの要素も含めることとした。

（4）指導案

　指導案の略案を示す。

| 6月　場面や表情から相手の気持ちを読みとろう |

（ⅰ）目　　　標

　　同じ出来事であっても、人によって受け止め方は異なることを知り、場面やその時の表情を自分の立場だけでなく、相手の立場にもなって考え、会話を続けようとする。特に、相手が悲しみや怒りを感じた時に、どんな声を掛けたらよいか考える。

（ⅱ）準　　　備

　　フラッシュカード、ジェスチャーゲームのお題カード、手鏡、表情シール、ワークシート、振り返りシート

（ⅲ）指導過程

過程	学　習　活　動	教師の働きかけと支援
つかむ 5分	1　ジェスチャーゲームをする。 ・題に書かれた動物を一人で演じる。題は次第に難しくなる。 ・他生徒はそれが何か当てる。 2　本時の課題について知る。	・自然に教師が見本を見せ、ひきこんでいく。 ・どうすれば相手に伝わるか生徒に尋ねながら、確認する。 ・無理にさせず、輪に入ることを目的とする。様子を見て、挑戦させる。
高める 35分	3　感情と表情の話を聞いて、実践してみる。 うれしいときは笑顔になったり、悲しいときは泣いたり、いろんな場面で、そのときの感情・いろんな気持ちが顔に表されて、表情ができます。みんなはどんな感情があると思いますか？ ・6つの基本感情（驚き、喜び、悲しみ、怒り、恐怖、嫌悪）を表現してみる。 ・手鏡を使って自分の表情を確認する。 4　具体的な場面が書かれたワークシートに表情シール（6つの基本感情の顔）を選んで貼る。 5　ロール・プレイング（心理劇）をする。 ・ワークシートから指定された場面を自分の選んだ表情で演じる。 ・ペアの相手はことばを掛けて会話を繋げる。	 ・場面と気持ちを一人ひとりに尋ねながら、表情を実践させる。 ・口角や目にも注目させるよう促す。 ・恥ずかしがらないよう、大げさに見本を示す。 ・生徒の素直な考えを大切にする。 ・ワークシートを確認し、意見が異なるものや悲しみ、怒りを中心にロール・プレイング（心理劇）で取り上げる場面を決める。 ・場面によって意図的に教師がペアをつくり、協力して表現できるように促す。 ・場面に沿って教師はナレーターを付ける。

	・他生徒はそれを見て、アドバイスしたり、役割交代したりする。	・主役は自分の表情を出すこと、準主役は相手の表情に注目すること、観客は二人の会話から自分であったらと考えることを目標とする。 ・どの意見も肯定的に受け止められるようことば掛けをする。
	同じ場面を経験しても、楽しいって思う人もいれば、嫌だって思う人もいて、みんなそれぞれ違った気持ちをもっていて、表情が違うってことがわかったね。	
まとめる 10分	6　授業全体を振り返り、振り返りシートを記入する。	・対話について一人ひとり良かった点をほめ合う。 ・表情を気にしすぎるのもよくないが、場面に合った表情を心掛けるように話す。 ・対話の中で課題が見えたら、次回のトピックスにする。

９月　他者との折り合いをつけよう

（ⅰ）目　　　標

　　仲間と一つの課題を考え、結論を出すことを通して、折り合いのつけ方を学ぶ。自分の意見を押し通すことだけでなく、相手の意見も聞くことができるようになる。相手の意見を否定的にとらえるのではなく、前向きに「それもいいかな」と思えるようになる。同時に自己コントロール力も高める。

（ⅱ）準　　　備

　　給食の写真などのカード（事前に生徒の好きな給食を聞き、参考にして作る）、食器シート、フラッシュカード、ストップウォッチ、色鉛筆（赤と他の色２色ほどあれば）、振り返りシート

（ⅲ）指導過程　※特別時間割のため45分に設定

過程	学　習　活　動	教師の働きかけと支援
つかむ 10分	1　本時の課題について知る。	・活動について説明する。
	今日の活動テーマは「オリジナル給食を作ろう」です。グループに分かれて、協力して、誰もが食べたくなるおいしい給食を提案しましょう。	
	2　本時のミッションを確認する。 ・どうしてそれがいいか理由を聞いてみる。 ・それは譲るから、これも取り入れようと提案する。 ・二人で新しいものを選ぶ。	・フラッシュカードを黒板に貼りながら説明する。 ・相づちをうつことで、相手を受け入れる。
	「2．相づちをうつ」です。相づちってどんなものかな？	
	・うん ・なるほど ・わかる ・ほぉ〜	・生徒から具体的に聞きだし、相手の意見を聞いている証拠であるから、話し合いの中で使ってみようと提案する。 ・2つのミッションが達成できたか、最後に振り返ることを伝えておく。
高める 30分	3　2つのグループに分かれて、オリジナル給食を食器シートに貼っていく。	・食器シート、給食の写真などのカードを配布する。
	時間は10分です。協力してオリジナルメニューを考えましょう。最後にそのオリジナル給食の名前も考えましょう。	
	4　自分たちのオリジナル給食を他グループに発表する。	・机間巡視し、ミッションに沿えるようにことば掛けをしながら支援する。 ・完成した給食シートを黒板に貼り、給食の写真などのカードの余りを回収する。
	では、こちらのグループのオリジナル給食を紹介してください。時間は1分です。オススメポイントや意見が合ったところと合わなかったところも教えてください。	
	5　話し合いを振り返って、ワークシートに記入する。	・紹介に詰まってしまったら、質問などをしながら支援する。 ・話し合いの時、ミッションができていた点があれば、全体に向かってほめる。 ・ワークシートを配布する。

		今日のミッションを覚えていますか？グループ活動を振り返って、自分や友達が達成できていたか書きましょう。時間は15分です。
		・机間巡視しながら、ワークシートに沿って書いていけるよう支援する。 ・書くことを嫌がる生徒は、話をしながら聞き出して代筆する。 ・よい意見はチェックしておき、発表を促す。
まとめる 10分	6 授業全体を振り返り、振り返りシートの意見を共有する。	・ワークシートの左面3②を発表するよう個々に促す。 ・「折り合いをつける」について再度確認する。

1月　困った時に困ったことを伝えよう

（ⅰ）目　　標

　　日常生活や職場等で自分が困った時に他者に素直に援助を求めたり、その援助に応えたりする際に自分に合った方法を選んで行う。

（ⅱ）準　　備

　　フラッシュカード、振り返りシート、宿題プリント

（ⅲ）指導過程　※校内の行事のために45分に設定

過程	学　習　活　動	教師の働きかけと支援
つかむ 10分	1　日常生活で、困った経験を思い出し、考える。 　①　明日の持ち物が聞き取れず、学級の子に尋ねる。 　②　スーパーで買いたいものがどこにあるのかわからない。 　③　電車の中に忘れ物をした。 　④　乗りたい電車が来ない。 2　本時の課題について知る。 学校でも社会の中で人と関わって生きていく中で、困った時に人に聞いたり、助けを求めることは悪いことではなくて、必要なことです。人から教わって様々なことを知ることができるし、わからないことを確認することも大切なことです。そこで今日のテーマは「困った時に困ったことを伝えよう」です。上手な援助の求め方や応え方を学びましょう。今日は劇をしましょう。	・例が挙がれば、その時どのような対応をしたか尋ねる。 ・例が挙がらなければ、場合をいくつか提示して、考えさせる。 ・フラッシュカードを黒板に貼りながら説明する。 ・活動について説明する。
高める 30分	3　①〜④の場面と役割を決める。 4　その場面を演じる。 　・③では、忘れ物の特徴や忘れた場所なども伝える。 　・④では、自分で行きたい場所を伝える。 5　一人一人の感想を共有する。 6　3〜5を繰り返す。 今日は、困った時に困ったことを伝える練習をしました。何でも簡単に人に聞くのはよくないときもあるけれど、「聞くは一時の恥、聞かぬは一生の恥（知らないことを人に聞くのは、そのときは恥ずかしいと思っても、聞かなければ一生知らぬまま過ごすことになるので、そのほうが恥ずかしい。知らないことを恥ずかしがったり知ったかぶりせずに、素直に聞いて学ぶべきだという教え。）という諺もあるように、上手に聞いて助けを求める力は大切です。もちろん先生たちもね。ぜひ、今日練習したことを困った時には使ってみてください。	・黒板に場面と役割をメモしておく。 ・設定は決めて伝える。 ①…知っている間柄と4月に初めて出会った間柄 ②…店員だけでなく、お客に聞くなど ③…傘やかばんなど。1回目は教師2〜3名が駅員、お客、放送係などを演じ、生徒に選ばせる。 ④…高校までの道のり。個々に応じて、直通を望む場合もある。駅員がいない設定も。 ・わからないときは「わかりません。」や「覚えていません。」と伝えられるよう促す。 ・ミッションに沿うような発問をする。 ・話し合いのとき、周りからも助言等があれば、それを受けて修正しながら進める。
まとめる 5分	7　授業全体を振り返り、振り返りシートを記入する。 8　宿題プリントを配布する。	・ミッションについて再度確認する。 ・心理劇できなかった場面はプリントで文字にして考えさせる。

第2節　指導の経過

第1項　様子の概要

（1）6月：「場面や表情から相手の気持ちを読み取ろう」

　心理劇に抵抗があるのではないかと心配したが、生徒たちは予想外に前向きで演技も恥ずかしがらずに楽しんだ。ワークシートに表情を貼ることで、誰がどんな気持ちか一目瞭然でわかり、意図的な役割をある程度、割り振った心理劇が実施できた。Bには授業に少しでも参加させ、普段では感情がパニックになるところを心理劇で落ち着いて気持ちをことばにすることをねらった。Bには気心の知れたAとペアで組むことを増やし、できるだけ日常生活や経験したことのある事柄をテーマにした。

（2）7月：「誘いを受け入れたり、断ったりしよう」

　業間の休み時間にリラックスさせることば掛けを行い、一人ひとりの目標に応じた監督者の意図した心理劇を行うようにした。ウォームアップに時間がかかった。前回より、全体的に会話が続くようになった。誘ったり・誘われたり、断ったり・断られたりする経験が不足しているようだった。断ることで犯罪から自分を守る方法や断った後の成功体験を積んでいく必要がある。「友達だからいいだろう？」ということばにどう答えるのか、過去に失敗した体験をもつ生徒に「友達」の価値観も一緒に考えさせたが、身近な仲の良い友達からの誘いを断ることは難しかったようだ。

（3）9月：「他者との折り合いをつけよう」

　「オリジナル給食を作ろう」というテーマで自分の意思を反映させ、他者と協力して一つのものを成し遂げる達成感を味あわせる心理的アプローチを試みた。監督者はバランスを考え、事前にC・DのグループとA・E・Fのグループに分けた。

　2人グループでは、Dは集中力が切れてしまいがちで、前半は一人の世界に入っている。CはDが置いたおかずを見て、前半はそれを受け入れながら、自分に対してバランスやデザートについてどうしようか呟いていた。後半ではCがDに少しずつ自分の意思を投げかけ始め、給食のネーミングを考えるときは、Dが案を出し、Cがその案に対する意見を言い、一体感が生まれてきた。Cは意見を伝えるときにDの名前を呼ぶようになった。全て活動が終わった時、Cは笑顔でDにハイタッチを求めた。自然にDはそれに応えた。

　3人グループでは、A・Fの2人から始まった。Fが黙ってうつむいてピリピリしており、Aは恐る恐る話しかけていた。協力しようと思っていない相手にどう話しかけるか、担任が具体的に提案の仕方を教えた。2つのカードを見せてどちらが好きか尋ねたり、まずは自分の好きな給食を個々で作ろうとしたり、Aの周りを気に掛けるよい面が発揮できる活動になった。Eが加わり、その後も担任が折り合いをつける方法をいくつか提案して、3人の一番好きな食べ物が1つずつ入った給食ができた。

　グループワークでは、他者との折り合いのもとに課題を進めることは、苦手であることが示され、自分の意思を伝えない相手への対応も課題となった。

（4）11月と12月：「自分ってどんな人？」

　シェアリングは、「相手のよいところとその理由を伝える」という内容である。お互いが他者の存在を意識し、表情を見て話ができるよう囲む形で座席を配置した。Dは書いた方が自分の意思を

整理して表現できる、Eは全くワークシートには書かずに発表の際に自分の意思を語る、Aはワークシートに書かれてあっても別の事柄を話し出す書き方を忠実に守りしっかりとワークシートに書き、Cはそれを読み上げる、Bは普段は怒ったような口調で話しても考えた自分の思いは素直で優しいことばで表現する等、5人の特性がそれぞれ現れる活動となった。

（5）1月：「困った時に困ったことを伝えよう」

　授業の始めに、生徒たちに「今まで困ったことは何かある？」と尋ねると、ほとんどの生徒が「困った場面が思いつかない」、「困ったことがない」と即答した。同じ学級の仲間や身近にいる彼らのことを知っている教員集団（大人）は、自然に困らないように支援したり、声を掛けたりすることが多いために生徒たちが困ることは少ないのかもしれない。まだ知らない人や社会で働く駅員、店員などに話しかけることを設定した。受験も近いので、新しい高校生活を意識した内容を組み込んだ。特に、いつもパターンのように会話をするDに、いつもとは異なる状況での心理劇を実践した。

第2項　知的に遅れがある生徒の様子

　知的に遅れがあるAとDの各回の様子を、表3及び表4に示した。

表3　Aの活動

6月	・積極的に挙手をし、取り組んだ。ある場面でEの表情が全く読み取れず、喜んでいることを確認して、やっと「喜んでるの？」と受け入れようとする姿勢があった。 ・自分で「今度は別のペアで」とか「役を替えてみよっかな」と提案できた。 ・ジェスチャーゲームも自分でものを使って工夫して表現しようとしていた。 ・振り返りシートに「表情や行動をうまく表現したい」と書いた。
7月	・顔の表情だけで表現するウォーミングアップクイズで、どうしても手やことばを使って表現したがった。表情はあまり変わらない。 ・断るのも誘うのも相手の意見を聞き、自然な会話を続けることができた。 ・身近な会話だったからか、あまり話題から逸れることが今回は少なかった。 ・ペアで組んだDに対して、振り返りシートに「Dくん断るのがよかった」と書いた。
9月	・なかなか意見を言わないFに「これとこれはどっちがいい？」「こんなのどうですか？」と話しかけることができた。 ・選択されたものが並んでいるのに、また選択する前に戻ってしまい、収拾がつかなかった。 ・Fとうまくいかず、なかなか話し合いができなかった。「まとめるのがつらかった」と振り返りシートは書かれていた。 ・振り返りシートで「仲間の演技や話し合いの意見が自分と違うとわかったとき、どう思いましたか？」という項目に対して、その他を選び「同じと思った」と書いた。
11月	・「短所を書いてはダメなんですか？」と聞いてきた。 ・自分のよいところを考え始めたら、ワークシートに短所ばかり書き始め、「短所しか思い浮かばない。」と言って頭を抱え涙ぐむ。次第に怒り始め、周りが書いていることを気にしてしまうため、Dから机を離した。 ・話し合いが終わった後、「短所を言う大会があったら、今すぐ（自分の短所）ぶつけたいものがある。」と発言した。
12月	・復習で、「相づちをうつ！」と発言できた。 ・丁寧に説明すればするほど、話がわからなくなってしまうようだった。 ・振り返りシートに「Bくん、Eくんのいいことを沢山言ったから良かったです」「自分にはたくさんのいいことがあったからすごいと思いました」と書いた。
1月	・困った時の例として「ワルにやられた」と言った。その時どうした？と聞くと「早く逃げ出した」と答えた。 ・電車が来なくて困った場面では、ずっと待つ、隣の駅まで歩くと提案した。 ・よく挙手ができた。 ・傘の特徴や自分の電車の特徴をスラスラ話すことができた。 ・振り返りシートに「Dくんの演技はちゃんと受け答えがすごいと思った」と書いた。

表4　Dの活動

6月	・最初は誰よりも早く挙手して張り切っていたが、後半集中力が切れてしまっていた。 ・ジェスチャーゲームでゾウを演技するのに、長い筒を探して口につけて鳴きまねをした。「口が長いの？」と聞くと、鼻に付け替えた。振り返りシートに「ゾウの場面のとき、パオ〜ンと言えた」と書いた。 ・表情シールをプリントに貼り終えたとき、「友達に嫌なことを言われ、その数日後に思い出してその子を叩いたときがあった」と自分の過去を振り返った。 ・ジェットコースターで水がかかる場面で怒ったBに「なんでBくんは楽しくないんだろう？」と呟いた。振り返りシートに「水しぶきがかかることは当然だ」と書いた。 ・選択式の振り返りシートで「みんなの意見が自分と同じだとわかったとき、どう思いましたか？」という問いに「当たり前だと思った」を選び、「みんなの意見が自分と違うとわかったとき、どう思いましたか？」という問いに、「なんとも思わなかった」を選んだ。
7月	・監督者の「顔の表情何があったっけ？」の問いに対して、すぐに笑って見せた。次々に驚いた顔、怒った顔、嫌悪の顔を見せるが、ことばは出てこなかった。 ・嫌いな食べ物の誘いを断る場面では、以前別の授業で断れず諦めてしまっていたそうだが、Aとの会話の中で、妥協案をじっくり考え、提案することができた。 ・ジュースを買いに行ったら、同じ学級の友達に「お金がないから、おごってほしい。僕たち友達だろ？」と頼まれて断る場面で、始めワークシートには「次回余っていたらおごります」と書かれたので監督者が個別でどうしてそれはいけないのかを話した。その後、「ごめんなさい、大事なお金［金銭］です。君も、お金があるときに買ってください」と書き直した。 ・振り返りシートに「一生懸命にやり切ることができた」「Bくんは名演技を根気よくやった」と書いた。
9月	・Cとペアでグループワークを行った。 ・Cに「これコレステロール」「（野菜を加えて）これだけたくさん食べれば、カロリーが抑えられるよ」と伝えた。 ・食べ物のカードを共有したり、Cが「これ何だ？」にはすぐに返答はできないが、自分で手に取って「メンチカツだよ」と教えた。 ・途中で集中力が切れて、親指と中指でパチパチ音を鳴らす（フィンガースナップ）。Cに「Dくん、これでいいの？」と聞かれて「いいよ〜」と言ってコマーシャルのメロディーを歌う。そして、両手の指を交差させ手のひらを合わせて音を鳴らした。 ・自分と他者の意見の塗り分けをするワークがわからないようだった。 ・振り返りシートに「学級の仲間（今日のペア）が言っていたことをできるだけたくさん書きましょう」という問いに、「自分…イタリアン満足給食がいいです。ミートソーススパゲティーは満足に思う。デザートは口直しに」「Cくん…満腹になると満足そうだ。野菜サラダもヘルシーだ」と書いた。実際の発言内容とは異なる部分も多い。
11月	・「何を打つんだったかな？」の問いに「相づち！」と答えた。 ・振り返りシートに「心がぱあっと明るくなった」「心に花がたくさん咲き誇った」と書いた。 ・仲間のよいところをワークシートに3つずつ書くことができた。「きびきびと」「しゃんと」「にっこり」などの自分で考えた表現を挙げ、それにまつわるエピソードを書いた。発表はそのワークシートの内容に沿ってみんなに伝えることができた。
12月	・話し合いで、自分の番には話せるが、誰かの途中でつぶやくなどはない。一番最後に一回「うん」と言えた。 ・前回はE、Aについて、今回は再度E、そしてBについて発表した。 ・席を丸くしているので他者を見ていないわけではないが、視線も逸れる。集中力切れる。 ・振り返りシートに「学級のみんなが言っていたことをできるだけたくさん書きましょう」という問いで、「自分は細かい絵がうまいので、頭がいいですねと言われると、笑みがこぼれる」「授業中も、きちきちと頑張っていくので情熱いっぱい」「記憶力が抜群」「正解数をどんどん増やすことができた」と書いた。授業の会話と異なる部分が多い。
1月	・監督者がことば掛けを増やした効果か、仲間の心理劇の様子を見ることができた。 ・自分が困った時の例として、交通事故にあった時の話や乗りたい電車が行ってしまって困るというエピソードを伝えることができた。 ・インターホンを使うなどの手段は知識としていろいろあることがわかっている。 ・やる気はとてもあって、気付いたことも発言できた。 ・振り返りシートに、「優しそうな人を探して聞いてもらえばいいんだよと言われて、分かったと思った」や「Aくんの演技は元気なところがステキだと思った」と書いた。

第3項　会話場面

（1）6月の「ジェットコースターに乗って水がかかった場面」

i）AとDの心理劇

Aが感情を表し、その感情に応じてDがことばをかけて会話する場面である。

監督者	「Dくん、Aくんどんな反応してた？」
C	「全然反応してない」
A	「（アトラクションの動きの話をし始める）」
監督者	「（Dくんに対して）どういう反応してた？　Aくんの顔」

Ｄ	「わかんなかった」
監督者	「わかんなかったね。Ｂくん、どういう顔してた？　Ａくん」
Ｂ	「ふつう」
監督者	「ふつうだったね」
Ａ	「僕的には驚いてたなぁと思ってたんだけど」
担　任	「僕的にはね」
監督者	「本当、僕的にはね。でもちょっと伝わらなかったんだよなぁ」
Ｂ	「Ａくん、感情の表し方がおかしいんだ」
Ａ	「感情の表し方が…」
監督者	「もう一回やってみる？」
Ａ	「うん、わかった。だったら今度は、別のペアで。今度は、役をかえてみようか」

　Ａは自分では驚いた表情を意識して演じているつもりだった。Ａは劇をやりたいという意欲が強く、日頃から積極的に前に出ることを好み、自分がみんなの代表となる自信にも満ちている。Ａは役割交代を望み、相手の表情を読み取る側をやってみたいと提案した。役割交代を終え、再びＡは挑戦した。監督者はＡにＥの顔に注目するよう先に伝えて劇を始めた。

ⅱ）ＡとＥの心理劇

（アトラクションの動きや方向にこだわるＡとＥ）	
（Ｅがにこっと笑う）	
Ａ	「Ｅくん…？どしたの？」
Ｅ	「あぁ」
監督者	「（会話を）続けて、続けて」
担　任	「（Ａに）Ｅくんの顔見てよ？」
監督者	「（Ａが表情を理解していないと判断し）ストップ！（Ａに）今Ｅくんどういう顔してる？」
Ａ	「（自分の思う驚いた演技をする）」
監督者	「あなたは演技しなくていいの。どっち？どんな顔してる？」
Ａ	「ちょっと始めとは変わってる…怖がってる」
監督者・担任	「怖がってる？ほんと？」
Ａ	「怖がってないか、おびえてる？」
監督者	「おびえてる？ほんと？みんなどう思った？」
Ａ	「だって（Ｅくん）無表情だから」
監督者	「Ｅくんの顔見てどう思った、Ｂくん？怖がってる？」
Ｂ	「そんな感じはしない」
監督者	「しないね。Ｄくんどんな顔、Ｅくん」
担　任	「あの（黒板に書かれている）６個の中で」
Ｅ	（会話をはさんでくる）「夏はすずしくていいなぁ」
Ｄ	「喜び」
監督者	「そう、よろこびだよねぇ」
Ａ	「喜んでるの？」
監督者	「喜んでるの。それに対して、Ａくんじゃあ声かける。喜んでるＥくんに。よーいどん」
Ａ	「Ｅくん、大丈夫だった？」
Ｃ	「喜んでる人なのに…」
Ｅ	「こんくらい（水がかかることは）、このアトラクションに乗りゃ、ふつうよ、ふつう」
監督者	「続けて続けて、Ｅくんの喜びを倍増するには？」
Ａ	「ほんとにあれはすごかったね」
Ｅ	「うん。何度乗ってもいいね、ありゃ。特に夏場は最高だ、今日も。まぁ冬場はダメだけどね。冬場にやりたかったら寒くて寒くてまぁたまらん」
Ａ	「こういう風に急降下してるとき…」
Ｅ	「まぁ、ああいうのは好きだからね」
Ａ	「絶叫系好きなんだ？」
Ｅ	「うん。まぁ度をこえてなきゃね」（ここで打ち切る）

　Ｅは、水がかかった後、にこっと笑った。しかし、Ａは「どしたの？」と不安そうに会話をし始

めた。仲間と表情を確認した後、「喜んでるの？」と初めて気付いた。その後もしばらくは納得できず、不安げに会話をしていたが、「Ｅくんの喜びを倍増するには？」と監督者の問いから流れを変化させていった。

ⅲ）Ｂとみんな

6月の修学旅行で、この仲間たちとみんなでジェットコースターに乗った場面である。Ｂは水がかかったことに怒りのコントロールができず、暴言を吐き、しばらく怒りが収まらなかったという担任からエピソードを聞き、Ｂの心中や、周りがどう対応したらよいかを実現してみた。Ｂはその場面を再現すると、自然と怒りや嫌悪を再現しているような声の調子や友達とテンポのよい掛け合いを続けることができた。

（水がかかった）	
Ｂ	「もう二度と来たくない」
監督者	「これのセリフに対して何ていうの？」
Ｄ	「楽しいよ」
Ｃ	「な、な！」
監督者	「余計怒ってるよ」
Ｂ	「全然楽しくなかったね！」
Ｄ	「みんなで一緒に乗った方がいいよ、楽しいよ」
Ｂ	「うるさい」
監督者	「ほら、どうするどうする」
Ｄ	「…みんなと一緒にアトラクション…」
Ｃ	「だからさ！！怒り倍増してんじゃないの」
担任	「じゃあ、Ｃくんだったらどうする？」
Ｃ	「わかんないもん。怒ってるときはあんまりしゃべりかけない」
監督者・担任	「あぁ、それもありかもね」

怒っているＢにＣは「怒っているときはあんまりしゃべりかけない」とこれまでに学んできたスキルをみんなに伝えることができた。

（Ｂが当時の状況を思い出して整理し始める。―中略―）	
Ｂ	「正直に言うと…冷たい水やだ。水がかかってくるの」
監督者	「よし、この続きＡくん、はい、声かけて」
Ａ	「Ｂくん、今度別の場所に行くか…もうちょい別のことする？」
Ｂ	（くい気味）「もう行きたくないね！」
監督者	「別のことする？だって」
Ｂ	「別のことするだって？もうここには行かない」
Ｃ	「またなんか…」
監督者	「別のことするもいいかもしれんね」
Ｂ	「もうしたくない」
監督者	「もうしたくない、はい、Ｃくんどうする？」
Ｂ	「もういいって！」（笑いながら）
Ａ	「Ｃくん！」
Ｅ	「ほんじゃあ明日はディズニーシーへ行こうか？」
	（もっと水がかかると盛り上がり、だめだだめだとみんなで笑う）
（その後、怒っている人にこんな風に話しかけたらどうか、と監督者がいくつか提案する）	
Ｄ	「なんでＢくんは楽しくないんだろう？」
監督者	「それはねぇ、じゃあなんでＤくんが楽しいんだと一緒になっちゃう」
Ａ	「まぁ、個人差っていうものだね」

Ｂが当時の状況を思い出して整理し始めたとき、監督者はＢの話したことばを繰り返したり、うなづいたりした。Ｂは「正直に言うと…」と自分の気持ちを吐露した。Ｂは、前回は、怒りのコン

トロールが難しくてできなかったが、この場面（心理劇の場面）では安心して友達とのやりとりを楽しめたようだった。

　一方、Dは劇が終わって「なんでBくんは楽しくないんだろう」と監督者に呟いた。Dは、楽しくない人にどんなことばをかけるか、という考えまでは至らなかったが、楽しくない人がいるということは気付くことができた。

（2）7月の「Dが嫌いなデザートを食べようとAが誘う場面」

　Dはこの授業を受ける前に同じような場面をソーシャルスキルの授業で経験していた。その際、自分の意思を言えず、相手の言うとおりに従ってしまっていた。そこで今回もう一度実現することにした。以下が劇での前半のやりとりである。

A	「おいでー。（指さす）ほら、おいしいものがいっぱいでしょー。何がこれ食べたい？」
D	「食べません」
A	「一応これ、デザートコーナー」
D	「食べませんよ」
A	「食べないの？ここ最近話題のお店だよ」
D	「（くい気味）断ります」
A	「特にホットケーキ…」
D	「断ります」
A	「今キャンペーン中なんだよねぇ」
D	「ホットケーキだっても、チョコが乗ってるから食べませんよ」
A	「えぇーだったらイチゴのムースケーキはどう？ほら」
D	「食べません！（ゆっくり）」
A	「食べない？なんだよー」

　Aの誘いにDは「食べませんよ！」や「断ります！」を繰り返した。前回の課題であった自分の意思は伝えることができた。Aは「食べない？なんだよー」と言ってすねてしまった。監督者は一旦会話を止めて、「Dくん、『食べません！』って言ったら、『なんだよー』ってAくん落ち込み始めちゃったけど。どうしよっかなー」とDに問いかけた。その後、Dは小さい声で独り言を言い、悩んでいる変化が見られた。

　以下が後半の会話である。

A	「別の店にしよ（方向を変えて歩き出す）」
（DもAに付いていく）	
監督者	「ここにもデザートいっぱい並んでるーはい、どうぞ」
D	「（小さい声で）仕方ありませんね。ドーナッツあるし、ドーナッツ…」
C	「自分で断るっていったんだよ」
監督者	「ドーナッツあるよって、はい。Aくん、誘って」
A	「ドーナッツではなく、オムライスでも食べる？」
D	「いいねー」
C	「あぁーデザートが食べたいのに、そんなこと言ってる」
D	「あぁーAくんがデザート食べて俺が…」
A	「げ、お金がない」
監督者	「え、何て言ったDくん？」
D	「Aくんがデザート食べる、俺が他の物食べる」
監督者	「おぉー！」
A	「おぉー、ここにお勧めのオムライスがあるよ。」
D	「おぉー」
A	「ここには巨大ホットケーキもあるから」
D	「おぉー、いいなー、行こうか」

　Dは、会話の前半ははっきりと強い口調で断っていたが、後半からは口調も優しくなり、受け入

れる様子が見られた。そして「Aくんはデザート食べる、俺が他の物食べる」と自分の中で妥協案を探り、伝えた。Cの合間の発言は、場面の趣旨を理解し、2人の会話をじっくり聞いていることを示すものである。一見否定的にも捉えられるが、劇終了後に、Cに観客として2人の劇はどうだったかを聞くと「It's very good!」と笑顔を見せた。Cの発言は助言であるとも捉えられる。Cは批判的で、否定的な言い回しになってしまうが、人の話をよく聞いて授業に参加する意欲もあり、授業で経験するごとに相手を認めるような肯定的な発言も増えている。

（3）11月、12月

AがBのよいところを発表する場面で、始めは「Bくんといると心がホカホカあったかくなるんだよね。」、「Bくんはゲームが得意っていうところかな。」と話したが、その後最近遊んでいないという話や2人でラーメンを食べに出掛けた話をした。するとCが「結局何が言いたいのかわからないんだって。伝わってこないのよ。」と言う。以下はその続きの会話である。

C	「だからわかんないのよ。…伝わってこないのよ」
E	「おっしゃるとおり。Aくんの言い方について悪口を言わせてもらうなら」
監督者	「ちょっと待って…あのね（遮ったが、Eは同時に伝えきる）」
E	「全部主観だからちょっとわかりにくいってのがある」
監督者	「あのね、Eくん（冷静に）今日はいいところを言っていくので…」
A	「ちょっと…」
監督者	「じゃあ、Eくんがフォローして。Cくんがわかるように、今の話をまとめると…？」
A	「ちょっと…」
監督者・担任	「（Aに）（何も言わなくて）いいよ」
E	「Bくんてのはような…」
監督者	「Aくんの意見をまとめるだけね」
E	「…あれ」
B	「忘れるの？何？（笑）」
E	「クッションは…違うな。」
C	「クッション？」
担任	「毛布とか？」
E	「どっちかと言うと、発泡スチロールみたいな…」
担任	「発泡スチロール？」
C	「だめだ、全然発想ができなくなってきた」
E	「まぁ、クッションでいいや」
監督者	「クッションのように…？」
E	「やあらかいんだ」
監督者	「（Cに）やあらかいんだって。心をこう、包んでくれるような。あったかい…」
E	「ようはそういうことが言いたいんだよね？」

Cは、「わからない」と言う自分の意思を全員に伝えることができた。EはCに同意してAを批判しようとする。いつもなら、Eは誰かを批判して終わってしまうことが多い。言語性コミュニケーション能力が高いEに対して監督者は「じゃあ、Eくんがフォローして。Cくんがわかるように、今の話をまとめると…？」とEにAの言いたいことを代弁する役割を託した。Eは自分なりにうまくまとめたつもりで意思を示した。しかし、Cがそれに納得できない様子を見て、Eは自身の言い方を振り返った。そして自分の特性に気付いて、Aに寄り添うことができた。

（4）1月

新しい高校へ行く途中に、通学用バックを電車に忘れてしまって困っている場面である。しかし、駅員が不在で、乗客の大人がベンチに座っているだけである。駅員に尋ねられずに、困ったDとスクールサポーターT3の会話の前半を示す。

D	「ピンポーン」（インターホンを押す）
担任	「ただいま取り込んでいますので、しばらくお待ちください。」
監督者	「あれがないと、学校に行けない…」
D	「途方に暮れた。今、途方に暮れていますよ」
（Dは黙ってうつむく）	
担任	「どうしたらいい？アドバイスない？」
C	「永遠に待つしかないよ、その車両が来るまで待たなきゃ」
E	「なんかタクシーとかないかな」
C	「お金があの（通学用）バックの中に入ってるかもしれないよ」
担任	「ここに大人の人がいるよ。優しそうな大人の人が座ってるわ」
D	「（迷いながら）すみませんが、すみませんが、教えてください」
T3	「はい」
D	「○○駅から、△△特別支援学校へ名鉄▼▼線に乗って、○○駅から乗りました。その電車は…（電車の話をし出す）」
E	「いいから本題にはいりゃぁ」
（Dはまだ電車の話を続ける）	
E	「いいから本題にはいりゃぁ」
担任	「もうすぐ電車来ちゃって、お客さん乗りそうだよ」
T3	「次の電車で私行かなきゃいけないんだけど何かなぁ？」
監督者	「急いで急いで」
D	「その電車に通学用バックを…（忘れました）」
T3	「大変だね」
D	「忘れ物しました」
T3	「どうしよう、駅員さんもいないみたいだし。インターホン押してみた？」
（Dは無言でインターホンの場所へ行く）	
監督者	「そのままいっちゃうの？！」

　Dは初めインターホンの会話を終えて、固まってしまった。監督者はDの気持ちを汲み取り「あれがないと、学校に行けない…」とことばを添えた。すると、自分の中の知っているパターンではなく、駅員が不在という不測の事態に思わず、「途方に暮れていますよ」と自分の状況をことばで説明し始めた。その後黙ってうつむいてしまった。担任は「どうしたらいい？アドバイスない？」と周りの生徒たちに問いかけた。近くに大人のお客さんが一人いることは設定の時点で全体に話してあったが、CやEは自分の考えた案を出したが、大人に聞くという案は出てこなかった。見知らぬ人に困ったことを伝えることが目的であったので、担任が「ここに大人の人がいるよ。優しそうな大人の人が座ってるわ」と再度状況をことばで示すと、Dは「すみません」と話しかけることができた。Dは電車が好きで詳しいので、その電車が何時発で何線で…という話が続く。近くの大人に話しかけるところから、Dの生の会話が始まっていくことがわかる。さらに、担任が「もうすぐ電車来ちゃって、お客さん乗りそうだよ」、T3が「次の電車で私行かなきゃいけないんだけど何かなぁ？」、そして監督者が「急いで急いで」と大人たちが「もうすぐ電車が来る」という環境をつくり、一層現実感を引き立てた。EやCもこの劇に引き込まれ、次第にDにアドバイスを伝え始める。以下は、後半の会話である。

（Dが戻ってくる）	
T3	「インターホンどうだった？」
D	「だめでした」
T3	「どっかに連絡してみようか。どこに連絡したらいいかな？」
D	「…」
E	「学校じゃない？」
D	「学校に」
T3	「学校に連絡してみようか」
D	「052…」
T3	「じゃあ、名前教えてくれるかな？」

D	「○○市の、（と言って自分の住所を言い始める）」
監督者	「あれ、名前が（住所）？」
（DはT3の袖に触れる）	
T3	「住所じゃなくて、名前を教えて」
D	「○○○○です」（名前を言う）
T3	「はい、わかりました。じゃあ学校の方に連絡しておきますね」
D	「はい。ありがとうございました」
（この後、電話かけた後にどうなるか見通しを監督者が話す）	
監督者	「みなさん、どうでしたかDくん」
C	「頑張りまくってたよ」
監督者	「頑張りまくってたね」
E	「あの、もう一回インターホン押しに行きたいなら、もう一回確認しに行きます、とか（相手に）言った方がいい」
T3	「どっかに連絡してみようか。どこに連絡したらいいかな？」
監督者	「途中でいなくなったら、あれ？ってなっちゃうね。Aくんどうだった？」
A	「（よく考えてから）せめて住所言うんだったら、○○市くらいで」
監督者	「ほんと？住所聞いてないからね？」
担任	「お客さんの方はどうでしたか？」
監督者	「（Dに）Dくんの印象聞いてみよっか？」
T3	「最初は何を言っているのかわからない感じで、何に困っているかわからなかったから…」
C	「最初から本題に入るといいよね」
T3	「そうだね。電車の特徴じゃなくて、何に困っているかっていうのを最初に言ってもらった方がわかりやすかったかな」

　DはT3との経験したことのない問いに、答えを必死に考えているのがわかる。質問と答えが合わず、途中でT3の袖を軽く触れたが、会話の最初と最後はきちんと言うことができた。Dの一生懸命さが伝わったのか、CやEは温かいことばをDに掛けることができた。Dも彼らの方を向いて、うなづいてそのことばを聞いていた。これは6、7月の様子とは大きく異なる。他者の存在を意識し、観客も一体化してきた。温かく、発言が否定されない、生徒が生徒らしくいられる安心した空間をつくり、特性に応じたことば掛けを毎回続けたことにより、仲間同士の温かいことば掛けに繋がったと考える。

第3節　指導の振り返り

第1項　心理劇

　高原（2010）は、発達障害児・者への心理劇を適用する意味を表現の場、社会性向上の場、集団療法の場、の3点を挙げている。今回の対象者のユニークな情動・認知の表現は、可能な表現の場、対象者の意欲を高め、社会との接点をつけ、日常生活に良い変化をもたらす社会性向上の場、そして同じような症状をもつ仲間と理解してくれる人の存在が対象者個々人を安心させ、かつ成長させ、自分への気づきを促すピア・サポートとしての集団療法の場となった。

　生徒たちは、心理劇において監督者や仲間たちの指摘や助言でことば・表情・身振り手振り・しぐさ等を介した自己表出を意識化し、その幅を広げることができた。ピア・サポートの場である安心した仲間との心理劇はどう表したらよいか、考えてみたい、やってみたいという思いから、彼らの生き生きした姿を引き出し、他者とのやりとりの楽しさを生んだ。生徒自身も自分では気付いていない自分独自の感じ方や表現方法を、実際に行動して仲間と共有し合うことによりお互いに気付くことができた。1月には周りの観客が劇に引き込まれ、仲間の行動をじっくり観察し、時には自由に助言を入れる様子も見られた。そして、マイナスのことばを言ったり、批判しなくなった。失

敗してもやり直して成功体験を積み重ねられることなどの要素も生徒たちの行動面や心理面を変化させていったものと考える。

　知的に遅れがない生徒の場合には、日頃から直接的に支援されることを嫌う一方で、ソーシャルスキルが身についていない生徒もいる。ことばや絵では理解できるが、実際には難しい。それは、できなかった自分を認めたくなかったり、うまくいった経験が少なかったりすることが関係していると考える。例えば1月、生徒たちに「今までどんな困ったことがあった？」と聞いても、大半は「困ったことはない。」と言い切った。困ったことはいけないことであり、できないことはいけないことという考えが生徒たちの中に少なからずあるようだ。困っているのにそうではないと思い込むという行動面と心理面のズレが、心理劇を行うことによって顕在化し、みんなで考えていくことで少しずつ自分の姿を客観的に見ていくことができるようになったと考える。

　心理劇は、会話の中で他者を意識してその場に応じた対応を考えられることに意味がある。紋切り型のパターンで行動してきたDは、相手がどう出るかわからないその場を生きる心理劇を経験したことにより心理的な変化が見られたものと考える。

　シェアリングも同様である。会話が交錯してあらゆる方向から投げかけ、受け取っている。どの意見も尊重されるべきであり、答えはない。誰が何を言うかわからない他者の意見を聞いて、自己に反響することが自分の気付きに繋がる。今回、仲間のよいところをシェアリングし、自分はどう見られているかを知り、他者からほめられ、他者との関係を振り返ることができた。不登校傾向のあるBに、Eは「（Bくんのよいところは）意志が強いところ。いつも欠席しているけど、（今日）学校に来れるということは、学校に来る意志があるってことだ。」と話し、自分を振り返る。「行けるってのはすごいよ。ぼくなんか一時期何があってもずっと家で寝とったことがあったし。特にどこも悪くないのに。すげえよ、Bくん」と伝えた。Bはとてもうれしそうな顔をしていた。BはEのことばで自己肯定感が高まり、Eは自身のことばで自己を振り返り、気持ちを正した。シェアリングは、ことばの掛け合いという行動面に加えて、心理面でのあらゆる方向からの効果も期待できるものと考える。

　集団で話すためのスキル（提案・受容・妥協・同意・決定・選択・拒否等）をグループワークやシェアリングから学べることが示された。そのスキルによって自己表出の幅も広がった。折り合いをつけ、意見を一つにしなければならないことは生徒には困難なことだったが、独自ルールを譲歩したり、譲れない自分の意思に気付いたりする様子が見られた。生徒は、学校行事や本人が希望する各教科の授業は交流学級で過ごす。例えば、修学旅行の班分散の行き先を決めるとき、体育祭の競技、各教科でのグループワーク、学級活動などでは、少なからず不安を抱えて仲間と過ごすことが多い。自分の意見に不安を感じ、黙ってしまうこともある。今回のこうした経験を繰り返し、うまくいったこと、うまくいかないことの軋轢を感じながら、長期的な視点で計画していけば効果は期待できると考える。1つのことを他者と一緒に成し遂げた喜びを感じる機会にもなり、他者と関わることで得られる肯定的な感情が次の活動の自発性へと繋がっていたものと考える。

　知的な面で遅れが認められるDには、複数でシェアリングして誰に言っていることばかが捉えにくく、反応しにくい面がみられた。自分が発表する発信の機会を設けた上での自分の意思表示や、他者の誰かから自分に向けて発表される相手の発信の的になった場合のみ反応できるが、第三者としてのシェアリングに参加することは難しかった。監督者が意図的に意識を全体に向けられるよう

な発問をDに行うことで、集中力を繋いだり、周りの生徒たち自身が気付いてうまくDを取り込んでいけるようなことばをかけることができるようになるとお互いがより成長できるのではないかと考える。

Aは全6回とも自己評価を全て5としていた。具体的な活動時のAの言動から、明らかに心理面も行動面も5に該当しないと考えられるが、評価の問いの意味を確認した上でも同じ結果であった。自分はよくできている、よくできているはずなんだと思いたいのか、思うようにいかなかった自分を認めたくないのかは明らかではない。しかし、自己評価が高い一方、自分のよいところを考える際に「短所ばかりしか思いつかない」と涙ぐんで怒りさえ表していた。現実の自分となりたい自分の差で苦しんでいるものと考えられる。自分の特性に気付くことには効を奏したかもしれないが、それを理解し、それに合う自己表出の方法で意思を伝えるまでには至らなかった。生徒自身が発達障害を理解し、自分にはどのような手助けが必要であるかを考え、自分で伝える力を育てる指導が必要である。できないことのみを指摘し、自己肯定感を失うような指導ではなく、自分のありのままを受け入れて自分の意思が伝えられるようになったり、困ったときに他者に伝えられる方法を身につけたりするため授業展開が必要である。

第2項　ソーシャルスキルトレーニングと心理的アプローチの融合

高原（2010）は、ソーシャルスキルトレーニングでは、現実の場面での適応行動に至るまでが目標とされるが、心理劇では、「行動が可能になること」を目的とするのではなく、「気持ちの表現」、すなわち劇化やシェアリングの場で自分の悩みを周りに伝え、それを具体的に表現できたことに意味があり、複数の他人の顔色や声音を認識しながら、流動していく場面（人間関係）の本態を掴み、最も適切に自分が関わり合ってタイミングをはかり、行動することが求められると述べている。

今回は、ソーシャルスキルを学ぶ要素に加え、そのとき自分がこうしたいと思う気持ちやそのときの他者との関わりから素直に表出する思いを自己表出することも目的とした。他者との心理劇やグループワーク、シェアリングを通して、社会で生きていくためにやってよいこと、やってはいけないことなどの判断を心理的に守られた安全な場所で体験させようとした。

（1）心理劇

心理劇の流れとして劇化の次にシェアリングの時間を設けた。参加者の気持ちを共有し合い、イメージを共有したことを確認する意味もある。今回、心理劇が終わった後、監督者は生徒たちから自分が演じた役割、一緒に演じた相手の役割、観客であれば客観的に演じた仲間の役割について、よかったことやアドバイスを共有してきた。監督者はどんな意見も、建設的な意見として発信し直して、伝える役割を担った。6月にAが役割交代を求めて再度挑戦しようとしたのは、考えてわからなければ、仲間がどうやって表現をするか見てみようと考えたものと考える。Aだけでなく、他の生徒たちも1月の心理劇の時には、仲間の心理劇をじっくり観察し、時には自由に助言を入れる様子も見られるようになった。心理劇のもつ、心理的に守られた安全な場所であること、「今ここで」の気持ちを表現し、他者に自分を理解してもらい、心の安定や具体的な解決に至る道を探り、場合によっては解決までに至る過程を体験できること、失敗してもやり直して成功体験を積み重ねられることなどの心理劇的要素が、生徒たちの行動面や心理面を変化させていったと考える。

どう表したらよいか、考えてみたい、やってみたいという思いは、実際に行動にすると新しい気

付きにも繋がった。例えば、Aには、生徒Eが喜んだ顔が、思い込んで怖がったように見えていたのかもしれないが、心理劇を通して、相手の表情を確かめながら行うことで、「一方的に思い込んで誤解をすることがある」という特性を知ることができた。Dは、「なんでBくんは楽しくないんだろう？」と自分と異なる意見に疑問を抱き、自分と異なる人もいるということに気付くことができた。

（2）グループワーク

　折り合いをつけ、意見を一つにしなければならないことは生徒にはとても困難なことである。Aの心理的負担は少なからずあった。しかし、うまくいかないことを恐れていては、自分の意思を伝えることに臆病になり、交流学級でも生徒は少なからず、自分の意見に不安を感じ、黙ってしまうことが多いと考える。こうした経験を繰り返し、うまくいかないことも経験して、軋轢を感じながら、長期的な視点で効果は期待できると考える。今回も生徒Fが周りを責めるような発言をしても、AとEは以前なら怒ったり、逃げていたが、落ち着いて対応することができた。

（3）シェアリング

　取り上げた場面では、会話が交錯してあらゆる方向から投げかけ、受け取っていることがわかる。Cは、「わからない」と言う自分の意思を全員に伝えることができた。Aは心理面からすると、自分の意思をBに向けて言っていたであろうが、行動面からすると、全員に発信しているというところに面白さがみられる。CやEのことばを受けて、AはBだけに向けられていた意識が全体へと広げることができた。また、EはCに同意してAを批判しようとするが、Aを助ける重要な役割を託された。しかし、Cが納得できない様子を見て、自分のことばについても振り返る。いつもなら、誰かを批判して終わってしまう会話が、自分がAの補助自我のような役割を負うことで、自分の特性に気付いて繋げることができた。シェアリングに心理劇的な要素を十分取り入れて、自己と向き合いながら他者との関係をつくるのに有効な技法ではないかと考える。

第6章　心理劇的アプローチの構想

これまで述べてきた文献研究および心理劇の学校教育場面への適用の例から、現状の通級指導教室で求められているものを探った結果、心理劇的アプローチを構想するに至った。以下、その構想の過程を述べる。

第1節　通級による指導を巡る諸問題

第1項　通級担当者の実践に対する意見

通級担当教師より通級指導教室に関して、以下の意見を得た。

（1）個別指導について
- 通級指導教室では一対一の個別場面で学習を進めているため、通常の学級に帰った時の具体的な対応場面での適応がうまくいかない。
- 離席、よそごと、言葉遣いなどの改善が一対一ではできるが、通常の学級だとできない。
- 集団の中での困難さや対人関係の困難さは、通級指導教室での個別指導場面では見られない。
- 通級指導教室では一対一のやり取りであるため、人との関わり方の学習という点では不十分である。集団での関わり方を経験させていく必要がある。
- 通級指導教室は一対一なので自分の気持ちやこだわりについて素直に話せるが、通常の学級では大勢の人という環境に慣れず、こだわりが強くなったり、かんしゃくを起こしたりする。
- コミュニケーションに問題を抱える児童は一対一の通級指導教室での自立活動が正しくできても、通常の学級で般化され、生かされることは少ない。通級指導教室では、少人数グループでの活動も取り入れるべきである。

これらは、通常の学級での適応を図っていくためには、個別指導だけでなく、小集団指導を取り入れていく必要があることを示している。小集団指導は、通常の学級での適応のためだけでなく、近年の通級指導の対象児の増加によっても更にその必要性が高まっている。

（2）小集団指導（グループ指導）を実施した通級担当教師の小集団指導の意見
- グループで指導しているが、指導を開始した時からグループではうまくいかない児童もいる。
- グループ指導は子ども同士の相性で組むことが難しかったので、個別に戻して行っている。
- グループ学習を行うためのペアリングが難しい。
- 1時間に2人の困難さが違う時、どのようにやったらよいか方法がわからない。
- 学年、能力、課題などの違いからグルーピングが成立しない。
- 小集団指導を行うには、メンバーの組み合わせなどの要因が関係している。

これらは、通級指導教室では一対一の個人指導の場面だけでなく、通常の学級での適応を図るために小集団指導を取り入れていく必要があるが、小集団指導を成功させるためには、小集団を構成する諸要因を検討すべきであることを示している。

（3）ASD児のSSTへの取り組み
- SSTでは苦手なことへのボトムアップを図るため、本人が「やりたくない」と簡単に嫌がる。
- やりたくないとやらない、興味を持ったとしても集中力が数分ももたない。

・ＳＳＴボードゲームは「おもしろくない」と言い、以後見向きもしない。

・苦手なことをトレーニングでやるから、嫌で避けようとする。

・対象児が自分の困っていることに対して具体的に認識していない。そのため、支援、活動への
モチベーションが低い。

・ＳＳＴの内容は、変化が少ない。そのため、その子にとって身についていなくて必要だからやろ
うとすると、「以前やった」「やりたくない」と言われてしまう。楽しく、繰り返し学習でき
るＳＳＴがあるとよい。

・ＳＳＴカードやワークでは、継続的で計画的なトレーニングができにくい。

・ＡＳＤ児に友人との関わり方をどのように指導したらよいかわからない。

・生活につながるようにＳＳＴを行っているが、実際の場面を振り返ることが難しい子が多く、
ＳＳＴの難しさを感じている。ロール・プレイング的なことも必要である。

　ＡＳＤ児の学習意欲に関する意見の中には、ＡＳＤ児が自分の生活上の問題点を自覚していない
ために、ＳＳＴ等で学習することの必要性を感じていないことを指摘しているものもある。

　これらの意見は、ごく限られたものであり、一般化できるものではないかもしれない。しかし、
これらの意見をまとめると以下の点が指摘できる。

① 　ＳＳＴ等の学習を意欲的に取り組もうとしない児童もいる。

② 　ＳＳＴは継続的、計画的な展開が難しい。

④ 　級友との対人関係の指導をしていく必要がある。

⑤ 　実生活につながるように、心理劇の要素を持たせた活動を取り入れていくことも考えられる。

　以上のように、ＡＳＤ児の学習意欲の欠如に関する通級担当教師の記述がいくつか見られた。Ａ
ＳＤ児の中には自分の生活上の問題点を自覚していない児童もいるため、そのような児童はＳＳＴ
で学習することの必要性を感じていないことが、学習意欲の欠如に影響していると思われる。「楽
しく繰り返し学習できる教材」で着目したのが心理劇であった。心理劇は開始してから効果が表れ
るまで時間がかかる（高原、2007）が、初期の心理劇の場では対象者が快の体験を味わい安心する
（高原、2009）とされているからである。

　ＡＳＤ児に通級指導教室で心理劇的アプローチを試みるには、高良ら（1984）や後述する工藤
（1996）の実践のようにあらかじめ筋書きが定められていた方が取り組みやすいのではないかと考
えた。ＡＳＤ児は先の見通しが持てないと緊張したり興奮したりする面があることや、活動内容や
流れに見通しを持たせることが指摘されている（内山・水野・吉田、2002）。そのため、童話を題
材にして筋書きにしたがって演じさせていくことにした。童話は親和性が高いためにＡＳＤ児がス
トーリーを想像しやすく、童話はパターンが決まっており繰り返しが多いためにＡＳＤ児が安心し
て演じられると考えた。

第２項　通級指導教室の運営に関する問題

　小学校で通級による指導を受けている児童が増加し、ＬＤ等の児童への通級による指導へのニー
ズが高まっている。その一方、新しく担当者になった教員にとってもすでに担当歴が長い、ベテラ
ンの教員にとってもＬＤ、ＡＤＨＤ等の特性に応じた指導内容、教育課程の編成には戸惑いがある

（笹森ら、2008）。担当者の専門性や教育課程の編成、教室の運営等にも様々な難しさがあり、通級の教育形態は担当者の試行錯誤により進められている（笹森、2010）。

　笹森ら（2008）は、通級指導教室に期待される役割として、子どもの自信や意欲を回復し、情緒的な安定を図る、学級担任や在籍学校に具体的な支援を行う、保護者に支援を行う、地域の身近な相談機関及びセンター的機能、特別支援教育推進の中心として情報発信や啓発を行うことを挙げている。

　笹森（2011）は、2006年度から5年目を迎えた時点において発達障害を対象とする通級指導教室の現状と課題に関する全国調査を行っている。この調査でも通級による指導を受ける子どもが増加し、担当者一人で対応する子どもの数に限界があり、子どもの実態に合致した指導時間数を確保できず、通級対象の判断や就学指導、教育相談が解決の糸口であることが示されている。また、教科の補充指導の捉え方も明確になっておらず、通級担当者が通級による指導で得られた効果的な指導内容・方法、子どもの障害特性の理解等を通常の学級担任、保護者と密に連携を図っていくことや教科の補充指導の在り方が今後の課題であるとしている。

　上野（2013）は、子どもの障害特性や認知スタイルを重視した教科の補充指導にもっと目を向けるべきであるとする。廣瀬（2013）は、障害があることにより十分に学習ができない量的、かつ質的な学習内容をその障害特性を踏まえて行う必要があるとする。

　下村（2014）は、教科の補充が通級指導教室のように特化した配慮のある場でうまく学んだとしても、学校生活の大半を占める通常の学級での学びに活かされなければ、時間をかけて通級する価値がなくなってしまう、と述べている。

　通級指導教室は、通常の学級に比べて人数が少なく、個別指導が保障される場である。1）集中して学習でき、学習の効果がみられる、2）子どもの実態と指導内容に合わせ、一対一の指導を行える、等のメリットもあると同時に、1）指導の時数が限られている、2）学級の指導では取り組むことが難しいものについて、内容を精選して指導しているが、内容の理解までに求めることができずに浅い指導になってしまう、3）子どもの状態によっては授業の予定の内容まで進めることができなかったりする、等が示されている（笹森、2011）。

　通級による指導が制度化されてからほぼ20年が経過した。現在、通級指導教室で指導を受けている子どもが増えているとは言え、通常の学級において気になる子どもの6.5％のうちの15％程度しか、通級指導教室の対象となっていない（文科省、2019）。今後、通級指導教室が学校内や地域から信頼を得るには、指導する子どもの量的拡充をめざし、障害特性や認知スタイルを重視した指導を展開していく必要があると言える。

　このように指導を受ける子どもが増加しているものの通級指導教室が順風満帆の状態で運営されているとは言い難い（笹森、2010）。

第3項　通級指導教室の実践研究からの諸問題

（I）介入の方法

　我が国の小・中学校の通常の学級に、行動面で著しい困難を抱えていると教師が評価した児童生徒が3.6％存在しているとされている（文部科学省、2016）。この3.6％の中に発達障害の児童生徒が、かなり高い割合で含まれており、発達障害児が生ずる行動上の問題が、学級全体の問題に発展して

いる場合もある。そのため、発達障害児に支援者が介入し、問題行動の改善に向けて支援をしている。

　問題行動に関する介入の仕方には、1）学校や学級全体に対する予防的な第一次的な介入、2）リスクのある児童・生徒に特化されたグループ・システムへの第二次的な介入、3）リスクの高い児童・生徒個人に特化された個別システムへの第三次的な介入、という三つの階層があるとする（武藤、2007）。

　我が国の学校では、従来において学級集団から子どもを取り出して、個別的に介入することには馴染みが薄く、できるだけ学級集団内で指導を行おうとする傾向が強いとする（小泉・若杉、2006）。小学校では学級担任だけで指導が十分に行き届かない子どもには、特別支援教育支援員が側に付き添ったり、担任以外の教師がティームティーチャーとしてその学級に入り込み、学級全体の場で対象児を支援することが多い。武藤（2007）は、これらの支援方法は、全体の場での支援であり、予防的ではないが第一次的な介入である。それに対して通級指導教室や特別支援学級で行われている指導は小集団、あるいは個人を対象とした介入であり、第二次的な介入や第三次的な介入である。稲本・熊谷（2008）は、ソーシャルスキルトレーニング（ＳＳＴ）の介入方法に関する文献研究を行った結果、1）個別的介入は引っ込み思案や不適応の子どもに用いられている、2）小集団的介入は通級指導教室で発達障害の子どもに用いられている、3）学級への介入はＣＳＳＴ（Classwide Social Skill Training）と呼ばれ、維持促進を目指したＳＳＴなどが行われている、とする。

　このように通級指導教室では発達障害の子どもに対する行動支援として、自立活動の時間に小集団的介入がよく用いられている。藤井（2015）は、通級の指導に関する研究動向を自立活動の観点から概観し、自立活動の指導において学級担任との連携に関する研究がごく限られており、発達障害の子どもに通級指導教室で行われた指導を学級全体の場で生かすための配慮や工夫が十分されていないことに繋がっているとする。すなわち、第二次的な介入や第三次的な介入から第一次的な介入へ、あるいは第一次的な介入から第二次的な介入や第三次的な介入へという、介入の階層間のつながりや階層の垣根を超えた介入が現在の学校教育では不足しているとする。藤井（2015）は、通級指導教室の担当者がチームアプローチなどの連携の関係性の構築に関する研究を行っていくことが特別支援教育体制の整備に貢献すると述べている。

（2）個別指導と小集団指導の特徴

　通級による指導をサイズから見ると個別指導と小集団指導がある。発達障害児が通級による指導を受ける理由としてＬＤ児は学習が遅れているために個別で学習指導を受けたい、自閉症スペクトラム（ＡＳＤ）児は社会性や対人関係のつまずきのために小集団でソーシャルスキルトレーニングなどの自立活動の指導を受けたいことを挙げている（長田・都築、2015）。

　このように対象児と目的に応じて個別指導と小集団指導を使い分けていくことが望まれるが、通級による指導は個別指導が原則されているため、多くの通級担当者が個別指導の形態を採っている。個別指導では教師が1人の児童にかかりきりで指導するため、児童にとっては45分間緊張しどおしで息つく間がなく、時にはそれが心理的なストレスにつながることもある。したがって、個別指導の際には、その日の学習課題の難易度や学習量が児童の実態に適切であるか、過重負担になっていないかを見極めた上で授業を行う必要がある。また、45分間の学習を継続させることが困難な

児童には、授業の途中あるいは終盤にお楽しみタイムを設けるなど、息抜きができるように配慮する必要がある。その点において小集団指導では児童同士の交流の場ができ、社会性を育成していくために有効である。また、担当教師が一人の児童にかかりきりになることはないために児童は個別指導のような心理的ストレスを感じることはない。しかし、小集団ＳＳＴでは、何人かで１つの活動をするために積極的な児童と消極的な児童に二分され、積極的な児童は活躍するが、消極的な児童は見ているだけということも起こりうる。すべての児童が授業中に活躍するための教師の意図的な関与や配慮が必要である。

第２節　発達障害者への支援

第１項　社会性や対人関係の支援

　これまでに通級指導教室ではＡＳＤ児に対する社会性や対人関係の支援として、主にＳＳＴが行われてきた（長田・都築、2015）。しかし、通級担当教師の意見の中には、「ＳＳＴは本人が苦手なことをトレーニングによって改善しようとするものなので、「やりたくない」と言って避けようとする。どこかに楽しく、繰り返し学習できる教材はないものか。」といったものもみられた。

　学校教育現場では、様々な状態のＡＳＤ児がいる。心を許した教師の前でしかありのままの自分を表現したりしない児童、集団の中で過ごすことが苦しくなるとトイレに閉じこもる児童、自分が興味を持っているハ虫類や昆虫を捕まえて持ち込んでくる児童、普段はしゃべらないが一旦話し出すと堰を切ったようにしゃべり続ける児童など様々な状態を示すＡＳＤ児がいる。

　このような多様なＡＳＤ児にどのように対応していくかが課題である。

第２項　療育の場等における心理劇による発達障害者への支援

　高原（2007）は、『発達障害のための心理劇―想いから現に―』（九州大学出版会）を刊行し、発達障害者に対する心理劇による治療技法を解説し、特別支援教育の現場等の臨床現場で安全で、比較的簡単に利用できる方法の可能性を紹介している。

　その後、高原は、2009年に『軽度発達障害のための心理劇―情操を育む支援法―』（九州大学出版会）を公刊した。当時は、2007年度から始まった特別支援教育や2005年4月に成立した発達障害者支援法などにより、発達障害者への支援の在り方について、従来の教育や支援方法のみではない新たな方法が模索されていた。この著書において、心理劇による療育、心理劇的方法を用いた教育・支援、グループ活動における症例の報告を行い、前著から引き続いて、軽度発達障害に焦点を絞って軽度発達障害者の持つイメージやファンタジーの世界「想い」を、安全で守られた治療の場で「現」として表現する心理劇の治療技法を紹介している。この著書の中で特別支援学校での実践が報告されている。

　工藤（1996）は、知的障害特別支援学校小学部で心理劇手法を用いた「帰りの会」での劇指導の実践を紹介している。ＩＱ20〜50の小学部6年の3名（ダウン症2名、知的障害1名）に対して教師2名が「帰りの会」の時間（1回15分、週5回）に『水戸黄門』の心理劇を約2カ月半、行った。教師は、「助さん」と「悪代官」に固定し、子どもは順番で「水戸黄門」、「悪代官の手下」、「悪代官から無理難題を押しつけられる役」を行った。開始して1カ月後から日常生活の中で変化が見

られ、言いたいことが言い合えるようになったとしている。矢野（2009）は、知的障害特別支援学校小学部で「グループ学習」の時間に社会性を高める支援法の一つとして心理劇を導入し、感情表出能力を高め、対人関係の向上を目指す実践を行った。教師1名が小学部低学年3名に週1回の心理劇をプレイルームで10カ月間にわたって、計29回実施した。1回の活動所間は30〜50分であり、ウォーミングアップ（気持ち発表、ゲーム）、劇化（子どもの発案を取り上げる）、シェアリング（気持ち発表、役割解除）という流れで、「プール」、「表情真似ゲーム」などを行った。その結果、感情をうまく表現することができない自閉症の2年生の女児が5カ月過ぎた頃から「楽しい」を表現でき、7カ月目に日常生活場面において言葉で表せなかった「怒っています」を伝えられるようになったと報告している。

　この著書以外にも特別支援学校での実践が報告されている。高原（1999）は、自発性を高める心理劇的な働きかけをダウン症児と自閉症児に試みた。養護学校中学部1年の7名（IQ 21〜29の自閉症児3名、IQ 27〜55のダウン症児・精神遅滞児4名）に帰りの会（約30分）で教育実習生がウォーミングアップ段階（みんなでダンス、ジェスチャーゲーム、シェアリング）を10回、2週間にわたって行った。自閉症児は、ダウン症児がダンスで自分自身を表現し、ジェスチャーゲームで自発性を発動する様子をみることにより、4〜7回目以降に変化が見られ、自発性が高まっていった。高原は、心理劇の場が自分自身を表現しやすい場となり、仲間意識を高める上で有効であるとした。

　高原（2012）は、『発達障害児の生涯支援―社会への架け橋「心理劇」―』において福祉法人を主なフィールドとして臨床心理学・障害児心理学の立場で20年間にわたって心理劇を発達障害者に適用してきた効果を論じている。小学校に就学した児童期について、社会福祉法人の支援事業で行った児童期の支援の実際例を紹介している。児童期の広汎性発達障害児は、同年代の他者との関わりへのアプローチが重要であるため、小集団において、自分と他児、自分とグループの関係を築いていけるようなアプローチが有効であると考え、学校生活で「自分は他の友達とは違う」、「みんなと一緒にできない」という体験を積み重ねがちであるので自分と同じように感じている人がいる、自分の気持ちを理解してくれる人がいるという体験ができるようにピア・サポート的側面をもつ小集団を形成することも重要であると述べている。生まれてから成人に至るまでの発達障害者に対する支援の方法として集団心理療法である心理劇支援を用いる意義は、発達障害者が社会で生きていく上での常識感覚を養うには教育・しつけ・訓練が必要であり、社会性の育成が必要であるとする。

　他者の心的状況の理解や自己理解に困難がある発達障害者にとって現実での行動には失敗の経験の方が多く、なかなか身につかないために、それらを補うために現実とフィクションの狭間で対人関係の二重構造を意図的に演出できる心理劇という技法は、今後利用できる支援ツールであると強調している。

第3節　心理劇の変法としての心理劇的アプローチ

第1項　童話の導入

　心理劇は、一般的には"台本"や"取り決め"がない状態で場（状況）が進行していく（高原、2009）とされる。それに対して、筋書きのある心理劇の実践例もある。高良ら（1984）は、心理劇

を施行する中で患者が「即興性」に著しい不安、緊張を示したことに注目し、安全で適切な技法として筋が知られて親しみのある「童話」を用いた。『赤ずきんちゃん』、『桃太郎』等の台本を利用し、基本スタイルを変形させた心理劇を試みたところ、8人中6人の患者に自発性の回復や獲得が認められたと報告した。童話はその中に出てくる登場人物の一人になりきることによって、その役がたとえ悪役であっても自分の人格とは別であることを本人も周囲も認識しているので、役になり切って表現ができる安全性が保障されていると考えられる。高良（2013）は、童話の持つ安全性として「結末がどうなるかあらかじめ理解しているという点において保護的である」とする。童話では既成の筋書にしたがって演じることもでき、童話の筋にとらわれることなく自由に演じることも許されるためにメンバーは安心して「架空の世界」で遊ぶことが可能となる（高良ら、1984）。

　ＡＳＤ児には先の見通しが持てないと緊張したり興奮したりする特徴がある。そのため、ＡＳＤ児には活動内容や流れに見通しを持たせることが重要である（内山ら、2002）。ＡＳＤ児を対象とした事例ではないが、高良ら（1984）は精神神経科に入院中の患者に童話を用いて心理劇を行い、この方法を心理劇の変法として位置付けている。

　筋書きのある心理劇を小学生のＡＳＤ児に実践した事例がある。前述したように工藤（1996）は、人との関わりを育てることをねらいとして特別支援学校の児童にストーリーに合わせて自分たちの感じたことを演じさせた。「水戸黄門」を役割交代法によって演じさせたところ、1カ月後に児童の関係が対等になってきたことを報告している。都築・山口・渡邉ら（2009）は、独自に考えた「動物村の仲間たち」の台本を合宿で演じさせたところ、役への感情移入がみられた児童もいたとし、子どもの発達段階に合わせた内容の劇を取り上げ、劇による効果がどの程度みられるのか検討することを課題とした。山口・都築（2010）は、地域療育活動で高機能自閉症児を2班に分けて台本を見ながら劇を演じさせている。

　小学生はどの児童も学校で行われる学芸会で毎年劇を経験している。小学校に入学する以前にも保育園や幼稚園でもお遊戯会や発表会で劇を経験していて、児童の多くは劇に慣れ親しんでいるため、高良ら（1984）が行った童話を用いた心理劇を小学生のＡＳＤ児に適用することにした。

　これを心理劇的アプローチと名付けた。心理劇的アプローチでは、童話を取り入れ、筋書きに従って児童に演じさせる方式を採った。童話は親和性が高く、ストーリーが想像しやすい。童話を題材にした心理劇的アプローチでは先の見通しが持てるため、不安感の強いＡＳＤ児でも安心して劇の中で遊ぶことができると考えた。心理劇的アプローチでは、児童は劇に出てくる登場人物の一人になりきることによって、その役がたとえ悪役であっても自分の人格とは別であることを本人も周囲も認識している。そのため、安心してその役を演じることができると考えた。

　心理劇的アプローチは、教育課程上、自立活動における対人関係やコミュニケーションの向上に位置づけた。このように通級指導教室で行う心理劇的アプローチの骨格が決まった。

第2項　心理劇的アプローチと他の活動との差異

（1）台本

　童話を題材にした心理劇的アプローチは台本に沿って演じるため、台本は劇を進行させるための指針となる。同じ童話でも出典が異なれば、ストーリーの長さや構成のしかた、また読みの難易度も大きく違ってくる。小学生のＡＳＤ児が劇をするのに、最も適した出典を捜す必要があった。

そこでまず、『学年別・新おはなし文庫』（偕成社）全30巻に着目した。このシリーズの低学年用を使用すれば、どの童話も一話が７～８ページであり、劇をするのに適した長さであった。中に収録されている童話は『ももたろう』や『おむすびころりん』など誰もがよく知っている話である。この本を台本にすれば、心理劇的アプローチは成立するように思えたが、この本は一話につき１～２つの簡単な挿絵しか入っていなかった。子どもの想像力を膨らませるために挿絵は最小限度にとどめてあるようであった。ＡＳＤの児童は想像力が乏しいと言われるように、文字だけでは情景や登場人物の動きがイメージしにくく、実際の心理劇的アプローチ場面でどのように演技してよいかわからなくなることが心配された。そのため、「おはなし文庫」は取りやめ、次に紙芝居に着目した。

　紙芝居は、必ず話の場面に即した立派な絵が添えられているため、ＡＳＤの児童でも絵を見ることによって情景や登場人物の動きを具体的に理解することが可能である。児童は誰でも紙芝居に親しみがあるが、紙芝居を心理劇的アプローチの題材にするには１つ難点があった。それは、紙芝居はもともと大人が子どもに読んで聞かせるように構成されているため、一話が12～15枚くらいであり、心理劇的アプローチの台本にするには長すぎた。一度読んだだけで、これだけ長いストーリーを理解して覚え、その上で演じることは大人でも決して容易なことではない。また、話の内容も聞いている子どもたちの興味を引きつけるように工夫されていて場面転換が多くて変化に富んでいる。それを児童が即興で演じることはかなり難しい。

　次に、読みに困難がある学習障害児の読みの練習用に購入していた『くもん式のおはなしカード』（くもん出版）に着目した。全６巻から成り、28話の童話が収納され、一話につき６～８枚のカードで構成されている。「０歳から」と記してあるように小学生ならほとんどの児童が理解できる内容であり、かつ、すべてのカードの裏側にその場面の様子を表わす挿絵がカラーで描かれている。このカードなら、話がわかりやすく短くまとめてあり、また、各場面を表わす挿絵が載っているのでＡＳＤ児は場面ごとの具体的なイメージを持ちやすいだろうと考え、この「おはなしカード」を心理劇的アプローチの台本として使用することにした。

　心理劇的アプローチの実践に当たっては原則として「おはなしカード」に収納されている28話の中から童話の題材を選定した。どの童話を取り上げるかは、教師の推薦あるいは児童の希望によって決めた。教師の推薦では、児童の実態から目標を設定して童話を推薦した。例えば、自分から人に関わっていくことができずに消極的な態度を示している児童には積極性を促すために、『力太郎』や『一寸法師』のように勇ましく戦う場面がある童話を推薦した。また、些細なことで感情が高ぶり、級友とのトラブルが絶えない児童には心理的な安定を図るため、『かさこじぞう』や『ふしぎなすいか』のように心温まる穏やかな童話を推薦した。児童の希望では、「保育園の時にやった劇をもう一度やり、その時できなかった主役をぜひやりたい」と言って『浦島太郎』を希望したりした。

　ただ、児童が希望する童話の中には「おはなしカード」に収納されていない題目もあった。そのような場合は、紙芝居を図書館から借りてきて、そのまま使用するには長すぎるので編集し、あらすじを損なわない程度に短くして半分くらいの長さに簡略化したものを台本として使用した。これまでに心理劇的アプローチで題材にしてきた童話は、「おはなしカード」より『あかずきんちゃん』、『ふしぎなすいか』、『かさこじぞう』、『にげだしたパンケーキ』、『おむすびころりん』、『浦島太郎』、『一寸法師』、『さるかに合戦』、『３びきのこぶた』、『力太郎』、『桃太郎』、『白雪姫』を取り上げ、

紙芝居より『金太郎』と『三枚のおふだ』を取り上げた。

　心理劇的アプローチで取り上げた童話の多くが日本の昔話であった。昔話は話の展開が起承転結にはっきりと分かれているため、わかりやすく、また話の中に勧善懲悪や協力協働など児童に推奨したい道徳的な主題が内包されている。『桃太郎』では、鬼ヶ島に行く途中で犬、猿、きじにいっしょに戦う仲間になってもらい、力を合わせて鬼を退治した。『さるかに合戦』では、泣いている子蟹に栗、うす、蜂などが同情し、いっしょに猿への復讐を果たした。このように童話は、大きな目標を達成したり困難な状況を打破したりするためには、自分1人の力だけでなく、賛同し、協力してくれる仲間を集め、みんなで心を一つにして目標に向かって進んでいくことによって大願を成就することができるということをテーマにした作品が多い。

（2）道具類の準備について

　心理劇的アプローチをする際に児童は、斧や木がないのに斧を持って木を切り倒すふりをするとか、釣り道具や魚がないのに魚が釣れたふりをするということは、たとえ演技ができたとしても、果たして木を切り倒した時の達成感が想像できるだろうか、魚が釣れた時の嬉しい気持ちが想像できるだろうかと考えた。そこで、役柄の演技や心情を具体的にイメージしやすく、また、劇の内容を深めるためにその童話に出てくる道具類やお面、衣装などを可能な範囲で準備することにした。

　題目が決まってから実際に心理劇的アプローチを行うまでに1週間の期間がある。その間に比較的短時間で制作できるような小道具やお面などは教師が制作した。しかし、大道具や衣装を一週間で制作するには無理があるので、校内に保管されている学芸会で使用した道具類の中から適したものを見つけてきて破損箇所を修理した上で使用した。

　劇で使用する道具類を用意しておき、劇をする直前に児童の前に提示すると、驚いたり、喜んだりした。その表情から、「これを使って劇をすると面白くなりそうだ。よし、今から劇をやるぞ！」という劇に対する期待と意欲が感じ取れた。

（3）劇化について

　学芸会やお遊戯会で行われる劇と童話を題材とした心理劇的アプローチとでは演じ方が異なる。両方とも台本が用意されていて、筋書き通りに演じるという点では共通している。しかし、次に述べる2つの点で違いがある。

　1つ目は練習をするかしないかという点である。学芸会で行う劇は、台本を見なくても言えるようになるまでセリフの練習をし、動作や振り付けの練習を重ねて技能を向上させた上で本番を迎える。それに対し、童話を題材にした心理劇的アプローチでは、台本はストーリーを共通理解するために1回読むだけであり、動作や振り付けの練習はしない。心理劇的アプローチでは自分の役割は決まっているものの、その役割をどのように演じるかは児童の自由である。『桃太郎』で鬼役になったとする。鬼ヶ島で桃太郎たちを迎えて対決し、降参して宝を返すまでを演じるのが鬼の役割であるが、戦いを挑む桃太郎らを何と言って威嚇するか、桃太郎たちからの攻撃をどのように受けて反撃し、どのタイミングで劣勢になり、何と言って降参して宝を返すかはすべて鬼役を務める児童自身がその場で考えて自発的に演じていく。このように練習をしないところが学芸会やお遊戯会で行う劇とは異なる点である。事例2の第1回目の時のことである。役割を決め、台本を読み合わせた後、教師が「さあ、今から劇をやっていきましょう。」と言ったところ、C児が「えっ！もうやるの？練習はしないのですか？」と驚いた様子で尋ねてきた。C児はとても真面目な性格であり、心配性

でもあるため学芸会などでは人一倍練習を重ねて本番を迎えていたと聞く。そのため、練習をしないで行う劇は意外であり驚きであったようである。

　2つ目は、心理劇的アプローチでは補助自我の役があることである。補助自我の役割は、特定の役を担って劇の中に入り、主役を補佐すると同時に劇全体が円滑に進行していくように援助することであり、主に指導スタッフが務める。本実践では教師（授業者）が補助自我になり、脇役になって児童がセリフを言ったり動作をしたりすることを手助けした。また、途中で児童のセリフが出てこなかったり、動作が止まってしまったりした場合はその児童に代わってセリフを言ったり働きかけたりすることによって劇をつなげた。一方、学芸会では児童だけで劇を進行させていき、教師が劇に入ることはないので教師の役割は監督である。このように、補助自我の役を教師が担い、劇の中で児童を補佐し、援助する点が学芸会とは異なる。

（4）役決め

　役割が固定されているか、流動的であるかという点で学芸会と心理劇的アプローチとは異なる。学芸会では、いったん各自の役割が決まってしまうと、よほどのことがない限り途中で役割を交代することはなく、決められた役を最後まで果たすのが通例である。

　心理劇では技法の1つに「役割交代法」（ロールリバーサル）がある。この技法は、同じ題目の劇で2度目は1度目に演じた役とは別の役を演じるものであるので、流動的な役割分担と言える。心理劇的アプローチでは、役割交代法を用いた。その目的は、1つの童話で一度は主役を経験させ、平等に活躍の場を与えるため、および、前回とは別の役を演じることによってそれぞれの役の立場から多角的にストーリーを考えさせるためである。

　前述したように、心理劇の構成要素は「監督」、「主役」、「補助自我」、「観客」、「舞台」の5つである。心理劇的アプローチでは、「監督」と「補助自我」は教師が兼務し、「主役」は対象児である。「舞台」は通級指導教室である。「観客」については、時々は学級担任や保護者が劇を見に来たが、普段は劇を見ている人はいない。しかし、授業の様子を毎回ビデオで録画しているので、ビデオカメラが観客の代わりであると捉えていた。録画したビデオは、その中から児童が活躍した場面を一か所抽出し、次の授業の始めに見せていたので、児童はビデオで撮られているということを意識して心理劇的アプローチに臨んでいたと思われるからである。以上のように5つの構成要素が必要であるが、童話を題材とした心理劇的アプローチでは5つの構成要素以外に台本および道具類を毎回必ず準備していた。台本や道具類は、第2項で述べたように心理劇アプローチを進行させる上で重要な役割を果たしていた。

第4節　心理劇的アプローチの実施方法

　授業の流れは、以下のようである。

　1）映像による自己フィードバック（3分）

　教師が予め前回の劇の録画から対象児のポジティブな面が示された場面を1箇所チェックしておき、その箇所を抽出して視聴させた。児童に良かったところを言語で答えさせることによって、自己理解や他者理解を促進していこうとした。

２）役割決めの確認（3分）

教師が主役と準主役を2人の児童に割り振り、残りの役は教師が補助自我となって演じた。能力的に低い、または、学年が低い児童の希望を優先した。

３）「おはなしカード」等の台本の音読（5分）

台本を児童2人と教師が場面ごとに交代読みを行い、物語のあらすじをつかんだ。児童に内容を適確に理解させるため、教師が音読するだけでなく、児童にも音読させた。読解力に困難がある児童がいる場合、教師は読みの速さを遅くし、大事な場面は繰り返して読み、複雑な場面は補足説明をした。

『一寸法師』、『金太郎』、『浦島太郎』、『桃太郎』では音読後に3人で主題歌を歌った。

４）準備（4分）

児童が劇の舞台や演技を具体的にイメージしやすくし、劇の内容を適確に演技できるように、授業者が事前に準備した小道具、被り物、衣装などを両児童が身に着けた。

その後、3人で机・椅子を移動し、劇を行う舞台を作った。

５）劇化（15分）

児童は台本を見ずに自身の考えで自由に役割を即興で演じた。劇の流れは多少の変更は認めつつも、ストーリーが変わるような大きな変更は認めず、児童は原則的に筋書きを守って演じた。教師は、児童が童話の筋書きに従って演じられるように、各場面の絵を順に黒板に順に貼って提示し、劇を進行させる上での参考にさせた。また、児童が劇の途中でセリフが出てこなくなったり、動きが止まったりした場合は教師が「今、ここです」と言ってその場面の絵を指し示したり、台本を見せたりした。

６）シェアリング（10分）

両児童に劇を行った感想と相手の児童の良かった点を口頭発表させた。その後、劇の振り返りを行い、自己の洞察を深めるため、感想文も書かせた。教師は、なるべく相手の児童の良かったところを褒めるように促した。

７）おわりに（5分）

3人で、次回行う童話の題目や役割を決めた。ＡＳＤ児は急なことが苦手であるので、一週間前に題目を決めることによって心の準備をさせた。その後、3人で片づけをした。

第3部 実践編（I）
通級指導教室における心理劇的アプローチの実際

　第3部は、通級指導教室で実践した4つの事例を紹介し、事例解析を行う。

　第7章では、知的な遅れのみられない小学校3年生男子2名に約半年間に心理劇的アプローチを12回行った事例を紹介する。「集団への参加が困難」、「対人関係が限られている」といった問題点を克服するために心理劇的アプローチを実施した。

　第8章では、知的な遅れのある小学5年生女子と4年生男子に心理劇的アプローチを10回行った事例を紹介する。両児は、前年度まで特別支援学級に在籍し、翌年度から通常の学級に移ったが、1学期は自分から級友の輪の中に入れなかった。級友と交流することを目標に積極性をテーマにして心理劇的アプローチを実施した。

　第9章では、知的に能力差のある小学3年男子2名に対して、22回行った心理劇的アプローチの実際を紹介する。知的な遅れはない児童と境界線に位置する児童であり、「相手を見下した態度」や「自信のなさ」という問題点を克服するために長期に渡って心理劇的アプローチを行った。

　第10章では、通常の学級において集団への適応状態が悪く、知的な遅れも伴う小学4年生男子2名に心理劇的アプローチを20回行った実践を紹介する。両児は、他の級友とは人間関係を形成することができず、いつも2人で行動を共にしていた。ここでは、「挑発行為」や「劣等感」という問題点を克服するために心理劇的アプローチを行った。

　第11章では、通級指導教室と通常の学級における個別の変化、ＡＳＤの状態像別に変化を述べる。最後に事例別にみた対象児の変化について述べる。

第7章　知的な遅れのない3年生男子2名に対する実践（事例I）

第1節　対象児の概要と手続き

第1項　対象児の概要

　対象児2名の生育歴や教育歴は、次のとおりである。

（1）A児（3年生、男子）

　3歳の時、発達障害、言語障害と診断された。保育園では、嫌なことがあるたびに床に寝そべった。友達といっしょに遊びたくても、遊べなかった。読み書きが困難であったことから1年生の6月より通級指導教室で教科の補充を中心に指導が開始された。小学校1、2年生では、嫌なことがあると友達を叩いたり蹴ったりした。不利な状況になると嘘をついてごまかそうとした。3年生になり学級内で活躍の場がないことから頻繁に級友を挑発するようになった。トラブルに発展するとグループ活動や学級全体の活動から離れた。その後、本人が級友と仲良く遊んだり、学級で活躍したいという気持ちが強くなった。このことから通級指導教室の指導目標が教科の補充から級友と良好な人間関係を形成することに変更された。学級担任の文部科学省チェック表（2012）では、高機能自閉症と学習障害に該当した。ＷＩＳＣ-Ⅲ知能検査の結果は、言語性ＩＱが83、動作性ＩＱが80、全検査ＩＱが80であった。

（2）B児（3年生、男子）

　保育園の時、発音が不明瞭であったために園から病院で受診することを勧められたが、診察を受けることはなかった。通級による指導は発音の問題を主訴として1年生の9月から開始され、主にコミュニケーション面の指導がなされた。小学校1、2年生では、やさしく相手をしてくれる友達としか関わろうとせず、自分から友達に関わっていかなかった。3年生では級友が働きかけてきたとき、好きな子には応じるが、そうでない子には応じず、対人関係が限定されていた。3年生になり本人が通級指導教室の担当教師に「友だちとの関わりを増やし、楽しく会話ができるようになりたい」と申し出た。学級担任と協議の上、通級指導教室での指導目標をコミュニケーションから自分から級友に関わっていくことに変更した。医療機関の診断はないが、学級担任の文部科学省チェック表（2012）では、高機能自閉症に該当している。職員間ではＡＳＤの疑いがあることが共通に認識されている。ＷＩＳＣ－Ⅲ知能検査の結果は、言語性ＩＱが76、動作性ＩＱが100、全検査ＩＱが86であった。

第2項　手続き

（1）実施期間と実施場所

　200X年10月末から200Y年3月上旬までの約半年間に対象児の学校の通級指導教室で計、12回実施した。各回の授業時間は45分であった。

（2）心理劇的アプローチで用いた童話の題目

　童話の題目はすべて、「おはなしカード」と「名作おはなしカード」に収納されている28話の中から対象児が希望する童話を取り上げた。主役で活躍することによって自信をつけさせたいと考えたために一つの童話を2回連続で行い、児童はどちらか一方で必ず主役を演じた。

実施した童話の題目、実施日、対象児と通級指導教室の教師（補助自我）の役割分担を表1に示す。

表1　心理劇的アプローチの実施日・題目・役割分担　　　　　　　　　　　　　　　　　　＊太字は主役を示す。

回	題目	実施日	A児の役	B児の役	通級指導教師の役（補助自我）
1	あかずきん	10/＊	おおかみ	**あかずきん**	お母さん、おばあちゃん、猟師
2	ちゃん	11/＊	**あかずきん**	おおかみ	お母さん、おばあちゃん、猟師
3	ふしぎな	11/＊	**お百姓さん**	コウノトリ	近所の人
4	すいか	11/＊	コウノトリ	**お百姓さん**	近所の人
5	かさこ	11/＊	**おじいさん**	おばあさん	お地蔵さん、町の人
6	じぞう	12/＊	おばあさん	**おじいさん**	お地蔵さん、町の人
7	にげだした	12/＊	**パンケーキ**	豚、子ども等	お母さん、男の人
8	パンケーキ	1/＊	豚、子ども等	**パンケーキ**	お母さん、にわとり
9	おむすび	2/＊	**おじいさん**	欲張り爺さん	おばあさん、ねずみ
10	ころりん	2/＊	欲張り爺さん	**おじいさん**	おばあさん、ねずみ
11	浦島太郎	2/＊	**浦島太郎**	亀、鯛・平目等	子ども、乙姫さま、道行く人
12		3/＊	亀、鯛・平目等	**浦島太郎**	子ども、乙姫さま、道行く人

第2節　指導の経過

第1項　心理劇的アプローチの注目行動

　各回のビデオ録画を教師が見て、A児とB児の演技の中で注目すべき行動を選んで記録した。その結果を表2に示す。

表2　毎回の心理劇的アプローチ場面の注目行動

	A児	B児
第1回	演技に対して自信が持てないようで、狼役で眠る場面で「目をつむっていいか」等、教師に尋ねてくる場面が何度もあった。なるべくリアルに演じようとする姿勢は感じられた。自分に拒否的な態度を示したB児に好意的に接していた。	「こんなやつといっしょに劇をするのか」と言い、A児に対する偏見や差別意識を表した。劇では、A児が挑発してきたことに機嫌を損ね、「もう、何も喋らん」と強い口調で言い、A児を拒絶した。シェアリングの時、「自分らしく劇をやった」と感想を言った。
第2回	あかずきん役で狼に食べられた後、「ここはどこだ、暗いなあ、狭いなあ」とお腹の中の言葉を言った。劇が終わった時、「暑い」という言葉が思わず口に出ていた。	狼役であったが、あかずきん（A児）に声をかけようとしないで、手を挙げた。動作は、まずまずできるが、セリフを言うことに困難がみられた。
第3回	「保育園でやった『ふしぎなすいか』をぜひやりたい」と希望し、主役を演じた。近所の人を呼ぶ場面で「お母さん、来てー」と言ったことから、「近所」の意味がつかめていないようだった。「おじいさん役がやれてよかった。保育園の時を思い出した」と感想を言った。	授業開始時に、劇で使う小道具として紙製の鳥の翼を教師が提示したところ、とても興味を持ち、劇の開始前から自分の両腕に取り付けて羽ばたく真似をしていた。シェアリングの時、「自分らしく体でコウノトリをやった」と感想を言った。
第4回	鳥役で羽ばたいていく時に口の開閉まで行い、丁寧に演じした。しかし、自分の出番がなくなると、本棚の本を手にしたり、磁石をもてあそんだりし、劇場面から離れた。	準備の時に教師がA児に依頼したこと（机・椅子の移動）がA児に通じていないと気づくと、自ら机・椅子を運搬した。劇では、目の前に鳥が落ちて来た場面で発語がなかった。
第5回	役決めの時や劇の途中で大声で笑い続けた。劇に慣れてくるに従い、緊張感が欠けてきたようだ。	劇開始時にA児にお辞儀をしたり、おじいさんがお地蔵さんに笠を被せるところを自発的に手伝ったりして好意的、協力的であった。

第6回	割り当てられていたおばあさん役以外に通行人の役を自発的に教師といっしょに演じた。シェアリングの時、「B児の声がいつもより大きかった」と賞賛した。	おじいさん役で自分の手拭いをお地蔵さんに被せた後、「さあ、帰ろう」と言って、清々しい表情でいそいそと帰っていった。登場人物の気持ちを推察した上での演技であった。
第7回	主役のパンケーキを演じ、子どもや鶏から逃げる場面で舞台一面を広く動き回ったが、言葉を伴わなかったためドタバタ劇になった。捕まろうとせずにいつまでも逃げ回った。	子ども役で「ねえ、まだあ？」とパンケーキを待ち望む気持ちを言ったり、ブタ役の時に役柄を考えてゆっくり歩いたりするなど場面状況に合わせた演技ができた。
第8回	豚（A児）の背にパンケーキ（B児）を乗せて安心させ、向きを変えてパクッと食べる場面を上手に演じた。シェアリングの時、「騙すのは難しいんだね」と感想を述べたことから、日頃の自分を反省しているようだった。	準備の時に教師がA児に「机を運んで」と依頼したことがA児に通じていないと気づくと、自主的に机を運んだ。A児が挑発してきても乗らず、相手にしないでうまくかわした。冷静な対応ができた。
第9回	おじいさん役になりきり、餅つき場面で上手な演技をした。シェアリングの時、「自分から主役をやると言ったので緊張した」と感想を述べたことより、主役の責任を自覚しているようだった。	欲張りじいさん役を好演した。シェアリングの時、「どのようにすると欲ばりじいさんらしさが出るか考えてやった。今日は悪い役だったけど、おもしろかった」と感想を述べた。また、A児を「演技がよかった」と賞賛した。
第10回	「欲張りじいさん」役で、ねずみの巣から逃げて帰ってくる時に大判を1枚だけ持ち帰り、「怪我をしたから、このお金で病院に行く」と言った。ユニークな発想であった。劇場面ではよく活躍したが、劇場面以外の準備や片づけの時にB児を挑発する態度が見られた。	台本読みでA児が音読している時に風が吹き、ページがめくれ上がって読みにくそうだと感じたらそのページを押さえてやり、A児の音読を手助けした。A児を「欲ばりのように演技したところがよかった」と賞賛し、自分も「年寄りらしく動作した」と感想を述べた。
第11回	保育園で行った『浦島太郎』を強く希望し、その時にできなかった主役をぜひやりたいと表明した。劇では、冒頭部分で「カメ、大丈夫か」と駆け寄るところなど真に迫る演技をした。「主役ができてよかった」と感想を述べた。	金貨をご馳走に見立てて出したり、紙製の魚を踊らせたりするなど発想や独自性に優れたものを発揮した。シェアリングの時、「亀を助けるために子どもに魚をあげたところがよかった」とA児の演技を賞賛した。
第12回	自分でも言っていたが風邪をひいて体調が悪く、咳をして音読や歌では元気がなかった。しかし、劇が始まると、一変して元気になり、役になり切って演技した。亀役になり、浦島太郎を竜宮に連れていく場面ではB児を背中に乗せて舞台一面を動き回り、竜宮では鯛や平目の踊りや漫才を見事に演出した。体調が悪くても、自分の役を立派に果たした。	劇の前後に行った準備・片づけやシェアリングの時の態度に優れた面が見られた。準備でA児が自分の机と椅子しか運ばなかったため、残りの机と椅子を黙って運んだ。劇では、相手が挨拶やお礼を言ってもほとんどの場合、無言であった。シェアリングの時、「A児が鯛や平目の漫才コンビをやっておもしろかった」と賞賛した。

（1）A児

　主役を演じた時に大活躍した。第2回で初の主役を演じ、狼のお腹の中で自発的に言葉を発したり、劇が終わった時に「暑い」と言った。第3回と第11回は保育園の時に行った劇を強く希望し、自ら主役に立候補した。第11回は、浦島太郎役になり、冒頭部分で「カメ、大丈夫か」と駆け寄るところなど真に迫る演技をした。

（2）B児

　A児に差別意識や偏見を抱いていたが次第に改善されていった。第1回では、「こんなやつといっしょに劇をするのか」と言ったり、A児が挑発してきたことに機嫌を損ね、「もう、何も喋らん」とA児を拒絶した。第8回の準備の時、教師がA児に「机を運んで」と依頼したが、このことがA児に通じていないとB児が気づき、自発的に机を運んだ。第10回にA児が音読をしている時、風でページがめくれ上がって読みにくそうだと気づき、そのページを押さえて音読の手助けをした。第12回の準備では、体調の悪いA児に代わって机・椅子を黙々と運んだ。第9回、第10回、第11回のシェアリングでA児を賞賛した。自分の演技に関して、第1回と第3回で「自分らしく演技した」と言ったが、第9回と第10回では「じいさんらしく演技した」と感想を述べた。

第2項　セリフと動作・行動のプロセスレコード

　両児の特徴が表れた場面を抽出し、セリフと動作・行動のプロセスレコードを示す。

（１）A児

主役として活躍した第2回と第11回の場面を抽出した。

① 第2回『あかずきんちゃん』の第6場面と第7場面のプロセスレコード

表3 第2回『あかずきんちゃん』の第6場面と第7場面

状況：狼があかずきんに襲いかかる場面と猟師があかずきんたちを助ける場面
役割：A児：あかずきん
　　　B児：狼
　　　T（教師）：猟師

話者	セリフ	動作・行動
A	「おばあちゃん、どうしてそんなにお口が大きいの？」	・教師が提示したセリフカードをそのまま読み上げた。（あかずきんと狼の問答場面の会話が円滑に進むようにセリフを書いたカードを事前に準備した。
B	「それはね、おまえをパクッと食べちゃうためだよ。ウォー！」	・セリフカードが提示されていても、言葉がなかなか出てこなかった。そのため、教師がセリフを教えた。
A	（甲高い裏声で）「キャー！助けてー！」	・Bのセリフに即座に反応し、走って逃げ出した。**怖い心情を表すため、狼に捕まった時に気絶した。**
B	「ああ、お腹いっぱいになった。さあて、寝るとしよう。」	・セリフカードが提示されていても言葉が出てこなかったため、教師がセリフを教えた。
A	「いったい、ここはどこだ？狭いなあ。暗いなあ。それに生暖かいなあ。」	・**狼のお腹の中の様子を想像し、その通りに言葉で表現した。**
B	「グーッ、グーッ。」	・教師に促されて小さないびきをかく。
T	「ザック、ザック、ザク。」	・はさみで狼のお腹を切り裂く。
A	（元気よく）「あっ。」	・狼の後方から勢いよく飛び出てくる。
	「あー、助かった。」	・**安堵の気持ちを込めて言う。**
	「よーし、懲らしめてやる。」	・**強気になって言う。**
T	「今のうちに、狼のお腹に石を詰めてやりましょう。」	・Bは身動き１つしないで寝たままじっとしている。
A	「はい。」	・**猟師の提案に素直に従う。**
	「へっへっへっ、これでよし。」（笑）	・自主的に石を取りに行く。
		・嬉しそうな表情で狼のお腹に石を詰める。
T	「では私たちはどうなるか隠れて見ていましょう。」	・**いち早く事務机の下に身を隠し、Tも来るようにと手招きする。**
A	（嬉しそうな声で）「はい！」	じっと狼の様子を見ている。
T	「狼どうなるかな？ふらふらしている。」	・ここでBが無言で起き上がり、歩き出す。そして、ふらふらよろつき、バタンと倒れる
T	「あっ！狼、倒れて動かなくなった。狼、やっつけた。」	・狼が倒れた場面で猟師と一緒に喜びを表した
TとA	「バンザイ！バンザイ！バンザイ！」	・TとAがいっしょに万歳をして、劇を終了する。

≪プロセスの振り返り≫

　A児は、とても意欲的に劇に取り組んだ。劇の状況をよく考えた上で、想像性や自発性を存分に発揮し、気絶してみせたり、狼のお腹の中でことばを発し、主役のあかずきんになりきって演技した。劇が終わった時、「暑い」という言葉が出てきたほど劇に夢中になっていた。感想の場面では、「お腹の中にいる時、（狼の）口が開いてなかったから息ができなくて苦しかった。」と述べた。B児に自ら働きかけていったが、B児は好意的に応じなかった。それでもA児はB児への働きかけを続けた。

② 第11回『浦島太郎』の第1場面と第2場面のプロセスレコード

表4 第11回『浦島太郎』の第1場面と第2場面

状況：第1場面「浦島太郎が子どもから亀を助ける」
　　　第2場面「亀が浦島太郎を竜宮に連れていく」
役割：A児：浦島太郎
　　　B児：亀
　　　教師（T）：子どもたち
＊太字で記した箇所がA児の活躍が感じられたところである。

話者	セリフ	動作や行動
T	「亀、まいったか。痛いか。」	・子どもたちが亀をいじめている状況を作る。
B	「もうそろそろ限界だ。浦島、早く来い！」	・Aがなかなか登場してこないので催促した。その間、Aは次に子どもに手渡す魚を3匹揃えて準備していた。
A	「子どもたち、何をやっているのだ。」	・堂々と歩いて登場し、**いさめるような口調で大きな声で子どもたちに語りかける。子どもから棒を取り上げる。**
T	「なに？おじさん。なんか用？なんか文句ある？」	・浦島太郎の正義感を醸し出すため、なるべくいじめっ子ぶって反抗的な態度を演出する。
A	**「ある。これをあげるから亀をいじめるな。」**	・子どもに向かって毅然とした態度で明確に言い、3匹の魚を突き出す。
T	「へぇー、お魚くれるの？じゃあいいよ。この亀おじさんにあげるね。ありがとう、さいなら。」	・この後の浦島太郎と亀との交流の場面につなげていくため、早々と舞台から去って行く。Aもいったんその場から離れ、舞台隅に棒を置きに行った後に再び登場する。
A	**「大丈夫か？亀。亀、大丈夫か？亀！大丈夫か？」**	・**亀に駆け寄り、甲羅をさすりながら亀を何度も呼び続ける。親身になって亀の体を心配している様子を演出した。**
B	「うん、大丈夫。」	・寝たまま、明るい声で答える。
A	「ならよかった。じゃあな。」	・亀の返事を聞いて安心した声に変わり、その場を去っていく。
A	「また一匹釣れたぁ。今度はでかいのが釣れたぞー。」「昨日の亀はどうしたかなぁ。**どうか亀よ。ぼくを竜宮城に連れて行ってください。お願いします。」**	・翌日、海辺で釣りをしている場面を演出する。・魚（模型）を手に取って実感を込めて言う。・亀が登場して竜宮城へ誘うまで待ちきれずに、自ら手を合わせて懇願する。・Bはこの時点でまだ横になって寝ていたが、ここからむくむくと起き上がりAに接近していく。
B	「何でお前が竜宮城のことを知ってんだよ。しょうがないな。」	・Aに対して、やや傲慢な態度を取る。
A	「あっ、亀さんだ。昨日は大丈夫でしたか？」「さっき言ったでしょう。このお魚を上げるから、**竜宮に連れてってください。亀さん。」**	・自ら亀に近づいていき、語りかける。亀を心配して、自分の手を亀の体に置く。Bは返答をしない。・Bがなかなか竜宮のことを言い出さないので、しびれを切らし、もう一度亀に丁寧に懇願する。・先ほど釣った魚を亀に差し出す。
B	「わかった。では乗れっ！」	・傲慢な態度を取る。
A	「はい、乗った。」	・Bの背中につかまるとBは背中を丸めて歩き出す。次第にスピードを上げていく。
B	「あと5分だ。」	
	「よし、着いた。」	
A	「着いた？」	・Bから手を離す。

≪プロセスの振り返り≫

　A児は、浦島太郎の劇は保育園の時に続いて2度目であり、立派に主役を演じた。いじめっ子に毅然として立ち向かい、亀を守ろうとした場面では強い正義感を表現した。直後の「亀、大丈夫か？」と言って駆け寄る場面は真に迫る演技であった。A児は、B児が言葉を発することが得意でないことを知っており、竜宮へ行くことを誘われるかどうか心配だったようだ。そのため、自ら竜宮へ行くことを亀に懇願する形にアレンジした。これまで準備や片づけの時に態度の悪さが見られたが、今回は、それが全くみられなかった。本児は主役になった時に力を発揮するようだ。

（2）B児

　A児に偏見や差別意識を持っていた第1回と、友好的に接するようになった第5回を示す。

①　第1回『あかずきんちゃん』の第5場面のプロセスレコード

表5　第1回『あかずきんちゃん』の第5場面

状況：あかずきんと狼が問答をするところ
役割：B児：あかずきんちゃん
　　　A児：おおかみ

＊**太字**で記した箇所がB児の問題点として感じられたところである。

話者	セリフ	動作や行動
B	「あかずきんでーす。こんなところに狼が寝てやがる。くらえ。」	・**無言で乱暴に扉を開け、持って来たお花を狼に差し向けて乱暴に言う。**
A	「よく来たなあ、さあお入り。」	・Bが反抗的な態度を示しても、好意的に接した。
B	「なんだ、これは。」 「おばあちゃん、どうしてそんなに耳が長いんだ？」	・劇とは無関係の教材を戸棚から見つけ、手にする。 ・教師に促され、劇場面に戻ってセリフを言う。 ・突っ立ったまま、高圧的な態度で言う。
A	「Bのかわいい声がよく聞こえるようにだよ。」	・ここでBを挑発しようとしてか、Bの名前をセリフの中に出して言う。
B	「なら、もう何もしゃべらん。なら、もう何もしゃべらん。」 「おばあちゃん、どうしてそんなに目が大きいのかね？」	・**Aが挑発してきたことを敏感に感じ取り、機嫌を損ねて頑な態度を示す。繰り返し拒否する。** ・しばらく沈黙した後、気を取り直して台本を見ながらセリフを言う。
A	「おまえのかわいい顔がよく見えるんだよ。」	・ここではBの名前でなく、台本通りに「おまえの」と言う。
B	「おばあちゃん、どうしてそんなに口が大きいのかね？」	・台本を見ながら、義務的にセリフを言う。
A	「それはね、あかずきん。おまえパクッと食べるよ。ためだよ。ウワーッ！」 「モグモグ、ああ美味しかった。お腹いっぱいだ。」	・Aは読みに困難があるため、セリフがうまく言えなかった。 ・Bは逃げ出す時に無言であった。 ・あかずきんに跳びかかり、迫力満点の演技をした。 ・お腹を撫でる。

≪プロセスの振り返り≫

　B児はA児に乱暴な言葉や行動を示し、A児を受け入れようとしない態度をとった。途中、A児が自分の意にそぐわないセリフを言った時、劇を放棄するような発言も見られた。劇に集中せず、室内の遊具や教材で遊ぼうとした場面も見られた。

② 第5回『かさこじぞう』の第1場面と第2場面のプロセスレコード

表6　第5回『かさこじぞう』の第1場面と第2場面

状況：お爺さんが笠を売りに行く支度をする（第1場面）
町で笠を売る（第2場面）
役割　B児：おばあさん
A児：おじいさん
教師（T）：ナレーターと通行人
＊太字で記した箇所はB児がA児のためにしたところである。

話者	セリフ	動作や行動
T	「むかーし、昔。おじいさんとおばあさんがいました。」	・Bが、向かい合って座っているAにお辞儀をする。
B	**「明日はお正月だ。けど、何も食べるものがない。」**	・Bがお辞儀をしてきたので、Aもお辞儀を返す。 ・Aが言うセリフがわからず戸惑っている様子を見て、Bが自ら口火を切る。
A	「そう、お正月だけど、何も食べるものがないんだよねぇ。……、わしが笠を売ってくる。」	・Bが口火を切って言ったセリフを繰り返すことによって、話の見通しが立ち、次のセリフをつなげていくことができた。 ・立ち上がって5個の笠を持って来る。
B	「笠は物置にあるぞ。……**取りに行ってくる。」** 「できました。」	・次に笠を縛ってAが持っていきやすいようにする。 ・売り物の笠をひとまとめにしてAに手渡す。
A	「ああ、ありがとう。」	・Bから笠を受け取って礼を言う。
	「手拭い！」	・劇のその後の展開を考え、Aに手拭いを被って行くように指示する。そして、早く行くようにとAの背中を押す。
B	「いってきまーす。」	・Bに背中を押されて、とぼとぼと歩き始める。
A	「いってらっしゃい。」	・明るい声で言い、手を振ってAを見送る。
B	「さあ、今から寝よう。」	・Aを見送った後、横になる。
A	「笠はいらんかのぅ。笠は。安いよ。雪が降ったら、明日の正月に役立つよ。」	・大声を張り上げて、笠を売りにかかる。
T	「笠なんかいらねーよ。」	・Bは役としての出番はなかったが座布団をAのそばに起き、その上に笠を置く。売り物を大切にした。
A	「しょうがない。帰るとするか。」	・元気なく、笠を持ってとぼとぼ歩き出す。 ・Bは座布団が残っていることに気づき、自発的に片づける。

自発的に座布団を片づける

≪プロセスの振り返り≫

　　B児は、劇の中でA児を補ったり、協力したりした。A児が場面の状況や展開が正確に掴めていなかったので、A児をうまくリードし、次の場面につなげていった。次の場面では、座布団を持っ

てきて、その上に売り物の笠を置いたり、Aが去った後に、出しっ放しになっていた座布団を急いで片づけたりする等、よく気がつき、劇の進行に貢献した。劇での出番はなくても、今、自分が役に立つことは何だろうかと広い視野で劇全体が眺められた。この後は、A児がお地蔵さんに笠をかぶせるのを手伝った。

（3）児童の感想の分析

相手への意識の変化をみるためにシェアリングの時に言ったり書いたりした感想の中から抽出し、表7に示した。

表7　相手の児童に対する感想

回	A児のB児に対する感想	B児のA児に対する感想
1	該当なし	デブ（狼を演じたA児のこと）をぶっ倒した。
2	オオカミ（B児）が走ってきたので、びっくりした。	該当なし
3	鳥（B児）が、こんばん（小判）をくれてうれしい。	該当なし
5	おじぞうさん（B児）が、たからをいっぱいくれて、うれしくて楽しかった。	該当なし
6	B児が集中していたのがわかった。いつもより大きな声だったから。	おばあさんの役の人（A児）がうまかった。
7	ぶた（B児）が食べたところがおもしろかった。	該当なし
9	B児が変な顔をしたのでおもしろかった。	A児の演技がよかった。
10	B児があなにはいるところや、もちをつくところがおもしろかった。	A児がおむすびを（穴に）入れる時、よくばりのように投げたところがよかった。
11	B児は魚をバラバラに踊らせたのでおもしろかった。笑えた。	A児は（かめを）助けるために子どもに魚をあげたところがよかった。
12	B児はしゃべっている声は小さいけど、動きはよかった。	A児は鯛や平目の漫才コンビをやって、おもしろかった。

両児とも第7回以降に相手の演技を肯定的に捉えるようになっている。第6回までの肯定的な意見は、A児が3度（第3回、第5回、第6回）、B児は1度（第6回）であったが、第7回以後は「おもしろかった」、「よかった」をA児は5度、B児は4度使用している。第7回までは相手を「狼」、「お地蔵さん」のように役柄で呼んでいたが、第9回以降は実際の名前で呼んでいた。両児はいっしょに劇を行ううちに相手を役柄としてではなく、一人の人間として見るようになっていったと考えられる。B児は第8回まではA児に関する感想を述べなかったが、第9回以後は毎回述べるようになった。いっしょに劇を行う中でA児の存在を強く意識するようになったと考える。

（4）学級担任による通常の学級での行動の観察

両児の学級担任から通常の学級の行動の特徴を定期的に聞き取った内容を表8に示す。

表8　学級担任から聞き取った通常の学級での行動

	A児	B児
10月と11月	・宿題ができていない時は、「やってあるけど家に忘れてきた」などと嘘をついてごまかそうとする。 ・学芸会の練習では通行人役で待ち時間が長いため、退屈になってよく級友とトラブルが起きた。周りの子たちは「A児が先に仕掛けた」と言っていた。この後、機嫌を悪くして2度続けて練習に参加することを拒否した。	・学級の中で好きな子が働きかけてきた時には応じるが、好きでない子が働きかけてきた時には応じようとしない。 ・11月中旬、学芸会の練習が始まり、ダンスに取り組むが、なかなか覚えられない。 ・11月下旬、学芸会の練習でみんなといっしょに楽しそうに一生懸命踊っている姿が見られた。

月		
12月	・長縄跳びのグループ練習は上手に跳べず、引っかかって泣いてしまうことがしばしば見られた。そのため、些細なことで理由をつけて練習から外れようとしたことが度々あった。そこで、教師といっしょに短縄で個人練習をしたところ、とても喜んで取り組んだ。	・学芸会の本番直前に、「だんだん踊りを覚えてきたね」「こうやっていこう！」等と踊りの内容に関して一緒に踊る児童を励ましている姿が見られた。これまで本児から他児に話しかけることは稀であったが、ここでは踊り仲間としてとらえているようだった。
1月	・短縄で自信をつけることができ、長縄のグループ練習に参加するようになった。 ・最近は正直に自分の非を認めるようになり、嘘をつかなくなった。	・以前は働きかけてきた子が好きな子の場合しか応じようとしなかったが、最近では好き嫌いに関わらず、どの子が働きかけてきても応じるようになった。
2月	・再び嘘をつくようになったが、前によく嘘をついていた時に比べて本当のことを早く言うようになった。教師の質問に対して言い逃れできないと早く観念するようになったためと思われる。 ・級友を挑発していって怒らせ、トラブルに発展することは相変わらず続いている。	・長縄大会に向けて練習を開始した時は連続跳びができなかった。周りの友だちの励ましやアドバイスに支えられてできるようになり、自信がついたようである。昼放課や業間運動の時、B児はこれまで教室で過ごすことが多かったが、最近では積極的に外へ行き、級友との長縄練習に参加するようになった。
3月	・学級会でレクレーションを行った際、転倒し、そのまま寝転んで泣き出した。このようなことがあると以前は授業の終わりまで集団に復帰しなかったが、今回はしばらく黙って寝転んでいた後、みんなが楽しそうに遊んでいるのを見て戻ってきて遊びに復帰した。	・これまで授業中に自分から発言するようなことは一度もなかった。しかし、算数の授業で、やり方の説明を求めた時、学級の中でB児1人だけが積極的に挙手した。指名したら、わかりにくい説明ではあったが全員の前で発表した。

１）A児

　劇を開始した10月、11月の頃と回を重ねた2月、3月の頃を比べると集団活動への参加が促進し、嘘をつく回数が減少した。

　集団活動への参加では、10月は学芸会の練習中に級友とトラブルを起こし、2度続けて練習に参加しなかった。11月は上手に跳べないことから長縄グループ練習に参加しなかった。しかし、1月は長縄グループ練習に参加するようになった。3月はレクレーション中に転倒し、泣き叫んだが再び遊びに復帰できた。

　嘘をつくことに関しては、10月は宿題ができていなくても「やってあるけど家に置いてきた」などと言っていたが、1月には正直に自分の非を認めるようになり、嘘をついた時でも以前に比べて早く本当のことを言うようになった。

　２）B児

　劇を開始した頃と回数を重ねてからでは、級友への対応のしかたに変化が見られた。劇を開始した頃は好きでない子が働きかけてきたには応じなかったが、12月にはどの子が働きかけてきても応じるようになった。12月の学芸会の練習で一緒に踊る級友に踊りの内容について話しかけ、励ましていた。1月から級友と誘い合って長縄練習に励んだり、授業中に挙手、発言するようになった。

第3節　まとめ

（1）A児

　A児は保育園の劇では主役をやりたかったができなかった。その時の配役はいつも村人等その他大勢の役であった。A児は主役で活躍している他の園児を眺め、「いつか自分も主役をやってみたい」と憧れを抱いていたようだ。通級指導教室で念願であった主役ができるチャンスが訪れた。保育園の時に演じた『ふしぎなすいか』や『浦島太郎』の再現を希望し、主役に立候補した。劇場面では、

「立派に主役を演じたい」という気持ちから真剣に主役を演じ、大活躍した。シェアリングの時に、「おじいさん役がやれてよかった」（第3回）、「自分から主役をやると言ったので緊張した」（第9回）、「主役ができてよかった」（第11回）と感想を述べている。主役を演じたことによる満足感や主役に対する責任感が感じられた。A児は緊張感を乗り越えて精一杯主役を演じた。その姿をB児や教師から賞賛され達成感や満足感を得て、自信を得ていった。

　学級担任は、通常の学級で1月にA児が嘘をつく回数が減少したと報告している。嘘をつくことを自己防衛の一種と見なすと、12月まではこれまでの対人関係上のトラブルのため自己を防衛していたが、1月に防衛という殻が取り除かれ、素直に自己表現できるようになったと解釈できる。A児は童話の主役を演じる中で暖かい雰囲気に包まれ、嘘をつくことへの罪悪感が芽生えていったと考えられる。童話を題材とした心理劇的アプローチを実施したことでA児は自己防衛が緩和し、嘘をつく回数が減少したと考えられる。3学期に長縄跳びの練習に参加したり、レクレーションの時に転倒しても再び遊びに復帰しているように、集団への参加意欲が高まっている。苦手なことや嫌なことがあった時でも、「みんなといっしょに活動したい」というA児の素直な気持ちが表れている。A児は心理劇的アプローチ場面で活躍し、人と関わることに自信を持ち、通常の学級でも集団への参加意欲が向上したと思われる。

　A児は、通常の学級では級友に積極的に近づいていき、挑発行為を繰り返していた。A児の挑発行為は、自分の存在を級友に認めてほしい、自分にかまってほしいという欲求の表れであったと考えられる。A児の行為は級友から好意的に受けとめられなかったため、通常の学級では自分の欲求を十分に満たすことができない状態にとどまっており、そのことの寂しさやもどかしさを感じていたものと考えられる。そのような時に通級指導教室で心理劇的アプローチを経験し、A児は主役として力を存分に発揮し、他者から賞賛され、これまで満たされなかった欲求が充足されたと考えられる。A児は主役として活躍する一方、劇の最中に悪ふざけなどの行為が見られ（第4回、第5回、第7回、第10回）、「場からのはみ出し」が次第に増加している。劇の場面で自発性が増え、活動的になった一方、自制心が緩み、調子に乗りすぎてその場にふさわしくない行動も増加したと考えられる。

　このようなA児の問題点を改善していくためには、それぞれの心理劇的アプローチ場面において人との適切な関わり方を体得させていく必要がある。そのためには、半年間に12回実施するだけでなく、さらに継続して取り組む必要があると思われる。

（2）B児

　B児は第1回の場面では、A児に拒否的な態度を取っていた。しかし、回が進むにつれ、A児の演技を自発的に手助けし（第5回、第10回、第12回）、協力姿勢を示すようになった。「自発性」が次第に増加し、「場からのはみ出し」が次第に減少している。B児は、いっしょに劇をするうちにA児に対する態度がいつしか友好的に変わっていった。それは、決められた結末に向かってA児といっしょに劇をしているうちに、劇は一人でやれるものでなく、相手が必要であることを認識したためであると考える。A児を「いっしょに劇を作り上げていく共同制作者」として捉え、A児の存在を強く認識するようになったと考える。第9回のシェアリングの時に「どのようにすると欲ばりじいさんらしさが出るか考えてやった。今日は悪い役だったけど、おもしろかった。」と述べ、主役のA児を引き立てようとしている。B児は劇場面でA児と関わりを持つ中でA児との一体感や

連帯感が芽生えていったと考えられる。

　B児は感想で「自分らしく」（第1回、第3回）と述べていた頃は役柄より自分の気持ちを優先させて役を演じていたと思われる。「欲張りじいさんらしく」（第9回）とか「年寄りらしく」（第10回）と述べた頃には、自分の気持ちよりも役柄の性質を考え、役の視点から演じるようになったと思われる。自身の一方的な見方を離れ、役という自分とは異なる立場に立って演技するようになった。第12回が終了した後、B児が1人で通級指導教室に来ることがあったが、その時にA児への接し方が親切になったことを通級担当教師が賞賛した。B児は「A児は1人ではできないことが多いので、自分がやってやらなくてはと思い、手伝った。」と語り、A児への思いやりを示した。

　B児は、通常の学級で級友への接し方が改善した。学芸会の練習でB児がいっしょに踊る級友を励ましていることから、級友を踊り仲間としてとらえている。B児は、通級指導教室でA児に仲間意識を持ったと同様に、通常の学級で級友に自ら話しかけていき、仲間意識を持つようになったと考えられる。この時、B児は「学芸会本番では、みんな揃って上手に踊ろう」と思っていたと考えられる。11月までは好きな相手しか応じなかったが、1月には接してきた相手が誰であろうと応じていた。劇場面で自身の一方的な見方を離れて役という視点に立てるようになったことが通常の学級で好き嫌いの感情に左右されず、接してきた相手が誰であろうと応じるようになったと考えられる。B児は級友に「毎日、いっしょに勉強し、いっしょに給食を食べている仲間」という意識を持つようになった。

第8章 知的な遅れのある5年生女子と4年生男子に対する実践（事例2）

第1節 対象児の概要と手続き

第1項 対象児の概要

　対象児2名の生育歴や教育歴は、次のとおりである。

（1）C児（5年生、女子）

　4歳0カ月の時、病院でASDの疑いがあると言われた。幼稚園の年中時は自分1人で遊んでいることが多かったが、年長時には友だちに積極的に関わるようになった。こだわりが強く、一度覚えたことを修正したり、突然に予定を変更したりすることができなかった。集団活動が苦手であり、入学時には特別支援学級に入級した。低学年では自己主張が激しく、目立つことをやりたがったが、他人から注意されるとパニックをおこした。中学年では相手の気持ちを考えないで行動を起こしたため、級友とトラブルになることが多く見られた。5年生から、支援員が配置された通常の学級に転級し、週1回の割合で通級による指導を受け始めた。通常の学級では、引っ込み思案になり、級友に話しかけられず、用事がある時は学級担任に付き添いを求めてきた。8歳の時のWISC-Ⅲの結果は、VIQが81、PIQが78、FIQが78であった。

（2）D児（4年生、男子）

　3歳9カ月の時、病院で知的障害を伴う自閉症の疑いがあると言われた。保育園では、情緒が不安定になると友だちを押すなど攻撃的な面があった。小学校では特別支援学級に入級した。低学年では自分の思いを伝えるために話しかけてきたが、自分の世界に浸り、一方的に同じ話を繰り返し、会話にならなかった。4年生から支援員が配置された通常の学級に転級し、週1回の割合で通級による指導を受け始めた。通常の学級では、人の気持ちを読み取ることが困難であり、級友の輪の中に入れず、教室内に1人でいることが多かった。8歳時のWISC-Ⅳの結果は、全検査IQが61（言語理解65、知覚統合63、ワーキングメモリー71、処理速度66）であった。

第2項 手続き

（1）実施期間と実施場所

　200X年9月上旬から200X年11月下旬までの約3カ月間に対象児の学校の通級指導教室で計、10回実施した。各回の授業時間は45分であった。

（2）心理劇的アプローチで用いた童話の題目

　両児は、いずれも特別支援学級から通常の学級へ異動した。通常の学級では自分から級友に話しかけていくことが困難であった。両児の状態を考慮して、くもん出版の「おはなしカード」と「名作おはなしカード」の中から戦いの場面があり、力強さや積極性を主題にした童話4話を授業者が選定した。残り1話『金太郎』は、紙芝居から選定した。

　実施した童話の題目、実施日、対象児と通級指導教室の教師（補助自我）の役割分担を表1に示す。

表1 心理劇的アプローチの実施日・題目・役割分担

回	題目	実施日	C児の役	D児の役	通級指導教師の役（補助自我）
①	一寸法師	9/＊	**一寸法師**	大臣、鬼等	おばあさん、お姫さま
②		9/＊	お姫さまなど	**一寸法師**	おじいさん、大臣、鬼
③	さるかに合戦	10/＊	蟹、子蟹	さる	蜂、うす、栗、牛の糞
④		10/＊	さる	**蟹、子蟹**	蜂、うす、栗、牛の糞
⑤	3びきのこぶた	10/＊	子豚2など	子豚1、3	オオカミ
⑥		10/＊	子豚1、3	子豚2など	オオカミ
⑦	力太郎	11/＊	母、娘など	**力太郎**	お父さん、化け物など
⑧		11/＊	化け物など	**力太郎**	お母さん、娘など
⑨	金太郎	11/＊	兎、鬼	**金太郎**	熊さん、お侍
⑩		11/＊	**金太郎**	兎、鬼	熊さん、お侍

＊太字は主役を示す。

第2節　指導の経過

（1）心理劇的アプローチの注目行動

　各回の場面のビデオ録画を教師が見て、C児とD児の演技の中で注目すべき行動を選んで記録した。その結果を表2に示す。

表2 毎回の心理劇的アプローチの注目行動

回	C児	D児
第1回	鬼と対決する場面では「エイッ」、「ヤーッ」と元気よくかけ声を発しながら鬼のお腹を刺した。しかし、対決場面以外では声が小さくて聞き取れなかったり、質問されても頷くだけだったりした。戦いの場面では積極性を発揮できたが、会話によるコミュニケーションは取れなかった。	準備の後でトイレに行ったため、劇の開始が遅れた。鬼役の時、どのように振る舞えばよいかとか何と言えばよいかがわからなかった。そのため、台本を見ながらセリフを言った。お腹を針で刺された場面で、痛い表情や言葉を発しなかった。
第2回	「鬼だけはやりたくない」と拒否した。劇場面では自信がなくてためらっている様子で、言語による表現不足が見られた。一寸法師と花見に出かける時、鬼が現れることを見越して針を持って行くことを一寸法師に勧めたところはよく考えた。	「主役をやるので緊張する」と言った。一寸法師役を演じるのは保育園の時に続いて2度目と言っていた。床に両手をつけて家来になることを大臣に志願したところや鬼の前に立ちはだかって姫を守ったところがよかった。
第3回	話の内容を十分理解していたので、登場人物の気持ちになって演技ができた。水がめに隠れていて、猿（D児）に「やぁーっ」と言って切りかかっていったり、猿が降参した時、喜びを表したりした。最後の場面で、謝罪に来た猿に「もうすぐ治るからいいよ」と言ってやさしい言葉をかけた。	準備中にトイレに行きたくなる。劇の途中で台本を見直す場面が何度も見られたことから、ストーリーが十分理解できていないようであった。栗や蜂に攻撃された時は、「あちちち」とか「いたたたた」と自発的に場に応じた言葉を言うことができた。
第4回	「牛のフンだけはやりたくない」と言い、役へのこだわりが見られた。柿の種とおにぎりを交換する場面でジャンケンを取り入れようと提案した。	猿が謝罪した時、腕を組んで「じゃあ、許してやるか」と威張って言った。猿に復讐を果たし、優越感を感じているようであった。
第5回	「狼だけはやりたくない」と言い、またも役へのこだわりが見られた。最後に、やけどした狼を「焼いて食べよう」と言い、独自の展開を示した。	走ってレンガを運ぶなど家を作る場面が意欲的であった。狼が何度吹いても壊れないので勝ち誇ったように笑みを浮かべた。
第6回	最後の場面で、やけどをした狼に冷水を持っていき、「これで冷やすように」と言ったり、反省した狼に「いっしょに肉を食べよう」と誘ったりしたところはやさしさが溢れていた。また、言語不足、表現不足のD児をよくフォローした。	木の家を作る場面で中心になって作り、逃げ込んで来た子豚1を安心させた。その家を狼の息に合わせてタイミングよく壊した。しかし、全般的に言語が不足していたり、必要な動きが取れなかったりした。

第7回	お母さん役は台本にはなかったが、即興で役を取り、お父さんの相手をした。娘役では、か細い声で悲しそうにしくしく泣く姿を好演し、D児からも賞賛された。	力太郎を演じ、「うりゃー」と言って勇ましく石を蹴り、雄叫びを上げて石子太郎に飛びかかっていった。しかし、話しかけられたり質問されたりした時に返事をしなかった。
第8回	予定されていた主役を「力がないから」と言って固辞した。化け物役になり、力太郎に倒され、降参した後に、「覚えていろ」と捨てゼリフを言い、悔しさを演出した。	C児が力太郎を固辞した時、「力太郎は楽しかったから、もう一回やる」と立候補し、再度、主役を演じた。主役に対する意欲が感じられた。
第9回	役決めの時に「鬼だけは嫌」と拒否したが、「戦う前に降参すればよい」という条件で渋々鬼役を引き受けた。しかし、劇では金太郎に堂々と立ち向かい、熱戦を繰り広げた。鬼役を演じているうちにこだわりは薄れたようだった。	今回で主役が3回連続だったからか、劇の開始前に「緊張する」と言う。劇では「はい、どうぞ」と言って熊と兎に自発的におにぎりを分け与えた。熱闘の末、苦労して鬼を倒した後、侍と一緒に万歳をし、喜びを分かち合った。
第10回	侍から鬼退治を命じられた時、尻もちをついて驚きを表わし、動物たちと再会した時は跳びはねて喜びを表わすなど感情表現が豊かであった。これまでの劇の中で自発性が最も多く見られた。	熊が持ちかけた相談に答え、意見を言った。また、金太郎が相撲で熊に勝った時や熊が無事に橋を渡り終えた時に拍手を送り、喜びを共有した。共感する態度が見られた。

1）C児

どの童話においても特定の役にこだわりがあった。『一寸法師』では「鬼」、『さるかに合戦』では「牛のフン」、『3びきのこぶた』では「狼」、『力太郎』では主役、『金太郎』では「鬼」の役に抵抗を示し、拒否した。主役を拒否した第8回は化け物役になり、力太郎に倒され、降参した後に「覚えていろ」と捨てゼリフを言い、悔しさを表わした。第9回は役決めの時に鬼を拒否したが、「戦う前に降参すればよい」という条件でしぶしぶ引き受けた。劇では金太郎に堂々と立ち向かい、熱戦を繰り広げた。第10回は役へのこだわりは見られなかった。侍から鬼退治を命じられた時、尻もちをついて驚きや不安な気持ちを大げさに表現したり、動物たちと再会した時は跳びはねて喜びを表わしたりした。自発性が多くみられた。

2）D児

積極的に主役を演じ、活躍する姿が見られた。第2回『一寸法師』では、鬼の前に立ちはだかって姫を守った。第7回『力太郎』では、「うりゃー」と言って勇ましく石を蹴り、雄叫びを上げて石子太郎に飛びかかった。第8回では、C児が主役を拒否したため、自ら立候補し、再度、力太郎を演じた。第9回『金太郎』では、「はい、どうぞ」と言って、熊と兎に自発的におにぎりを分け与えた。

劇の開始直前にトイレに行き（第1回、第3回）、「緊張する」と言ったりして（第2回）、しばしば緊張している様子も見られた。

（2）セリフと動作・行動のプロセスレコード

第10回『金太郎』の全場面のプロセスレコードを示す。

表3 第10回『金太郎』の全場面

〔役割〕C児：金太郎 　　　　D児：ウサギ、おに 　　　教師（T）：熊、おさむらい
第1場面：金太郎と熊がウサギの行司で相撲を取り、金太郎が勝つ
T（熊）「金太郎さん。今日も森へ来てくださいましたね。」 　　　　（金太郎を歓迎している気持ちを表す。） C（金太郎）「そうだよ。ハロー。」（上機嫌で手を振る。） 　D（ウサギ）は、言葉は発しないが金太郎をうちわで仰いで歓迎していることを態度で示す。 T（熊）「金太郎さんがいらっしゃると動物たちは大喜びです。みんな、金太郎さんが大好きです。」 C（金太郎）「そんなことないでしょう。今日も森を探索しに来ました。」

T（熊）（斧を担いで言う。）
T（熊）「では、今日もわたしたちといっしょに楽しく過ごしましょうね。」
C（金太郎）「はい。」（嬉しそうに笑顔で答える。）
　T（熊）は自分が森一番の力持ちであるので、金太郎でも自分にはかなわないだろうと言う。
C（金太郎）「いやいやいや、そんなことないですよ。」（少し神妙な表情に変わる。）
T（熊）「では、いっちょ私と相撲を取ってみませんか？」
A（金太郎）「うーん。」としばらくためらった態度を示した後、
　　　　　　「よし。」と力強く言う。
T（熊）「ウサギさん、行司をやってください」（Dの出番を意図的に作る。）
　D（ウサギ）は、返事をしないが、うちわで仰いだことによって了解の意を示した。
C（金太郎）「いくぞー。」（結果はわかっているので、安心して元気よく相撲に臨む。）
D（ウサギ）「はっきょうい、のこった、のこった」（うちわを上に上げる。）
T（熊）「おー、おー、おー」
　　　　（金太郎に一方的に押し込まれて後ずさりし、そして倒れる。）
　　　　「まいった、まいった。金太郎さんの勝ちだ。金太郎さんにはかなわない。金太郎さんは強いなぁ。」
C（金太郎）「やったーっ。」
　　　　（熊に勝って飛び上がって喜ぶ。）
　D（ウサギ）は手を叩いて勝った金太郎を褒めたたえる。
T（熊）「金太郎さんがこの森の中で一番強いです。」
　　　　（Cの自己肯定感が高まるように大いに賞賛する。）

金太郎が相撲で熊に勝つ

第2場面：動物たちと金太郎がいっしょにおにぎりを食べる

T（熊）「ああ、金太郎さんと相撲を取ったらお腹が空きました。金太郎さんは今日もお母さんが作ってくれたお弁当を持って来てますねぇ。私たちにも分けていただけますか？」
C（金太郎）「いいよ、ほら持って来たよ。」
　　　　（おにぎりを取り出し、熊に一番大きいおにぎりを与える。）
T（熊）「こんな大きなおにぎりをくださってありがとうございます。おいしそうですね。」
C（金太郎）「熊は体が大きいからね。」
　　　　（とても穏やかな表情で話す。）
C（金太郎）「ウサギさんもどうぞ」
　　　　（ウサギにもおにぎりを与える。）
　D（ウサギ）はおにぎりをもらってもお礼の言葉を言わない。
T（熊）「では、いただきます。ああ、おいしいです。」
　　　　「ウサギさん、おいしいですか？」（Dに話をさせる。）
D（ウサギ）「おいしいですね。」（同意するがそれ以上の会話はない。）
C（金太郎）「やっぱり、おかんの作ったおにぎりはおいしいなぁ。」
T（熊）「金太郎さんのお母さんが心を込めて作ってくださったからですね。」
　　　　「ああ、おいしかった。お腹いっぱいになりました。金太郎さんは？」
C（金太郎）「パンパンだよ、もう。」
　　　　（自分のお腹をさすってお腹がいっぱいになったことを表わす。）

おにぎりを分け与える

第3場面：金太郎と動物たちがいっしょに森の探検に出かける

T（熊）「では、お腹がふくれたところで、金太郎さん、今から森の探検に出かけますか？」
C（金太郎）「うん。まかせとけ。」（笑顔で答える。）
T（熊）「森のことだったら私がよく知っているので、私についてきてください。」
　　　　「ウサギさんも一緒にいらっしゃいね。行きますよー。」
　D（ウサギ）は、無言でウサギのように四つ足で跳びはねながらT（熊）の後についていく。
　C（金太郎）は、斧を持って元気よくB（ウサギ）の後についていく。
T（熊）「あっ！」（急に立ち止まって予想外のことが起きたことを暗示させる。）
C（金太郎）「ん、なに？」（不安そうな声で言う。）
T（熊）「昨日の大雨で、ここから先は崖が崩れていて通れません。困ったなぁ。」

森の探索に出かける

T（熊）「ウサギさん、どうしましょう？」
　（Dから言葉を引き出すため相談を持ちかける。）
D（ウサギ）「じゃあ、熊さん。いっちょやってください。」
T（熊）「なにをやりますか？」
C（金太郎）「木を切るんですよ。」
T（熊）「では、私がいっちょやってみますかね。」
　　　T（熊）が木を倒しにかかる。
C（金太郎）「熊さん、頑張れ。熊さん、頑張って。熊さん、頑張れ。」
　　　（熊に声援を送る。）
T（熊）「よいしょ、よいしょ。この大きな木は私の力ではとうてい
　　　　無理です。困ったなぁ。」「いくら金太郎さんが力持ちでも、
　　　　この大きな木を引っこ抜くのは難しいでしょうねぇ。」
C（金太郎）「こんな大きな木でもぼくはできるぞ！」
　　　　（自ら積極果敢に挑戦する。）
　　　　「いくぞー、ヤーッ！」（勢いよく木をなぎ倒す。）

3人で橋を渡る

T（熊）「おーっ、金太郎さん、お見事！」（拍手喝采）
　D（ウサギ）は、驚きや喜びの気持ちを表わさない。
T（熊）「この木を橋にして向こう側に渡りましょう。」
C（金太郎）「うん。」（元気よく言う。）
T（熊）「今度は小さい人から順番に渡ってください。」
　D（ウサギ）は先頭切って四つ足で跳んで、難なく橋を渡る。
　C（金太郎）は次に橋を渡り始め、向こう岸になだれこんで到達し、
　　　危なかったことを表わす。
T（熊）「金太郎さん、大丈夫ですか？谷に落ちそうでしたね？」
C（金太郎）「うん。大丈夫です。危なかった。でも、助かった！」
　（胸をなでおろす。）
T（熊）「では、体の大きな私が渡ります。怖いなぁ。よいしょ！」（やっとの思いでたどり着く。）
C（金太郎）「おーっ！よかったねー。」（無事に橋を渡り切った熊に拍手と歓声を送る。）
　D（ウサギ）は、金太郎の真似をして熊に拍手を送る。言葉は発しない。

第4場面：お侍が金太郎を家来にして都に連れていく
　C（金太郎）は、再度橋を渡る練習をしている。
T（お侍）「そこの若者、ちょっとこっちへ来い。」
C（金太郎）「あぁーっ。」（驚いて橋から転がる。）
　　　　「なぁにー。だれー。」（人懐っこく、明るく振る舞う。）
　T（お侍）は、金太郎の活躍ぶりに感心したことを話し、都に行って立派な侍にならないかと誘う。
C（金太郎）「よいとも。やるぞ。」（積極的に引き受け、手を高く上げて力強く答える。）
T（お侍）「では、わしについてくるがよい。」
C（金太郎）「その前に。」（ウサギに駆け寄って）
　　　　「ウサギさん、ごめんね。これからぼくは侍といっしょに都に行くからね。」
　　　　（しんみりとした表情で寂しそうな声で語りかける。）
　T（お侍）は、金太郎を立派な侍にするため、都へ連れて行くことをウサギに話す。
D（ウサギ）「じゃあね。」（自分から金太郎に別れを言って手を振る。）
C（金太郎）「立派な侍になってみせるよー。」
　　　　（侍になる決意を述べると同時にウサギに別れを告げる。）

第5場面：都で金太郎はお侍から剣のけいこや勉強を教えてもらう
C（金太郎）「ここが都かぁ。」（物珍しく周りを見渡し、感慨深く言う。）
T（お侍）「大きいだろう。人がたくさんいるし、お店やさんもたくさんあるぞ。」
C（金太郎）頷いて、「たくさん歩いたらお腹すいちゃったー。」（自分のお腹を撫でる。）
T（お侍）「では、握り飯でも食べるがよい。」（金太郎におにぎりを差し出す。）
C（金太郎）「おーっ。」（手をたたいて喜ぶ。）
　　　　「いっただきまーす。」（おにぎりを受け取り、嬉しそうに食べ始める。）
　　　　「おお、おいしい。」
T（お侍）「腹ごしらえができたら、さっそく武道のけいこに励むぞ。」
C（金太郎）「よし。」（急いで食事の後片付けをする。）
T（お侍）「ではこれを1つ持つがよい。」（紙製の刀を渡して）
　　　　「わしにかかってこい。」
C（金太郎）「はい、行きます。やーっ。」
　　　　（勢いよく侍に飛び込んでいき、しばらくチャンバラをする。）
T（お侍）「おぉ、なかなか強いのぉ。いいぞ、その調子だ。」
C（金太郎）「えいっ、やー。」（刀を振り回す。）

T（お侍）「もう1回だ。」
C（金太郎）「いぇー。」
　T（お侍）は、武道の健闘をたたえ、次は勉強を教える。
　C（金太郎）は、椅子に座る。
　T（お侍）は、お手本を見て、書き写すことを指示する。
　C（金太郎）は、言われた通りに書き写す。
T（お侍）「おお、なかなか上手な字を書くのぉ。よーし、
　　　　　字も全部覚えたようだのぉ。これでお前は立派
　　　　　な武士になったぞ。」
　C（金太郎）は、侍の顔を見て真剣に話を聞き、忠実な
　　　　　家来であることを態度で表わす。

侍と武道の稽古に励む

第6場面：お侍に頼まれて鬼退治に出かけ、鬼を倒す

T（お侍）「では、お前に1つ頼みがあるけどのぉ。」（この後、都に鬼がいることを話す。）
C（金太郎）「えーっ！」（鬼の話を聞いて、驚いてしりもちをついて倒れる。）
T（お侍）「それで、都の人々を苦しめている鬼の退治をお前に1つやってもらいたいけどのぉ。」
C（金太郎）不安そうな声で、「鬼はけっこう怖いんでしょ。」（尻込みする。）
　T（お侍）は金太郎を勇気づけ、人々のために鬼と戦うように勧める。
C（金太郎）覚悟を決めて、「やってみる。」（うなづき、武者震いする）
T（お侍）「そうか。では鬼がいるところに連れていくからのぉ。これを持つがよい。」
　　　　　（刀を渡す。）
C（金太郎）「はい。」（緊張気味に答える。）
T（お侍）「では、行くとするか。」
　ここで、Dが鬼として登場する。
T（お侍）「ここが鬼のいるところだ。鬼はあそこにいるぞ。金太郎、鬼と戦って勝って来い。」
C（金太郎）「はい。」（勇ましく答え、鬼と対面する。）
C（金太郎）「鬼、覚悟しろ！」（とは言ったものの）「やっぱり怖い。」（と言って尻込みしてお侍のところに戻って来てしまう。）
T（お侍）「大丈夫だ。行け！」
　C（金太郎）は、おじけづいて動こうとしない。
T（お侍）「金太郎、勇気を出して行け！お前なら必ず勝てる！」
D（おに）「どこからでもかかってこい！」（金太郎をおびき出すため意図的に挑発する。）
C（金太郎）「了解！やーっ！」（覚悟を決め、鬼めがけて突進していく。）
　両者がチャンバラを続けるが、D（おに）はなかなか負けようとしない。
　そこで、D（おに）に早く降参させるため、T（お侍）がC（金太郎）の助太刀に入る。
C（金太郎）「どうだ、まいったか？」
D（おに）「まいりました。」
T（お侍）「では、この鬼を都へ連れて行き、牢屋に入れておくからのぉ。金太郎、鬼を連れてこい。」
C（金太郎）「はい。」（鬼の手を後ろで組ませて連れて行く。）
　D（おに）は金太郎に連行される時、手を後ろに回し、膝で立って歩く。
C（金太郎）「ここの牢屋に入れ。」（毅然とした態度で鬼に命じる。）
　T（お侍）は金太郎が命がけで戦ったことを賞賛し、村に帰省する許可と褒美の小遣いを与える。
C（金太郎）「やったー！」（飛び跳ねて大喜びの姿を演じる。）
T（お侍）「ひさしぶりに動物たちとゆっくり過ごしてこい。」
C（金太郎）「うん。またねー。じゃあねー。」（手を振って侍のもとから去って行く。）

第7場面：久しぶりに森に帰り、動物たちとの再会を喜ぶ

C（金太郎）「ただいま、お母さん。」（手土産を持って大はしゃぎで帰る。）
T（熊）「あ、金太郎さんが戻ってこられました。立派なお侍さんになりましたねぇ、ウサギさん。」
D（ウサギ）「はい、そうですねぇ。」（大きくうなずいて同意を示す。）
C（金太郎）「今度は相撲でなくて剣道だ。教えてやる。剣道を覚えたぞ。」
　　　　　（斧を振り上げて熊に言う。）
　T（熊）の提案により、みんなで万歳三唱をする。
　D（ウサギ）は跳び上がって万歳をする。
C（金太郎）「やったー。」
　　　　　（万歳が終わった後も跳び続け、動物たちと再会できた喜びを表わす。）

≪プロセスの振り返り≫

　C児はとても楽しそうに主役を演じ、大活躍した。大はしゃぎし、明るいキャラクターの金太郎を演じた。「森に探索に来た」、「おかんの作ったごはんはおいしい」、手土産を持って帰る等、劇全体を通して独自に考えたことを表現した。感情表現が豊かであり、各場面でどのような気持ちを表わすかを瞬時に判断できた。

　D児は熊が相談したら、意見を言うところや金太郎にお別れの言葉を言うところなど、言語による応答ができるようになった。うさぎらしく四つ足で跳びはねて歩いていくところなど動作に工夫が見られた。このように心に浮かんだことをためらわず、そのまま表現できた。鬼になって金太郎と対決した時、負ける筋書きであることは十分わかっているにもかかわらず、なかなか負けようとせず、金太郎と互角に闘っていた。

（3）映像による自己フィードバック

　映像による自己フィードバックの場面で、対象児が示した反応を整理した結果を表4に示す。

表4　映像による自己フィードバック場面で示した反応

回	C児	D児
2	主役の自分の演技を観ても一言も発せず、よそ見をするなど無関心であった。	自分の姿を真剣に見入っていたが、感想を言ったり感情を表わしたりはしなかった。
3	ハンカチを口に当て、静かに自分の演技を観ていたが、感想を述べたりしなかった。	途中、目を閉じたり、歯をさわったりして集中していなかった。興味かなさそうだった。
4	自分の演技を観て嬉しそうに微笑んだ。	恥ずかしそうに手で顔を覆った。
5	「ジャンケンする場面も見たい。」と言った。	「最後まで見たい。」と言った。
6	先回自分の言ったセリフが流れた時、同様に「狼が焼けたぞ、お肉を食べよう」と繰り返した。	狼が家を壊した場面で、「あーっ、助けて」と録画と同じセリフを言った。
7	「勉強になるので他の学年のビデオも観たい」と言い、関心を示した。	身を乗り出して自分の演技に見入っていた。感想も所々述べた。
8	笑いながら自分の演技を見ていた。	劇と同じように投げ飛ばす動作をした。
9	自分の演技に満足そうだった。その都度、気づいたことを述べた。	「書いているところ（シェアリングの場面）まで観たい」と言った。
10	所々、笑いながら感想を述べ、自分の演技に拍手を送った。	相撲の場面で、劇と同様に投げ飛ばす動作をした。

　両児とも3回目までは反応が乏しかったが、次第に表情や言語による反応を示すようになった。D児は第8回と第10回は動作による反応も示した。

（4）児童の感想の分析

　シェアリングの際に児童が言ったり書いたりした感想を「相手に関すること」と「自分自身に関すること」に分けて整理した結果を表5に示す。

表5　C児とD児の感想

回	C児	D児
	D児に関する感想	C児に関する感想
1	（該当なし）	一寸法師（C児）が鬼と戦うところがすごかった。C児は家来になるところがよかった。
2	鬼が出た時に一寸法師が守ってくれると思って一寸法師の後ろに隠れた。桜見に行き、一寸法師が大きくなったところがよかった。	C児は、おひめさまやくのところがよかった。

3	猿は、お腹が空いておにぎりを食べたい気持ちが表れていた。	子がに（C児）が、お母さんを運ぶところがよかった。
6	まん中のブタがだめだった。	狼が煙突から入って「あちちち」と言うところが面白かった。3番こぶたの家が壊れなくてよかった。
7	（該当なし）	娘が本当にしくしく泣いているところがよかった。
8	力太郎が鉄の棒を杖にして起き上がるところがよかった。	御堂太郎が力太郎に金棒で御堂を突かれて落としたところがよかった。
9	金太郎（D児）が熊を投げ倒すところがとってもよかった。	（該当なし）
10	鬼が鋭くて、むずかしかった。	金太郎が鬼を投げとばすところがよかった。
	「自分自身に関する」感想	「自分自身に関する」感想
1	小さいから都に行く時はゆっくり川を渡った。	鬼をやって楽しかった。
2	（該当なし）	鬼のお腹に入って、はりでさすところがよかった。
3	猿が投げた柿が当たった場面を死にそうにやった。柿の種に水をあげる時、ちゃんとあげた。	猿（D児）が部屋に入ったとき、寒さを出して震えたところがよかった。
4	蟹さんに柿をあげるときに、わざと乱暴に柿をなげた。柿の種と交換する時、じゃんけんを取り入れたところがよかった。	最後に猿（C児）の上にうすが乗ったから、その間に、蟹（D児）がはさみでぱちんとはさんだところがよかった。
5	木の家を作ったところがよかった。鍋の熱さを決めていたことがよかった。100度にしていた。今度は200度にする。	いっしょにお湯をわかしたところがよかった。ふきとばされるところが笑えて、お腹がいたくなりそうだった。進んで思ったことをした。
6	ワラの家が吹き飛ばされた時、恐くて何も動けなかった。それで死んだふりをして寝た。	ワラの家がふきとばされるところがよかった。
7	娘が力太郎たちに話しかけられた時、離れるとこがよかった。御堂を持つ手を鼻の上に置くところがむずかしかった。戦いでわざと負けた。	力太郎が化け物をつかんで、放り投げたところがよかった。
8	化け物を演じている時に、宇宙人ぽく言った。	力太郎を2回やったので楽しかった。笑えたし面白かった。
9	鬼を演じている時に鋭い鬼にした。兎が行司をやったところがよかった。	金太郎が鬼（C児）を倒して、最後に万歳をした。鬼をやっつけるところがとてもよかった。金太郎が熊さんと闘うところがよかった。すごく緊張した。
10	お小遣いをもらった時に「やったー！」と喜ぶところ、熊を投げ倒す時に力を入れたところ、木を橋の代わりにしたところ、はしゃいだところがよかった。今まで男子の役が多かったので、女子の役もやりたい。	最後の時、金太郎（C児）が鬼（D児）を後ろからつかまえた時、暴れて、降参した。鬼が金太郎にやられて暴れたところがよかった。

　１）Ｃ児

　相手に関する感想では、Ｄ児への期待感や思いやりが見られた。「鬼が出て来た時、一寸法師が守ってくれると思って一寸法師の後ろに隠れた」（第2回）、「猿はお腹が空いておにぎりを食べたい気持ちが表れていた」（第3回）と述べたところである。

　自分自身に関する感想では、こだわりがあって拒否していた悪役を終盤は工夫して演じるようになった。「化け物を演じている時、宇宙人ぽく言った」（第8回）、「鬼を演技している時、鋭い鬼にした」（第9回）と述べたところなどである。

　２）Ｄ児

　相手に関する感想では、Ａ児を何度も賞賛した。「家来になるところがよかった」（第1回）、「お姫様役のところがよかった」（第2回）、「子蟹がお母さんを運ぶところがよかった」（第3回）、「娘が本当にしくしく泣いているところがよかった」（第7回）、「金太郎が鬼を投げとばすところがよかった」（第10回）と述べたところである。

　自分自身に関する感想では、主役を演じたことへの満足感が見られた。「鬼のお腹に入って針で

刺すところがよかった」（第2回）、「力太郎が化け物をつかんで放り投げたところがよかった」（第7回）、「力太郎を2回やって楽しかった。」（第8回）、「金太郎が熊さんと闘うところがとてもよかった」（第9回）と述べたところである。

（5）学級担任による通常の学級での行動の観察

　心理劇的アプローチを実施している間に対象児が通常の学級で級友とどのような関わり方をしたか、学級活動にどのように参加したかを毎月、1回の割合で学級担任から聞き取り、行動の特徴を把握した。その結果を表6に示す。

表6　学級担任からの聞き取った通常の学級での行動記録

回	C児	D児
1学期の頃	学級に慣れないため、引っ込み思案になり、自分からは級友に話しかけていけない。級友に用がある時は、教師に付き添いを求めてくる。自分から級友に接近していくことができないため、多くの級友と接する場面のある英語の授業では1人ぽつんとしている。球技へのこだわりが強く、ドッジボールは参加しようとしない。	1人でいることが多いため学習支援員がなるべく級友と会話をさせようとするが、思いつくまま話してしまい、人の気持ちやその場の様子を読み取ることができない。また、学習支援員の力を借りようとせず、すべて自力で解決しようと無理をするので、困難な課題になると泣く姿が見られる。
9月	能力的な違いから級友と対等な人間関係が形成されていないことを自覚し、自信を失いかけているようだ。精神的に不安定であり、いつもハンカチを口に当てている。しかし、特定の女子1名だけは親近感を抱くようになった。	進んで友だちの輪に入って話すようになったが、相手の気持ちや場を考えないため、会話は成立しない。ただ、何事も一生懸命努力するので、周囲がその努力を認めるようになり、学級に馴染んできた。
10月	英語の時間に女子たちが寄って来てC児に話しかけた。授業は理解できていないが、級友が場所移動するのを見てC児も真似して動いたからである。級友と同じことをしようとC児なりに努力した成果である。学級全体の活動に参加できた。	図工の授業の終わりに、自ら学習支援員に「もう少し残っていて」と助けを求めた。本児から助けを求めたことは初めてである。長縄跳びの練習では自ら縄の回し役を買って出た。気の合った級友に「外へ遊びに行こう」と誘った。
11月	以前から親近感を持っていた1人の女子からやさしくされ、対等な関係でつきあうようになった。きっかけは、互いに少女マンガを描くことが好きだという共通の趣味を持っていることがわかったことによる。以後、自分が描いた絵を見せ合うようになる。また、苦手なドッジボールも学級会やレクレーションで参加するようになった。学級に溶け込むようになった。	班で話し合う場面で自分の意見を言う姿が総合的な学習の時間に見られた。わからないことは教師のところまで聞きに来るようにもなった。能力的に同じレベルの級友が学級に何人かいることがわかり、日頃はその子たちと交流を深めるようになった。それを機に、学級全体の輪にも入れるようになった。このように以前に比べて積極的になった。

1）C児

　劇を導入する前の1学期の頃は、多くの級友と接する場面が多い英語の授業では一人ぽつんとしていた。球技へのこだわりがあり、ドッジボールに参加しようとしなかった。

　劇の導入後の9月では、級友と対等な人間関係が形成できないことに自信を失いかけ、精神的に不安定な状態であった。10月は、級友の動きを真似して同じように動いていたが、級友がそれを見て級友の方からC児に話しかけるようになった。それを機に学級全体の活動に参加できるようになった。11月は、以前から好意を寄せていた1人の女子と共通の趣味があることを知り、その子からやさしくされ、対等な関係でつきあうようになった。集団活動で苦手なドッジボールに参加するようになった。

2）D児

　劇を導入する前の1学期の頃は、学習支援員が級友と会話させようとしても緊張して話せず、会話に加われなかった。課題を解くことが自分一人では困難な時に助けを求めずに泣いていた。

　劇の導入後の9月では、何事にも一生懸命努力するD児のよい点を周囲が認め始めた。これを機にD児が学級に馴染み始めた。10月は、長縄跳びの練習では自ら縄の回し役を買って出たり、気

の合った級友に「外へ遊びに行こう」と誘ったりするなど、積極的な行動が見られた。11月は、わからないことを積極的に教師のところまで聞きに来るようになり、班での話し合いでは自分の意見が言えた。

第3節　まとめ

（１）C児

　C児は役に対するこだわりが改善した。

　心理劇的アプローチを開始してから当分の間、C児は特定の役にこだわりを持ち、特に悪役を引き受けようとしなかった。日常生活で見られるこだわりが心理劇的アプローチ場面でも見られた。

　第9回に渋々引き受けた鬼の役を熱演してからはこだわりが見られなくなった。この時の感想で「鋭い鬼にした」と述べ、劇で積極果敢に戦う姿を演じた。C児は第9回で鬼役を演じる中で悪役に対するこだわりが薄れたようだ。第10回では役へのこだわりは見られず、感想で「はしゃぐところがよかった」と述べており、これまでの劇の中で自発性が最も多く見られた。この回では、自発性が増加したことと役へのこだわりがなくなったことが同時にみられた。役へのこだわりを持っていた時は、悪役を演じることに抵抗や防衛が働いていたが、第9回で鬼役になって金太郎と堂々と戦ってから悪役に対する抵抗や防衛が薄れ、劇場面で安心して羽目を外して遊ぶ楽しさを知ったものと考えられる。

　通常の学級でC児は2学期の途中まで苦手なドッジボールにこだわりを持ち、参加しようとしなかった。そこには、自分が苦手にしていることを級友に知られたくないという防衛的な態度が働いていたと思われる。11月にドッジボールに参加した時には、級友に対する防衛的な態度は緩和した。ドッジボールが苦手であるということを級友に知られても級友といっしょにいたいという思いを抱くようになったと思われる。

（２）D児

　D児は、主役を何度も演じる中で自己肯定感が次第に高まっていった。

　主役は戦いの場面では勝つことが確約されており、家来からは頼りにされてあがめられる存在である。D児は、感想で「鬼のお腹に入って針で刺すところがよかった」、「力太郎を2回やって楽しかった。笑えたし、面白かった」等と述べ、主役を演じている時に心地よさを感じているようだった。主役は他の役より責任が重いため、D児は「緊張する」（第2回、第9回）と述べている。主役を引き受けることは心理的な負担を伴う。その緊張感を克服して主役を演じ終えた時、満足感が得られ、その積み重ねが自己肯定感につながっていったと思われる。

　劇を導入する前の1学期の頃、D児は、通常の学級にまだ慣れていないこともあり、級友との会話に加われなかった。学習支援員に援助を求めることもできず、消極的であった。2学期の後半には通常の学級で級友と積極的に関わる姿が見られるようになった。D児は主役を何度も演じたことによって自己肯定感が高まり、消極的な態度が改善していったと考えられる。

（３）両児の相互関係

　C児は、感想の中でD児への期待感（第2回）や思いやり（第3回）を述べ、劇の中でD児にやさしさを表した（第3回）。D児はC児をいつも「Cちゃん」と親しみを込めて呼び、シェアリン

グでは何度もＣ児の演技をほめた。Ｃ児が固辞した主役をＤ児が代わって立候補した（第8回）。両者は互いに相手の長所を認め、弱いところを補っていた。前年度まで両者は、3年間特別支援学級で毎日顔を合わせ、気心が知れていたかもしれないが、Ｃ児とＤ児は互いに相手を「いっしょに劇をする仲間」として意識していたと感じられた。心理劇的アプローチの場が自由な表現が許され、安心できる場となり、自発性や積極性が増えていったと考えられる。Ｃ児は「鬼が出て来た時、一寸法師（Ｄ児）が守ってくれると思って一寸法師の後ろに隠れた」（第2回）と言ったり、謝罪に来た猿（Ｄ児）に「もうすぐ治るから、いいよ」と救いの言葉を言ったり（第3回）した。これらの言葉は、相手がＤ児であったから出て来たと思われる。Ｄ児は鬼の前に立ちはだかって姫（Ｃ児）を守ろうとしたり（第2回）、Ｃ児が拒否した主役を自ら立候補したり（第8回）した。これらのことも、Ｃ児に対して仲間意識を持っていたから起きた行動であると思われる。Ｃ児とＤ児の仲間意識が心理劇的アプローチ場面にも影響し、やさしさや自発性、積極性につながったと考えられる。

第9章　知的能力に差のある3年生男子2名に対する実践（事例3）

第1節　対象児の概要と手続き

第1項　対象児の概要

　対象児2名は同じ通常の学級に在籍している。生育歴や教育歴は次のとおりである。

（1）E児（3年生、男子）

　4歳の時、小児科でASDの疑いがあると言われる。保育園では友達と遊びたい気持ちはあるが、どのように関わってよいか分からず、いっしょに遊べなかった。言語訓練を受けていたが、本人が嫌がったため訓練を取り止めた。小学校入学後、友達と遊べるようになったが、相手の気持ちが理解できず、頻繁にトラブルが生じた。2年生では、発音が不明瞭なため、また早口で話すため、言っていることが通じず、相手が聞き返すと怒った。授業中は積極的に挙手し、やる気はみられる。発音や対人関係が問題となったため、2年生より通級による指導を受け始めた。田中ビネーV知能検査の結果（6歳の時）は、IQが102であった。

（2）F児（3年生、男子）

　5歳より通院しているが、診断名は下されていない。就学前の教育相談で自閉的傾向と言われる。保育園の時、発音が不明瞭で、意味理解も困難であったため、会話が成り立たなかった。他児の間違えを許すことができず、怒ったり相手を押したりした。視線が合わなかった。小学校入学後、相手の気持ちを理解することが難しかった。授業中に退屈になってくるとしばしば席を離れた。2年生では級友に対して嫌な態度を極端に示した。思い通りにならないと泣き喚いた。コミュニケーション能力を高めることを理由に2年生より通級による指導を受け始めた。学級担任が行った文部科学省（2012）チェック表でLDと高機能自閉症に該当した。WISC-Ⅲの結果（8歳の時）は、VIQが68、PIQが75、FIQが70であった。

　E児とF児は、入学前より病院や教育相談で発達上の課題が指摘され、行動の特徴からウィング（1998）のタイプでは積極・奇異群のASDと推定される。両児とも言語表現に問題を持ち、相手の気持ちを理解することが困難であり、校内委員会でリストアップされ、特別な支援を必要とすると判断されている。通級指導教室で適切な指導が望まれ、これらの問題点を改善するために心理劇的アプローチが最も適していると判断された。

第2項　手続き

（1）実施場所と実施期間

　5月＊日から12月＊日までの8カ月間に対象児が在籍する小学校の通級指導教室で童話を題材とした心理劇的アプローチを22回実施した。題目は、児童が希望した童話と授業者が推薦した童話を順番で取り上げた。1回の指導時間は45分である。

（2）心理劇的アプローチで用いた童話の題目

　児童による希望では、「おはなしカード」、「名作おはなしカード」、紙芝居などを教師が提示し、その中からE児とF児が順番に希望する童話を選んだ。授業者による推薦では、最初はE児とF児を心理劇的アプローチに慣れさせるため、誰でも知っている簡単な『3びきのこぶた』を推薦した。

次から、両児（特にE児）が相手を思いやる気持ちを持つように、やさしさを主題とする童話（『かさこじぞう』、『おむすびころりん』等）を推薦した。

実施した童話の題目、児童2名と通級指導教室の教師（補助自我）の役割分担等を表1に示す。

表1　心理劇的アプローチの実施日・題目・役割分担

題目	実施日	E児の役	F児の役	通級指導教師の役
3びきのこぶた （教師の推薦）	① 5/＊	母豚、子豚2	子豚1と3	オオカミ
	② 6/＊	子豚1と3	オオカミ	母豚、子豚2
さるかに合戦 （F児の希望）	③ 6/＊	ハチ、うす、栗、牛の糞	かに、こがに	さる
	④ 6/＊	かに、こがに	ハチ、うす、栗、牛の糞	さる
にげだしたパンケーキ （E児の希望）	⑤ 6/＊	お母さん、鶏、豚	パンケーキ	子ども、男の人
	⑥ 7/＊	パンケーキ	お母さん、鶏、豚	子ども、男、にわとり
白雪姫 （F児の希望）	⑦ 7/＊	白雪姫	おきさき、小人	魔法の鏡、猟師、王子
	⑧ 7/＊	魔法の鏡、猟師、王子	白雪姫	おきさき、小人
かさこじぞう （教師の推薦）	⑨ 9/＊	おじいさん	おばあさん、町の人	お地蔵さん、町の人
	⑩ 9/＊	おばあさん、町の人	おじいさん	お地蔵さん、町の人
桃太郎 （E児の希望）	⑪ 9/＊	桃太郎	おばあさん、犬、さる	おじいさん、きじ、鬼
	⑫ 9/＊	おじいさん、きじ、鬼	桃太郎	おばあさん、犬、さる
三枚のおふだ （F児の希望）	⑬ 10/＊	こぞう、お札	やまんば	おしょうさん
	⑭ 10/＊	おしょうさん、お札	こぞう	やまんば
あかずきんちゃん （教師の推薦）	⑮ 10/＊	母さん、猟師	あかずきん、おばあさん	狼
	⑯ 10/＊	狼	母さん、猟師など	あかずきん
金太郎 （E児の希望）	⑰ 11/＊	金太郎	おさむらい、うさぎ	くま、おに
	⑱ 11/＊	おさむらい、うさぎ	金太郎	くま、おに
浦島太郎 （F児の希望）	⑲ 11/＊	浦島太郎	亀、鯛・平目、道行く人	子ども、乙姫、通行人
	⑳ 11/＊	亀、鯛・平目、道行く人	浦島太郎	子ども、乙姫、通行人
おむすびころりん （教師の推薦）	㉑ 12/＊	おじいさん	欲ばりじいさん	ネズミ、おばあさん
	㉒ 12/＊	ネズミ、おばあさん	おじいさん	欲ばりじいさん

第2節　指導の経過

第1項　心理劇的アプローチの注目行動

　毎回の心理劇的アプローチ場面のE児とF児の演技の中から授業者が注目した行動を記録した。その結果を表2に示す。

表2　心理劇的アプローチの注目行動

回	E児の注目行動	F児の注目行動
第1回	火傷をした狼を深追いし、煙突で使った筒をホースに見立てて水をかけた後、鍋の湯を浴びせて攻撃をやめなかった。残虐性が見られた。	劇とは無関係なことを喋っていたが、終了後に「もう一度やりたい」と言い、次は狼を希望した。心理劇的アプローチに興味を持ったようである。
第2回	前回と同様、最後に狼が火傷を負ったら反撃に出て、目の色を変えて執拗に狼へ乱暴な行為をした。ストレス解消をしているようだった。	狼の怖さを出そうと低い声でゆっくり話した。最後に「覚えとれよ」と独自のセリフも言った。手のこんだ演技に感心させられた。

第3回	猿が謝罪しても攻撃をやめようとせず、決して許そうとしなかった。次第にエスカレートし、興奮して見境がつかなくなったようだ。	母蟹が怪我をして悲しんでいる場面から一変して、栗や蜂が味方になって喜びの表情に変わった場面を感情豊かに表現した。
第4回	猿に青柿を当てられる前に、逆に石を猿にめがけて投げつけた。前回と同様、謝罪した猿を許そうとせず、攻撃を続けた。	「猿は謝っているんだから、許してやろうよ」とE児に言ったがE児は聞き入れず、猿への攻撃を続けたため、攻撃道具を取り上げた。
第5回	パンケーキを作る場面で、長い間1人だけで生地をこねて焼いていて、F児が参加したくても、「まだ」と言って待たせた。	パンケーキとして早く登場したかったが、E児に2度「まだ」と言われ、辛抱強く待ち続けた。
第6回	音読の後、F児が物語の感想を述べたら、「うるさい」と言って怒る。片づけの時、F児が手伝おうとしたら、拒否する。	子ども（E児）に「いい匂いがしてきた？」と聞きながら、丁寧かつ楽しそうにパンケーキを作った。
第7回	F児が「E児」と呼び捨てにしたら、怒る。学級担任によると学級ではみんな呼び捨てで呼び合っているとのことである。	小人役の時、白雪姫が死んだ時の悲しみから一変し、生き返った時の喜びの感情を明確に対比させて表現した。
第8回	これまで一度も悪役を引き受けようとしなかったが、劇終了後に「先生がやったお妃をやればよかった」と言う。	真夏であるにもかかわらず、劇の中でどうしても毛布を使いたいというこだわりが見られた。
第9回	おばあさんとの対話の時、言葉を機械的に言うのみで感情がこもっていなかった。役になり切ることができなかった。	通行人を演じた時、おじいさんが売っている笠でなく、他の売り手の品物に興味を示すことによって、おじいさんの孤独感を表出させた。
第10回	おじいさんが笠を売る場面で、魚屋、ラーメン屋、蒔き売り、マッチ売り等の店屋になって威勢のよい売り子を演じた。	お地蔵さんに笠と手拭いを被せたら走って帰るなど活動的な演技であったが、場面や心情に合わせた動きではなかった。
第11回	謝罪した鬼に対し、すぐには攻撃をやめなかった。次の題目決めの時、F児が数回山姥を勧めたら、「うるさい」と怒鳴る。	芝刈りの時におじいさんが使う斧に興味を持ち、その斧を使って料理を作って桃太郎に振る舞うという展開に話を作り変えた。
第12回	準備の時、自分の机椅子は運んだが、まだ残っている机椅子は運ぼうとしなかった。次回の役決めでは山姥を拒否した。	至る場面で斧を振り回した。斧をふり上げて鬼に向かっていったので「危ない」と注意された。
第13回	小僧役で寺に隠れていた時、くしゃみをして自分の存在を山姥（F児）に気づかせ、「小僧を出せ」と言わせようとした。	山姥の怖さを出そうと怒った表情でセリフを言ったり、激しい動きをしたりしたところがよかった。
第14回	和尚役で豆粒に化けた山姥を餅にくるんだ後、直ちに食べようとせず、餅の焼き具合を調べていたため、緊迫感に欠けた。	お札は3枚だけなのに、5回、6回とお札を放り投げ、筋書きから外れた展開にした。お札を投げることが面白かったからだと思われる。
第15回	あかずきんとおばあちゃんがF児の役であったが、劇の途中でF児の負担を少なくするため、自らおばあちゃん役を申し出た。	狼に食べられた後、狼のお腹の中にいることを猟師に知らせようと「誰か助けてー」と小声で叫び続けるなど自発性が多く見られた。
第16回	自ら狼を希望し、悪役らしくおばあちゃんや赤ずきんに大声を出して飛びかかっていき、悪役を演出することができた。	鉄砲にこだわり、猟師の飾りだけで使用場面はないにもかかわらず、何度も鉄砲を撃った。劇に集中できていなかった。
第17回	熊と相撲を取る場面や鬼を退治する場面では積極的に攻めていったが、勝った時に何も言わなかった。	興味を引く斧や鉄砲を劇で使用することがなかったので、よそ事がほとんどなかったため、比較的よい出来栄えだった。
第18回	ウサギとお侍の2つの脇役を演じ、どちらも脇役らしく劇の進行を助けて自分が目立たないようにして主役を盛り立てた。	劇とは無関係な、赤い羽根のこと、虫がいること、ゴミが落ちていることなど場に合わない発言を何度も繰り返した。
第19回	冒頭場面で、子どもにお金を渡して亀を助けた後、去って行く子どもに「亀を2度といじめるなよ」と言った。	積極的に鯛や平目になって踊ったり、音楽隊を結成して歌を披露したりして、浦島太郎（E児）を楽しませようとした。
第20回	亀の背中に太郎を乗せて竜宮へ連れて行く時、なかなか到着せず、不規則な動きをしたためF児が振り落とされた。思いやりが欠けた。	玉手箱を開けた時、煙に包まれたことを表わすため回転し、白髭と白髪を装備した。次に杖をついて腰を曲げて歩き、見事な演技だった。
第21回	ネズミになって最後に逃げるところは大はしゃぎであった。次回の役は、欲ばりじいさんを引き受けようとしなかった。	餅つきにこだわり、おじいさんが穴に入る前からつき始め、「まだ」と言われてもやめなかった。
第22回	おばあさん役で、開始直後におむすびをにぎるところから始めた。そのため、主役のF児がしばらく待つことになった。	主役を精一杯演じようとする前向きな姿勢が感じられた。善良なおじいさんを演出することができ、よい出来だった。

第2項　授業中の様子

（1）E児

E児は心理劇的アプローチの導入後、しばらくの間、F児に怒りを表わしたり、批判的な感想を述べたりするなど拒否的な態度を示した。この頃のE児はF児に差別意識や偏見を持っており、自分より能力的に劣るF児を見下しているようだった。片づけをF児が手伝おうとしたら拒否したり（第6回）、次回の役決めの時にF児から山姥を勧められたら「うるさい」と怒鳴ったりした（第11回）。このように、しばしばF児に拒否的な態度を取ったり怒りを表わした。しかし、2学期の中頃からE児のF児に対する態度や行動は望ましい方向に変化していき、F児に親切に接するようになった。第13回は、寺に隠れている時に意図的にくしゃみをして自分の存在を山姥（F児）に気づかせようとし、F児が演技しやすいように働きかけた。第15回は、F児の役の一部を自主的に引き受けてF児の負担を減らそうとした。第13回以後にF児への積極的な働きかけが多くなった。F児への自発的な好ましい働きかけがみられるようになった。

（2）F児

E児が批判的、拒否的な態度を取っても、F児はE児の演技を褒めたたえていた。E児を肯定的に評価し続けた。F児は、「謝っているんだから猿を許してやろうよ」と言い、猿を許そうとした（第4回）。また、浦島太郎（E児）を楽しませるために鯛や平目になって踊りや歌を披露した（第19回）。このように、F児は心理劇的アプローチ場面で継続してやさしさや思いやりが多く見られ、疎通性が増加した。

第3項　セリフと動作・行動のプロセスレコード

（1）第15回『あかずきんちゃん』の全場面のプロセスレコード

ここでは、E児のF児に対する思いやりが見られ、F児はセリフに独自性を発揮した。

表3　第15回『あかずきんちゃん』の全場面

〔役割〕　E児：お母さん、猟師、おばあちゃん（実際に演じた）
　　　　　F児：あかずきん、（役決めの段階で）おばあちゃん
　　　　　教師（T）：狼

第1場面　お母さんがあかずきんにおばあちゃんへのお見舞いを頼む

E（お母さん）　「あかずきんちゃーん。こっちへ早く来なさーい。」（やさしい声であかずきんを呼ぶ。）
F（あかずきん）「はーい、何？」（お母さんに呼ばれて上機嫌でやってくる。）
E（お母さん）　「おばあちゃんが病気になってるの。だから、これを持ってお見舞いに行って来て。」（かごに入ったお見舞いの品を手渡す。）
F（あかずきん）「はーい」（お母さんの依頼を素直に引き受ける。）
E（お母さん）　「絶対に道草をしないでね。」（強く言う。）
F（あかずきん）「はーい」（スキップをし始める。）
E（お母さん）　「絶対だよ。」（念を押す。）
F（あかずきん）「はーい、行ってきます。」（上機嫌で歌いながら出かける。）

お見舞いの依頼を受ける

第2場面　狼があかずきんに話しかけてくるところ

T　（狼）「あかずきんちゃん、どこへ行くの？」

F　（あかずきん）「おばあちゃんの家だよ。」（狼に対して好意的に応対する。）

T　（狼）「じゃあ、この辺にお花がたくさん咲いているからね。
　　　　　お花をたくさん摘んで持って行くといいよ。」

　（Eは出番がないので、手に花を持ってあかずきんが花を取りやすくする。）

F　（あかずきん）「そうなの？ありがとう。」

　　　　　（Eが持っている花を手に取る。）

T　（狼）「しめしめ、今のうちだ。えへっへっへ。
　　　　　後であかずきんをパクッと食べてやるぞーっ。」

EがFに花を手渡す

第3場面　狼がおばあさんを食べてしまう

　役決めの段階ではおばあちゃん役はFであったが、Fは自分の役であることをすっかり忘れていた。Eはその様子を見て、「ぼくがやってあげようか？」と言い、自らおばあちゃん役を買って出た。

E　（おばあちゃん）「はくしょん、はくしょん…。」

　　　　　（何度もくしゃみをし、病気であることを表現する。）

T　（狼）「コンコンコン。おばあちゃん、あかずきんです。お見舞いに来ました。開けていい？」

E　（おばあちゃん）「いいよ」（明るく答える。）

T　（狼）「では入ります。ウォーッ。」（おばあちゃんに跳びかかる。）

E　（おばあちゃん）「あーっ！！」

T　（狼）「モグモグモグ、へっへ。今度は、ばあさんになりすましてあかずきんを食べてやる。」

第4場面　あかずきんと狼が問答をする

F　（あかずきん）「ランラン、ランララン。」（歌いながらスキップでやってくる。）

　　　　　「あれ、おばあちゃんちは、ここだったかな？」

　　　　　「よし。トントントン。おばあちゃーん、あたし、あかずきんよぉ。」

　　　　　（明るい声で言う。）

T　（狼）「よーく来たね。さあ、お入り。」

F　（あかずきん）「なんか、変な声がしなかったぁ？」（少し不安そうな声に変わる。）

T　（狼）「そんなことないよ。いつもの声のおばあちゃんだよ。」

F　（あかずきん）「なんだか、男の人の声みたい。へんだなぁ。まあ、いいか。」

F　（あかずきん）「だけどさぁ。おばあちゃんの耳、どうして大きいの？
　　　　　それにとんがってるし。」（台本をアレンジして言う。）

T　（狼）「それは、お前のかわいい声がよーく聞こえるようにだよ。」

F　（あかずきん）「なんかさぁ、お目目、なんで大きいの？」

T　（狼）「それは、お前のかわいい顔がよーく見えるようにだよ。」

F　（あかずきん）「なんか、お口、なんで牙が生えているの？」

　（Eは出番がないため座って2人が会話している場面をじっと見つめている。）

第5場面　狼があかずきんに襲いかかる

T　（狼）「それはね、あかずきん。おまえをパクッと食べて飲み込んでしまうためだよ。ウォーッ。」

F　（あかずきん）「キャー！助けてーっ！！」（大きな叫び声を上げて狼に捕まる。）

T　（狼）「モグモグモグ、ああ、美味しかった。お腹いっぱいだ。」

F　（あかずきん）「キャー、助けてー。」（狼のお腹の中に入ったため、小さな叫び声に変える。）

T　（狼）「さーて、寝るとしよう。グーッ、グーッ。」

　（ここで、Eが立ち上がって猟師になり、銃を持って歩き始める。）

第6場面　猟師があかずきんたちを助ける

F　（あかずきん）「誰か助けてー」（狼のお腹の中で、小声で叫び続ける。）

F　（猟師）「何か変な声が聞こえたぞ。」「おばあちゃん、何かあったのかぁ？」（呼びかける。）

　　　　　「一度入ってみるか。あっ、悪者め、おばあちゃんを丸飲みしたな。狼め。コノヤロー。まず、麻酔銃で撃ってやる。」

E（猟師）は、次にナイフで狼のお腹を切り割る。
F（あかずきん）「ありがとう」（狼のお腹から嬉しそうに出てくる。）
　　　　　　　　「よし、私が石を取って来る。」（石を取りに行く。）
　　　　　　　　「重い。」（石を重そうに運ぶ。）
E（猟師）とF（あかずきん）で狼のお腹の中に石を詰める。

狼のお腹に石を詰める

第7場面　狼が倒れる

E（猟師）は狼のお腹に石を詰めた後、隠れようとしない。
F（あかずきん）「かくれて、みんな。」
　　　　（猟師の他におばあちゃんがいることを想定した上で「みんな」と言った。）
T（狼）「あー、よく寝たぞ。あれ、さっきあかずきんを食った時よりお腹が重くなったぞ。喉が渇いた。水を飲みに行こう。」（よたよたと歩き出す。）
　　　　「あれっ、なんだか動きが悪いぞ。あー、もう歩けない。だめだ。」（倒れる。）
F（あかずきん）とE（猟師）がいっしょに「ばんざい！ばんざい！」（何度も言い続ける。）

《プロセスの振り返り》

　おばあちゃん役は、役決めの段階ではF児になっていたが、劇の最中にE児がおばあちゃん役を申し出た。F児は主役のあかずきんを演じていたため、負担が大きいと思ったようである。E児は劇全体をスムーズに進行させていくためには自分が何をすべきか咄嗟に判断し、かつ、F児への思いやりの気持ちから起きたと思われる。E児はこれまでF児によい感情を抱いていないと思われる行動がしばしば見られたが、今回の劇では個人的な感情は出さず、F児を手助けした。シェアリングではF児の進歩を認め、褒める感想を言った。

　F児は、自発的なセリフが多く見られた。問答場面のセリフは台本が壁に貼ってあったが、その通りに読み上げずにすべてアレンジし、自分の言葉で言っていた。また、狼に食べられた後、「誰か助けてー」と小声で叫び続け、狼のお腹の中にいることを猟師に知らせようとした。劇全体を通して声をか細く、甲高くして、女の子のイメージを出そうと工夫が見られた。F児の創意工夫や自発性が十分に発揮された。

（2）第20回『浦島太郎』の第2場面から第7場面までのプロセスレコード

表4　第20回『浦島太郎』（第2場面〜第7場面）

〔役割〕E児：亀、鯛・平目、道行く人1 　　　　F児：浦島太郎 　　　教師（T）：子ども、乙姫さま、道行く人2
第2場面　カメが浦島太郎を竜宮城へ連れていく

E（亀）がのそのそと歩いてF（太郎）に近づいてくる。
F（太郎）「やあ亀君、こんにちは。」（現れた亀に挨拶する。）
E（亀）「昨日助けてくれたお礼に竜宮城に連れて行ってあげます。」（丁寧に言う。）
F（太郎）「竜宮城って何？」（と亀に尋ねる。）
E（亀）「海の底にあります。」
F（太郎）「へーっ？」（亀の背中に乗る。）
E（亀）は太郎を背中に乗せた後、歌いながら歩き始める。
F（太郎）「あーっ、海に入って行く。ぼく泳げないんだよ。」（手をバタバタさせる。）

E（亀）は急に方向転換して動き回るため、F（太郎）はついていけずに亀の背中から落ちる。
　　E（亀）はなかなか竜宮城に到着しようとせずにいつまでも歩き続ける。
F（太郎）「まだ続くの？」（亀の動きについていくことが苦痛になってきた。）
　　　　　「もう、まだ？喉乾いたのですけど。」
E（亀）「では、海の水でも飲んでおけば。」
　　　　（次第に傲慢な態度になってくる。）
F（太郎）「しょっぱいからやだ。」
E（亀）「わがまま言うな。では置いていく。」
　　　　（太郎から離れて進んでいく。）
F（太郎）「待って、待って。」（亀を追いかけて追いつく。）
E（亀）「よし、着いたぞ。」
（四つ足で歩き回ることに疲れたため、到着させたようである。）

亀の背中に乗る

第3場面　竜宮城で乙姫様が浦島太郎にお礼を言う

T（乙姫）「浦島さん。ようこそ竜宮へお越しくださいました。」（出迎えて丁重に挨拶する。）
　F（太郎）は挨拶を返さない。
T（乙姫）「私はこの竜宮の乙姫です。昨日は亀が虐められているところを助けてくださり、ありがとうございました。亀さんもお礼
　　　　　を言いなさいね。」
　E（亀）は乙姫に催促されても礼を言わない。
T（乙姫）「お礼のしるしに美味しいものや楽しい踊りを出しますから、この竜宮でゆっくりお過ごしください。きっと竜宮が気に入っ
　　　　　ていただけるとおもいます。まず、この椅子におかけください。」
　F（太郎）は出された椅子に無言で座る。
T（乙姫）「では、ご馳走を運んできますね。」
T（乙姫）「竜宮特製のご馳走です。どうぞ召し上がってください。」（ご馳走を差し出す。）
F（太郎）「わぁ、なにこれ。見たことないやつだ。いただきまーす。」
　　　　　（甲高い声で驚きや喜びを表す。次においしそうに食べ始める。）
E（鯛・平目）は踊りを披露する準備を開始する。

第4場面　太郎は乙姫の歓待を受けて竜宮で楽しく過ごす

T（乙姫）「魚たち」（Eは乙姫に呼ばれても返事をしない。）
　　　　　「浦島さんに踊りを見せてあげてください。」
　E（鯛・平目）は返事をせず、独自に考えた踊りを披露した。
F（太郎）「吉本みたい。」（魚の踊りを見て、大笑いする。）
T（乙姫）「魚たちは今日のために練習してきました。」
　F（太郎）は大喜びで拍手をする。
T（乙姫）「魚たち、ご苦労さまでした。」
F（太郎）「ああ、面白かった。」
T（乙姫）「浦島さん、楽しんでいただけましたか？」
F（太郎）「はい。」
T（乙姫）「料理はおいしかったですか？」
F（太郎）「おいしい。」（乙姫にもてなしについて尋ねられ、肯定的に答える。）
T（乙姫）「お腹、ふくれましたか？」
F（太郎）「まだ。」
T（乙姫）「まだですか。では、おかわりを持ってきますね。はい、どうぞ。
　　　　　沢山召し上がってください。」
F（太郎）「もぐもぐもぐ」
T（乙姫）「お腹いっぱいになりましたか？」
F（太郎）「はい。」
T（乙姫）「では、そろそろ寝るとしましょう。浦島さんのお部屋はこちらに用意してあります。」（Fは返事をしないで横になる。）
　　　　　「どうぞゆっくりお休みになってください。では、また明日の朝お迎えにきますね。おやすみなさい。」
F（太郎）「おやすみなさい。」
T（乙姫）「コンコンコン、おはようございます、浦島さん。」
F（太郎）「おはようございます。」
T（乙姫）「もうお目覚めになっていますか？ゆっくり休むことができましたか？」
F（太郎）「よく眠れました。」
T（乙姫）「では、今日も一日楽しく過ごしましょうね。」
　　　　　「こちらへおかけください。」（Fは嬉しそうに椅子に座る。）

魚の踊りに喜ぶ太郎

第5場面　乙姫様からもらった玉手箱を手に、亀の背中に乗って帰る

T （乙姫）「1年、2年、3年が過ぎましたけど、今日もまた竜宮城で楽しく過ごしましょうね。」

F （太郎）「はい。」

　Eは劇に参加しないで棒を振り回している。

T （乙姫）「今日もおいしいご馳走を食べましょうね。」

F （太郎）「でも、ぼく、そろそろお帰りします。」

T （乙姫）「えっ！！ということは、浦島さん。もう地球に戻られるということですか？」

F （太郎）「はい。お母さんもお父さんも心配しているから。」

T （乙姫）「それは残念ですね。でも、お引き留めすることはできません。亀さん、亀さん。」

E （亀）「はい、はい。」（乙姫に呼ばれて小走りで駆け寄る。）

T （乙姫）「浦島さんがお帰りになられるそうです。
　　　　また、来た時のように送っていってあげてくださいね。」

　E （亀）は返事をせずに身をかがめて浦島太郎を背中に乗せる準備をし、四つ足で歩く練習をする。

T （乙姫）「浦島さん。この玉手箱は乙姫の私からのお土産です。これを大事に持って地球へ戻ってください。ただ、この中は決して
　　　　開けてはいけませんよ。」（玉手箱を手渡す。）

F （太郎）玉手箱の礼は言わず、「もう一度言って。」（乙姫の話の意味がわからないことを表わした。）

T （乙姫）「この玉手箱を開けるとたいへんなことが起こるので、開けてはいけませんよ。いいですか？」

F （太郎）小声で、「はい。」（心の中でなぜだろうと思っている様子を表わした。）

　F （太郎）がE （亀）の背中に乗る。

T （乙姫）「では、亀さん。よろしくお願いします。浦島さん、さようなら。」

F （太郎）「さようなら。」（手を振って乙姫に別れの挨拶をして去って行く。）
　　　　「何の箱なんだろう？おやつかなぁ、お菓子かなぁ？ハンバーガーかなぁ？それとも、なんか面白いラジオかなぁ？」
　　　　（亀の背中の上でささやき、玉手箱に興味津々であることを表わす。）

　E （亀）は曲がりくねった道をたどって行き、いつまでも到着させない。

E （亀）「はい、着きました。では、さようなら。」（と言って去って行く。）

F （太郎）「さようなら。」（ようやく到着し、安心した様子である。）

第6場面　村に戻っても、知らない人ばかりで、自分の家もわからない

F （太郎）「あれ、ここ何の町なんだろう。」（キョロキョロ辺りを見渡す。）

T （道行人2）「あそこに見知らぬ人がいますね。」

E （道行人1）「うん、そうだね。」

T （道行人2）「誰でしょうねぇ？ちょっと話しかけてみますか。」
　　　　　　「ちょっと、そこのお兄さん。」

　F （太郎）は手に持っている玉手箱を後ろに隠す。

T （道行人2）「何を隠されたのですか？」

F （太郎）「大事な物。秘密！」

E （道行人1）「見せて、見せて」（何度も繰り返す。）

T （道行人2）「お兄さんはどちらから来られましたか？」

F （太郎）「ぼくは江戸時代から来ました。」

T （道行人2）「何だかこの人、わけのわからないこと言ってますね。」

E （道行人1）「バカなのかなぁ。」

T （道行人2）「ちょっと頭がいかれてるのかもしれませんね。」

E （道行人1）「そう言えば、この人によく似た顔の写真をうちのおじ
　　　　　　いさんが持ってましたよ。」

T （道行人2）「あなたのおじいさんが写真で持っていたのですか？」

E （道行人1）「でもそれは100年前の写真ですよ。おじいさんが子ど
　　　　　　もの時だから。」

T （道行人2）「もしそれが本当なら、この人は100年以上生きている
　　　　　　ことになりますよ。」

E （道行人1）「では、やはり違うか。さあ、釣りに行きましょう。」

T （道行人2）「そうしましょう。」（道行人1と道行人2が立ち去る。）

F （太郎）「何バカなことを言ってんだよ。」（話を信じてもらえず、不機嫌な態度を取る。）

F （太郎）が玉手箱を後ろに隠す

第7場面　困り果てた太郎が玉手箱を開け、中から白煙が出てくる

T （道行人2）「お兄さん、ところで誰か知っている人いますか？」
　　　　　　　　（釣りをしながら太郎に尋ねる。）

F （太郎）「知らない。」（自分が言うことが誰にも信じてもらえず、諦めの境地で答える。）

T （道行人2）「へぇー。ここへ何しにいらっしゃったのですか？」

F （太郎）「知らない。」

E （道行人1）「知らない？」

T （道行人2）「知らないのにここへ来たということは…、

自分で来たのではなく、誰かに連れて来てもらったのですか？」
F （太郎）「確かに。」（と答えた後、岩陰に隠れて玉手箱を取り出す。）
T （道行人2）「あのお兄さん、箱を取り出してどうするのでしょうね。」
E （道行人1）「（Fをじっと見つめて）「多分、開けるんじゃない？」
　F （太郎）が玉手箱を開け始める。白煙を表わすため、白マフラーを取り出す。
　岩陰から出て来る。
T （道行人2）「白い煙がもくもくと立ち込めてきましたよ。」
F （太郎）「うわーっ。」
　（白マフラーを振り回し、自分も回転して白髪、白鬚を身につける。）
　　　「ああー、どうして？」
　（自分の姿を鏡に映してみて、驚き、嘆き悲しむ。そして絶望する。）
　　　「あ、いててて、腰が痛い。」（腰をかがめてたたく。）
　　　「はあ、はあ」
　（おじいさんらしく腰を曲げて杖をついてよぼよぼ歩き始める。）

太郎がおじいさんになる

《プロセスの振り返り》

　F児はおじいさんに変貌する最後の場面が圧巻だった。玉手箱を開けた後、煙に包まれることを表わすため、回転し、その後に白鬚と白髪を装備したところは見事な演出であった。その時の絶望感まで実によく表わした。その後、杖をつき、腰を曲げて歩く姿は100歳以上のおじいさんを表わそうとよく考えた。独自性が多く見られ、立派に主役を果たした。F児は内容の理解に困難が見られるが、今回は内容をよく理解していたので、のびのびと演技し、よい出来栄えであった。劇が終わった直後に、「ああ、楽しかった」と言った言葉から、劇に集中し、主役になり切っていたことがうかがえる。

　E児は亀になって背中に太郎を乗せて竜宮へ連れていく時、なかなか到着せずに不規則な動きを続けた。また、竜宮で踊りを披露するための練習をし、何度も雑音を立てていた。

第4項　映像による自己フィードバック時の児童の反応

　映像による自己フィードバック場面で自分が取り上げられた時と相手の児童が取り上げられた時に具体的かつ肯定的に意見がどのように異なるかを分析した。その結果を表5に示す。

表5　映像による自己フィードバック場面での意見や反応

回	E児の意見や反応	F児の意見や反応
2回E児	「F児がやらないので1人でやった。」	「手伝っているところがよかった。」
3回F児	F児の演技とは無関係なことを言う。	「張り切りすぎた、声が。」と照れて言う。
4回E児	「一生懸命悲しんでいたところ。」	「悲しんでいるところがよかった。」
5回F児	教師のメモ書きを見てその通りに読む。	「ふざけた態度を取ったところが面白い」
6回F児	「ずっと待っていたところがよかった」	「いい感じで言っている。」と小声で言う。
7回E児	「自分でお面を用意してたから。」	「わからない。」とだけ言う。
8回F児	「蝉の鳴く音がうるさくて聞こえない」	笑顔で「魔女みたいな言い方がよかった。」
9回F児	「よくわからない。」	「読むのがすごかった。」と賞賛した。
10回F児	「F児が一瞬で女の人になったところ」	「E児が寂しそうに笠を売っていた。」
11回E児	「ラーメン屋等色々な店を出したこと」	「マッチ屋さんのところが面白かった。」

12回F児	「僕が気づかないとこにあるのかな。」	「わからない。」と答え、歌い出す。
13回F児	「台本を読んでいるのに歌になった。」	よく考えないで「わからない。」と答える。
14回E児	小声で「何度も走って逃げたところ。」	言葉で表現できず、走る動作をした。
15回F児	「紙を整頓していたところ。」	「わからない。」とだけ言う。
16回E児	「自分から進んでやったところ。」	「はくしょんをしたところがよかった。」
17回F児	「よく映っていなくて、わからない。」	教師がヒントを与えても「わかんない。」
18回E児	「言葉で表現していたところ。」	「投げたところがよかった。」
19回F児	「わからん」と答えた。	「渡るのが大変だったから押さえていた」
20回E児	2度見せても「わからない。」と答えた。	「やめなさいと言ってお金を出したこと」
21回F児	「特になさそうだったと思うけど。」	「いじめるのをやめなさいと言うところ」
22回E児	「おじいさんの真似をしたところ。」	「餅の作り方を言ってくれて嬉しかった」

注1) 実施回数の右に記した「E児」「F児」は、その時にビデオ録画で取り上げた児童である。
注2) 「 」は児童が言った言葉であり、それ以外は児童の言葉や反応を授業者がまとめた。
注3) 具体的かつ肯定的な意見であると授業者が判断した箇所は太字で記した。

（1）E児

　具体的かつ肯定的な意見が言えたのは、自分が取り上げられた中で7度（第2、7、11、14、16、18、22回）、F児が取り上げられた中で4度（第4、6、10、15回）であった。F児に対する否定的な意見もみられた（第8、13回）。このように、E児は、自分が取り上げられた場合は具体的、肯定的な意見を多く述べたことから、自分の演技に自信を持っていたことがうかがえる。一方、F児が取り上げられた場合はあまり言えず、自己理解は良好であるが他者理解に困難があることがわかった。F児のよさがあまり発言できなかったのは、E児は自己中心的な考えが強いため、F児の演技よりも自分の演技に関心が向いていたのではないかと思われる。

（2）F児

　具体的かつ肯定的な意見が言えたのは、自分の演技が取り上げられた11度の中で3度（第8、19、21回）、E児が取り上げられた10度の中で7度（第2、9、11、16、18、20、22回）であった。このように、F児はE児が取り上げられた場合は肯定的な意見がよく言えたが、自分が取り上げられた場合は発言できないことが多かった。F児は、他者理解は良好であるが、自己理解に困難があることがわかった。そこで、F児のよかったところを両児童に認識させるため、第12回からは児童の発言の後に再度録画ビデオを見せてどこがよかったかを教師が具体的に説明した。このように、教師がF児を賞賛したところ、第19回と第21回ではF児は自分のよかったところが言えた。F児は自信を持つようになったと思われる。

　毎回3分間の映像による自己フィードバックで児童によかったところを発言させたことによって、教師は児童がどの程度の自己理解や他者理解をしているか評価することができた。また、不足していることに対しては支援を提供することができた。

第5項　学級担任による通常の学級での行動の観察

　対象児が通常の学級で級友とどのような関わり方をしたか、また、学級活動にどのような参加の仕方をしたか、月に1度学級担任から聞き取り、行動の特徴を把握した。その結果を表6に示す。

表6 学級担任からの聞き取ったE児とF児の行動記録

	E児	F児	両者の相互関係
5月	自分の思いが伝わらないと「そうじゃない！」と怒りが表情に出るため、友だち同士で揉め事が多い。	自分から助けを求めたり問題を解決したりすることが困難なため、困り顔をしてよく泣く。	E児はF児と同じ時間に通級を受けることに抵抗を示す。
6月	悪い事をしても笑っていて、厳しく注意を受けても何故叱られるのかと自分の非を認めようとしない。	友だちからの助けもあり、最近は泣く回数が減った。奇声を発して周囲から注目を引こうとする。	E児は外で遊び、F児は室内で遊ぶため、関わりがない。
7月	相手の気持ちを考えて話すことが苦手で、教師の所へ質問に来た時に人の話をさえぎって質問した。	物事を真剣に捉え、様々なことに全力を尽くす。誰に対しても思いやりの気持ちを持って関わる。	E児はF児を格下に見て、友だちと思っていないようだ。
9月	周りが見えずに自分のことばかり1つのことを一方的にしゃべり続ける。自己中心的な考えが強い。	前席の女子をよく突っつき、頻繁に呼び、しつこく会話をする。甘えがあり、依存心も強い。	F児に親切にされてもE児はお礼を言わなかった。
10月	自分の得になるようなことなら積極的に取り組み、得にならないことには自分から関わろうとしない。	票は得られなかったが後期の学級委員長に立候補した。お気に入りの女子1名によく話しかける。	国語でF児がE児にやさしく温かいメッセージを書いた。
11月	相手の気持ちを考えて話すことができず、不用意な発言が多い。注意すれば理解できるようになった。	喋ってくれる相手も増えて楽しそうである。いじめアンケートでは、「学校は楽しい」と答えた。	F児がE児に話しかけていくとE児もF児の相手をした。
12月	困っている友達にやさしく声をかけ、助けてあげた。しかし、級友が放課に教師の前でリコーダーの追試をしているのに教師に話しかけてきた。教師が「今話さなくてはいけないこと？」と聞くと「すぐに終わるから」と言って、喋り始めた話を止めようとしなかった。	学芸会の練習は何度もやり直しを言われたが、泣かずに最後までよく頑張った。褒められて嬉しそうだった。しかし、幼児性がまだ多く見られる。すぐに人に触っていったり、授業の用意を友だちに手伝ってもらったりする。個別の支援や手助けが必要である。	授業後に2人が一緒に理科の実験を行った時、F児はE児が上手に器具を扱うのを見て「すごい」と賞賛した。するとE児はF児に実験のやり方を教え始めた。

（1）E児

　1学期には自分の思いが級友に伝わらないと「そうじゃない！」と怒り出し、揉め事になった。級友の話をさえぎって教師に質問したこともあった。悪いことをして教師から注意を受けても自分の非を認めなかった。2学期には相手の気持ちを考えずに不用意な発言をしたが、注意すれば理解できた。2学期の終わりには、困っている友達にやさしく声をかけ、助ける場面も見られた。

（2）F児

　1学期には自分から助けを求めたり、問題を解決することが困難であった。困り顔をしてよく泣く姿が見られた。2学期には積極的になり、後期の学級委員長に立候補したり、お気に入りの女子に積極的に話しかけていくようになった。喋ってくれる相手も増えた。2学期の終わりには、学芸会の練習で何度もやり直しがあったが、泣かずに頑張り、褒められると嬉しそうだった。

（3）両児の関わり

　4月の頃、E児はF児を自分よりも下に見ており、いっしょに通級指導教室へ行くことに抵抗を示した。2学期になってもE児はF児に強い口調で話したり、話しかけられても無視したりした。しかし、F児は国語の授業でE児にやさしく温かいメッセージを書いた。2学期の終盤、授業後に2人が一緒に理科の実験を行ったとき、F児はE児が上手に器具を扱うのを見て、「すごいね！」と賞賛した。すると、E児はF児に実験のやり方を教え始めた。F児がE児に好意的に接し続けたことでE児もF児を受け入れるようになった。

第3節　まとめ

(1) E児

　心理劇的アプローチを導入してしばらくの間、E児はF児に差別意識や偏見を持っていて、能力的に劣るF児を見下しているように授業者の目には映った。一方、F児はE児が批判的、拒否的な態度を取っても、E児の演技を褒めたたえていた。F児は、誰に対しても寛大でやさしい性格の持ち主であることが推察される。このようにF児がE児を肯定的に評価し続けたら、E児のF児に対する態度や行動も望ましい方向に変化していった。後期になると、F児への自発的な好ましい働きかけがみられるようになり、自発性の頻度が増加した。E児の自発的な働きかけが増加したことは、「心理劇は自発性に基づく演劇的な表現である」（三浦、1993）とされるように、心理劇的アプローチという素材を使用したから表れた変化であるという見方もできる。能力差のあるE児とF児がいっしょに心理劇的アプローチを行ったところ、E児はF児の長所を発見し、F児に好意的に接するようになった。このことから、E児の他者理解が促進したと捉える。

　通常の学級では、2学期の途中までF児に対して強い口調で話したり、話しかけられても無視したりし、見下した態度を取っていた。E児は、5月の学級担任からの評価で「他者の意図や感情を理解し、場に応じた適切な行動をとることができる。」が1段階であり、F児を理解しようという気持ちに欠けていた。F児はE児に温かいメッセージを書くなど、常に好意的に接し続けた。すると、2学期の後半に変化が表れ始め、F児が話しかけていくとE児もF児の相手をするようになった。そして、理科の実験のやり方をF児に教えるようにもなった。このようなE児の変化は、通級指導教室の一対一の場面でのF児の献身的な働きかけが功を奏し、E児の心が動いたと思われる。

(2) F児

　1学期の頃は心理劇的アプローチ場面のビデオ視聴時にE児のよかったところは言えても自分のよかったところはなかなか言えなかった。この頃のF児は、自分に自信が持てない状態であったと推察される。心理劇的アプローチ場面で相変わらずE児にやさしさや思いやりを示し続けたところ、2学期の中頃からE児の態度が変わり、F児に親切に接するようになった。このことがF児には自信につながったのではないだろうか。第19回と第21回には映像による自己フィードバック場面で自分の良かったところが堂々と言えたことから、自己肯定感が高まったと推察される。F児は心理劇的アプローチを行ったことにより自己理解が促進したと捉えることもできる。

　通常の学級では、1学期の頃、困った時に自分から助けを求めることができず、泣いていたこともあった。F児は、集団場面で気弱になっていたと推察される。低学年まではF児は級友とよくトラブルを起こしたことから級友に積極的に関わっていくタイプであったと推察される。3年生の1学期に自ら関わりを求めていかなくなったのは、F児は能力的な面から集団の中では自信を失くしていたからだと思われる。その頃、通級指導教室で児童2名と教師1名の3人による心理劇的アプローチが開始された。そこで、F児は集団を意識せずにE児個人に積極的に働きかけ、はばかりなく演技を行ったことによって失いかけていた自信を再び取り戻すことができたと推察される。通級指導教室で取り戻した自信は2学期になって通常の学級でも生かされた。後期の学級委員長に立候補したり、特定の女子に積極的に話しかけていったりしたようにF児本来の積極的な姿が見られるようになった。

（3）自閉症の状態像のタイプ

　E児とF児は、ウィング（1998）の積極・奇異群に該当する。積極・奇異群の特徴の一つに「小児期には同年齢の子どもを無視したり、攻撃的になったりする」ことがある。これはE児に当てはまり、心理劇的アプローチを開始してしばらくは、F児が手伝おうとしても拒否したり（第6回）、F児に勧められた役を引き受けるかどうかを考えることもなく一方的に怒鳴ったり（第11回）した。また、積極・奇異群には「他人に活発に近づこうとする」ことがあげられる。このことはF児に当てはまり、E児が拒否的な反応を示しても嫌がることなくE児に接近していき、やさしい言葉をかけ続けた。やがてF児の働きかけが功を奏し、E児はF児に対して協力的になった。仮にF児が受動群や孤立群のASDならば、E児への働きかけは今回のようにはならなかったものと推察され、E児はF児に差別意識や偏見を持ち続け、いつまでも見下した態度を取っていたとも考えられる。

第10章　知的な遅れのある4年生男子2名に対する実践（事例4）

第1節　対象児の概要と手続き

第1項　対象児の概要

　対象児2名は同じ通常の学級に在籍している。生育歴や教育歴は次のとおりである。

（1）G児（4年生、男子）

　4歳の時に広汎性発達障害と診断され、療育手帳Cが交付された。保育園の時、保育士や友達の気を引くために意地悪をし、望ましくない行動を取った。思い通りにならないと拳で自分の頭を何度も段った。1年生では、嫌なことがあった場合、言葉で相手に伝えられず、手を出した。そのため、級友とのトラブルが絶えなかった。通級による指導は、コミュニケーション能力を高めるために1年生の3学期より開始された。2年生では、思ったことをすぐ口に出してしまい、不用意な言葉が多く、級友に不快な思いをさせた。2年生の2学期から、特定の時間は特別支援学級で特別支援学級在籍の児童といっしょに授業を受けた。3年生では、級友と揉めることが多くなり、多くの児童から学級担任に苦情が寄せられた。自分が起こしたトラブルを級友から責められた末、2階の教室の窓に足をかけたこともあった。低身長であることもあり、保健医療センターに入院したり、通院したりしている。WISC-Ⅳ知能検査の結果（9歳の時）は、IQ76（言語理解80、知覚推理68、ワーキングメモリー79、処理速度90）であった。

（2）H児（4年生、男子）

　5歳時より小児科で定期的に受診しているが、診断名は下りていない。保育園の時、気に入らないことがあると言葉より先に手が出た。保育士や友達に注意されると、怒ったり泣いたりした。1年生では、こだわりが強く、学校のきまりが理解できなかった。通級による指導は、1年生の12月よりコミュニケーション能力を高めるために開始された。3学期より不特定に特別支援学級で特別支援学級在籍の児童といっしょに授業を受けていた。2年生では、言葉で説明できず、手が出たり大泣きしたりした。3年生では、相手が忘れているほど前にあったことを思い出して級友に突然暴力を振るったこともある。学級担任の文部科学省（2012）の発達障害児チェック表ではLDと高機能自閉症に該当し、職員間ではASDの疑いがあると共通理解されていた。WISC-Ⅲ知能検査の結果（8歳の時）は、言語性IQが59、動作性IQが67、全検査IQが60であった。

（3）両児の相互関係

　G児とH児は、入学前より小児科や教育相談で発達上の課題が指摘され、ASDと判断されている。入学早々、校内委員会で通常の学級の気になる児童としてリストアップされ、特別な支援を必要とする児童と判定され、低学年の段階から通級指導教室や特別支援学級で支援が開始された。

　4年生の4月当初、両児はともに他の児童とはうまく関わることができなかった。両児は特別支援学級でいっしょに授業を受けていたこともあり、いつも2人で行動を共にしていた。G児はH児にマイナスの働きかけを頻繁に行った。例えば、水たまりがあるにもかかわらず、G児はH児に「来いよ」と言い、H児が言われるまま動いたらH児の靴が濡れてしまったこともある。H児はマイナスの働きかけを受けた後もG児を拒んだりせず、素直に従っていた。

　通級担当教師は、この両児の関係が通級指導教室の心理劇的アプローチ場面で相互に助け合う関

係になれば通常の学級でも対人関係が好転するであろうと考えた。

第2項　手続き

（1）実施期間と実施場所

　200X 年 6 月＊日から 200X 年 12 月＊日までの約 7 カ月間に、対象児が在籍する小学校の通級指導教室で童話を題材とした心理劇的アプローチを 20 回実施した。題目は、児童が希望した童話と授業者が推薦した童話を順番で取り上げた。各回の指導時間は 45 分であった。

（2）心理劇的アプローチで用いた童話の題目

　実施した童話の題目、実施日、両児と通級指導教室の教師（補助自我）の役割分担を表 1 に示す。

表 1　心理劇的アプローチの題目・実施日・役割分担

題目	実施日	G児の役	H児の役	通級指導教師の役
3 びきの子ぶた （G児の希望）	① 6/＊	オオカミ	子豚 1 と 3	母豚、子豚 2
	② 6/＊	子豚 1 と 3	オオカミ	母豚、子豚 2
桃太郎 （H児の希望）	③ 6/＊	おばあさん、きじ、鬼	桃太郎	おじいさん、犬、猿
	④ 7/＊	桃太郎	おばあさん、きじ、鬼	おじいさん、犬、猿
かさこじぞう （教師の推薦）	⑤ 7/＊	おじぞうさん、町の人	おじいさん	おばあさん、町の人
	⑥ 9/＊	おじいさん	おじぞうさん、町の人	おばあさん、町の人
さるかに合戦 （G児の希望）	⑦ 9/＊	さる	栗、うす、蜂、牛の糞	かに、こがに
	⑧ 9/＊	栗、うす、蜂、牛の糞	さる	かに、こがに
浦島太郎 （H児の希望）	⑨ 9/＊	子ども、鯛、平目	浦島太郎	亀、乙姫、道行人
	⑩ 10/＊	浦島太郎	亀、鯛、平目	子供、乙姫、道行人
あかずきんちゃん （教師の推薦）	⑪ 10/＊	おばあちゃん、猟師	あかずきんちゃん	狼、お母さん
	⑫ 10/＊	あかずきんちゃん	おばあちゃん、猟師	狼、お母さん
一寸法師 （G児の希望）	⑬ 11/＊	一寸法師	おじいさん、お姫様	おばあさん、大臣等
	⑭ 11/＊	おばあさん、大臣、鬼	一寸法師	おじいさん、お姫様
三枚のおふだ （H児の希望）	⑮ 11/＊	和尚さん、三枚のおふだ	こぞう	山姥
	⑯ 11/＊	山姥	和尚さん、三枚のおふだ	こぞう
おむすびころりん （教師の推薦）	⑰ 11/＊	おじいさん	欲ばりじいさん	ネズミ、おばあさん
	⑱ 12/＊	欲ばり爺さん、ネズミ	おじいさん	ネズミ、おばあさん
ふしぎなすいか （G児の希望）	⑲ 12/＊	コウノトリ、近所の人	お百姓さん	近所の人
	⑳ 12/＊	お百姓さん	コウノトリ、近所の人	近所の人

　第 1 回目から第 4 回目までは、両児が希望した童話を題材に心理劇的アプローチを行った。その間、G児が心理的に不安定な状態にあると授業者の目には映った。そこで授業者が童話の選定について再協議し、心が穏やかになるような童話として『かさこじぞう』（第 5、6 回）、『あかずきんちゃん』（第 11 回、12 回）、『おむすびころりん』（第 17 回、第 18 回）を推薦した。

第2節　指導の経過

第1項　心理劇的アプローチの注目行動

　G児とH児の演技の中から、授業者が注目した行動を表2に示す。

表2　毎回の心理劇的アプローチ場面における注目行動

回	G児の注目行動	H児の注目行動
第1回	狼役を演じたが、木の家を壊した時に子豚を捕まえたり、レンガの家を蹴って壊すなど、筋書き通りに演じなかった。	言語による疎通性や自発性が欠けていた。各場面でどのような言葉を言ったらよいかわからず、無言であった。
第2回	机の上が乱雑なことを教師が指摘すると言い訳をしたりH児を挑発するような行為をした。注意が素直に聞けず、反抗的であった。	「子豚を食べてやるぞ」とか「俺は狼、食ってやる」と言って、独自の考えで狼の傲慢さを演じた。
第3回	鬼はG児が希望した役であるが降参することを拒否して闘い続けた。そのため劇が最後まで到達せず、筋書きから外れた展開になった。	G児が何度も嫌がらせをしてきたが、抵抗せず、「やめて」とも言わず、されるままであった。劇の進行に協力する態度が見られた。
第4回	必要なセリフが出ないことが多かったが、劇の進行に逆らうことはなかった。終わった時、「楽しかった」と言った。	桃が流れて来たら感嘆の言葉を表したが、話しかけられた時や言葉が必要な時に無言であった。
第5回	役決めの時には定められていなかったが、「町の人」の役を教師の勧めに従って即興で演じ、笠を手に取って被った。	笠を売っている時、客が来ても「いらっしゃい」と言わず、客が試着しても買うことを勧めなかった。
第6回	大声を張り上げて笠を売ったり、お地蔵さんの頭の雪を払いのけて笠や手拭いを被せるなど、主役を意欲的に演じた。	お地蔵さん役で品物を持ってきた時、かけ声を発しなかった。お礼を言われても無言であった。
第7回	猿役だったが、蟹が「木に登って柿を取ってきて」と依頼しても断った。最後は総攻撃を受けても降参しようとしなかった。	泣いている子蟹に話しかけていき、猿に復讐することを提案した。猿に攻撃をしかけていった。
第8回	劇に集中し、筋書き通りに演じることができた。出番がない場面でも劇から離れず、進行を見続けていた。	猿役で、蟹に話しかけていき、柿の種とおにぎりの交換を提案した。後に「俺が柿を取って来てやるよ」と言った。
第9回	いじめっ子の役を演じた時、浦島太郎に「やめたまえ」と言われてお金をもらったが、その後も亀を叩き続けた。	浦島太郎役で、「（竜宮から）そろそろ帰らなくては」という劇を進行させる上で重要な言葉が出てこなかった。
第10回	竜宮から帰る時、乙姫の心情を察して「用事がなければまた来るからな」と言った。劇終了後に、「今回、よかった」と言った。	亀役で浦島太郎にお礼の言葉を丁寧に述べ、背中に乗せて「これから深くなります」と言った。
第11回	おばあさん役の時、狼がノックしても反応しなかった。猟師役の時、鉄砲で撃つという筋書きから外れた行為をした。	授業開始時にG児から嫌がらせを受けた後、不機嫌であった。劇は元気がなく消極的であった。
第12回	自分の学級が隣のパソコン室で授業をしていたため、台本読みの時に級友たちに聞こえるようにとても大きな声で音読した。	出番が少なく活躍が見られなかった。終了後、G児が糊で汚した机を自発的に自分のハンカチを出して拭き取った。
第13回	準備の時、小槌に触れて「これで俺も大きくなれるかな」と言い、劇の最後には「こんなに大きくなったぞ」と両手を広げて自慢げに言う。	必要な言語が出てこなかった。相手の話しかけに対し、頷けばいい方で、ほとんど無言の状態であった。
第14回	おばあさん役の時に都に行くことを一寸法師に許さず、鬼役の時に小槌を落とさなかったが、修正して筋書き通りに演じ直した。	一寸法師役で、「都へ行かせてください」「大臣の家来にしてください」と躊躇せず言葉を言った。
第15回	堂々と和尚の役を演じた。冒頭では毅然とした態度で小僧を諭し、最後は落ち着き払った態度で山姥に臨み、餅にくるんで食べた。	和尚に帰省を願い出る場面は自発的な言語が出なかったが、道に迷った場面では「一晩泊めてもらえんかのう」と自発的な言語が出た。
第16回	山姥の怖さを演技で出すことができた。最後に和尚に餅にくるんで食べられてしまった悔しさを感想で表わしていた。	和尚の役で、怒っている山姥に臆することなく堂々と立ち振る舞い、役柄に応じた演技をした。
第17回	ねずみやおばあさんに好意的に接して正直じいさんらしさを出した。最後は大判、小判を手にして「これで大金持ちになったぞ」と言う。	前半部は出番がなく、G児から餅をいっしょに食べようと誘われても参加しなかったように消極的な態度であった。

第18回	欲ばりじいさん役を夢中で演技した結果、シェアリングで「今度から欲張らないようにする」と模範的な感想を述べた。	おじいさん役で、怪我をして帰って来た欲ばりじいさんに自分がもらった小判を分け与えた。
第19回	コウノトリ役を演じ、怪我をした時はうなだれて傷ついた様子を表わし、元気になったら羽をはばたかせて空へ舞っていった。	コウノトリが落ちて来た時の対応、すいかの育成、近所の人への呼びかけと分配と至る場面で自発的な演技ができた。
第20回	怪我をしたコウノトリを連れて帰って手当てする優しさが見られた。最後は、近所の人に「このお金で世界旅行に行こう」と言う。	コウノトリ役の時、お百姓さんに怪我を治してもらって去って行く時に「ありがとう」を3回言った。

（1）G児

　第3回目（鬼役）では降参することを拒否していつまでも闘い続けた。第7回目（猿役）では子蟹や栗たちから総攻撃を受けても降参しようとしないなど、筋書き通りに演じないことが多かった。特に、悪役になった時に戦いの場面で負けようとしなかった。しかし、第13回目（一寸法師役）は、準備の時に打出の小槌に触れ、「これで俺も大きくなれるかな」と言い、劇の終わりには「こんなに大きくなったぞ」と両手を広げて自慢げに言った。第17回目（おじいさん役）では大判、小判を手に「これで大金持ちになったぞ」と言った。第20回目（お百姓さん役）では「このお金を持ってみんなで世界旅行に行こう」と言った。第13回目以後、G児は筋書き通りに演じられるようになり、自分の希望や夢を劇の中に表わすようになった。

第3回　鬼役のG児（右）　　　　　　　第13回　一寸法師役のG児（右）

（2）H児

　第5回目（おじいさん役）では笠を売っている場面で客が来ても「いらっしゃい」と言わなかった。第6回目（お地蔵さん役）では品物を持ってきても黙って置いていっただけであった。第6回目までは無言であることが多かった。第7回目（栗役）では泣いている子蟹に話しかけたが、第9回目（浦島太郎役）では「そろそろ帰らなくては」という劇を進行させる上で重要な言葉が出てこなかった。第15回目では、和尚（G児）との対話の場面で言葉がなかなか出てこなかったが、道に迷った場面（舞台上にH児以外誰もいない）では自発的に言葉が表出された。第19回目（お百姓さん役）では自発的に近所の人へ呼びかけ、第20回目（鳥役）では怪我を治してくれたお百姓さんに「ありがとう」を3回言った。このように第7回目からは自発的な言葉がみられる場合と見られない場合が続いたが、第18回目からは自発的な言葉が多くみられた。

G児から嫌がらせを受けた時、第3回目は抵抗せずに我慢し、第11回目は不機嫌になって元気がなくなった。このようなことがあっても、第12回目にG児が糊で机を汚した時は自発的に自分のハンカチを出して拭き取る行動がみられ、H児のやさしさが感じられた。

第2項　セリフと動作・行動のプロセスレコード

　第15回『三枚のおふだ』の全場面のプロセスレコードを示す。

　第1場面はG児が筋書きの通りに和尚の役を演じ、毅然とした態度で小僧（H児）を諭して貫禄さえも感じさせられた場面である。第1場面ではH児は自発的な言語は表出されなかったが、第2場面になって舞台上に自分1人しかいなくなった場面で自発的な言語が表出された。そして、第6場面ではG児が和尚役として再び登場し、落ち着き払った態度で山姥（教師）に応じた。

表3　第15回『三枚のおふだ』全場面

〔役割〕　G児：和尚、おふだ
　　　　　H児：小僧
　　　　　T（教師）：山姥

第1場面：小僧が和尚から3枚のふだをもらう

　Hが冒頭のセリフが出てこなかったので、Gは「一回お家へ帰らせてくれと言うんだよ」と教える。それでもHは無言であったため、Tが台本を提示し、Hはその通りに読み上げる。なお、Gは劇全体を通して一度も台本を見ずにすべて自分の考えでセリフを言った。

H（小僧）「ねぇ和尚さん、一度でいいから家に帰してくれ。」
G（和尚）「それはだめだ。山に、怖い怖い山姥がいるからだ。だめだ。」
　　　　　（毅然とした口調で明確に自分の意思を伝えた。）
　　　　　（少し間を空けてから次のセリフを静かに言う。）
　　　　　「諦めろ。」（冷淡な口調で言う。）
H（小僧）「1回でいいから行かせてくれ。」（セリフが出てこなくて教師に催促され、ようやく言葉を言う。）
G（和尚）「まあしょうがない。小僧がそんなに言うなら行かしてあげよう。」
　　　　　（小僧の方へ近づいて行って言う。）
　　　　　「その前に、待て。」（と言って奥へ入って行き、おふだを取ってくる。）
　　　　　「この三枚のおふだを持って行け。それで山姥が来たら、山になれ、とか言うんだ。そうして助けてもらえ。だからこのおふだを持っていけ。」
　　　　　（おふだを小僧に手渡す。）
H（小僧）「行ってきます。」（明るい声で言って笑顔で言って去って行く。和尚へのお礼の言葉は出てこなかった。）
G（和尚）「行ってらっしゃい。」
　　　　　（不安そうな声で送り出した後、寂しそうにとぼとぼと歩いて舞台から立ち去る。）

和尚がおふだを渡す場面

第2場面：道に迷った小僧が山姥の家とは知らずに訪ねていく

H（小僧）「こんな所に明かりがある。家がある。一晩泊めてもらえませんかのう。」
　　　　　（民家を見つけ、自発的に申し出ていく。）
T（山姥）「はい、はい。なんてかわいい小僧さんじゃこと。この辺りで道に迷ったかのう？」
　　　（Hは言語表出に困難があるため、答えやすいようにYesかNoで答えられる質問を投げかけた。）
H（小僧）「うん。」（小声で頷く）
T（山姥）「そうかね。では、わしの家で一晩泊まっていきなされ。」
　　　　　（Hが緊張しているようだったので、明るく振る舞い、暖かい声かけをする。）
　　　　　「では、ひとまずここへ座りなされ。」（座椅子を取り出してきて、小僧の前に置く。）
　　　　　「ご馳走を用意してあげるからのぉ。しばらく座って待っていなされ。」
　H（小僧）無言で出された座椅子に座る。
T（山姥）「さあ、ご馳走を食べなされ。おかわりもしなされ。」
　　　　　「お腹がふくれたかのぉ？小僧さん。」
　H（小僧）は返事をせずにうなずく。
T（山姥）「それじゃ、今日はもう遅いからのぉ。ここで休むがよい。布団を持ってきたからのぉ。この布団をかけて寝なされ。」
T（山姥）がH（小僧）に毛布を掛けた時、見ていたGが「あったかいね」と言う。

山姥からの歓待を受ける

T（山姥）「わしはまだ仕事があるから台所で仕事をするで、ちょっとやかましいかもしれんが気にせんで寝てくだされ。それじゃ、小僧さん。おやすみなさい。」

H（小僧）は返事をせずにうなずく。

第3場面　小僧が山姥の正体を知り、縛られてしまう

T（山姥）「しめしめ、うまく引っかかったぞぉ。あの小僧をこの包丁で切って食ってやるぞぉ。明日が楽しみじゃ。」
　　　　（と言って、包丁を研ぎ始める。）

　ふすまの隙間からH（小僧）が見ていて逃げようとする。

T（山姥）「小僧、見たなぁ。どこへ行く？」
H（小僧）「便所へ行くだけだ。」
T（山姥）「逃げたりはしないだろうなぁ。」
H（小僧）「しない。」
T（山姥）「このひもで縛ってやる。」（小僧に体にひもを巻きつける。）
　　　　「それ、行ってこい。」

山姥に縛られる

第4場面　1枚目のおふだが小僧の代わりに返事をする

　H（小僧）は次に何をしていいかわからない。
G（おふだ）「ひもを外してここに縛れ。そして逃げろ。」
　　　　（おふだを便所の柱に縛るのを手伝ったりHに助言したりする。）
　　H（小僧）はおふだに代返を頼まずに逃げ出した。
T（山姥）　「小僧、まだか。長い便所だなぁ。」
G（おふだ）「まだだよ。」
T（山姥）　「早く済ませろ！」
G（おふだ）「まだだよ。まだまだ。」
T（山姥）　「小僧、まだか。」
G（おふだ）「まだまだ。」
T（山姥）　「えーい、じれったい。わしが見に行く。」
　　　　　「何だ、これは。小僧、さては騙したなぁ。」
G（おふだ）「小僧、早く逃げろ！！」
T（山姥）　「許せん、小僧、待てーっ！」（おふだを地面に叩きつけて小僧を追いかける）

第5場面　山姥が追って来たので2枚目、3枚めのおふだを使う

H（小僧）「山を出せ、山を出してください。」
　　　　（怖そうな表情をして自発的に言ったが、おふだを放り投げなかった。）
T（山姥）「あっ、こんな高い山を作ったなぁ。なーに、これくらいの山など、一気に登り切ってやるわ。よーし。」（山を駆け上る。）
H（小僧）「川を出せ！」（聞き取れないくらいの小声で言う）
T（山姥）「こんなところに川ができた。わしは泳げないんじゃ。でも、こんな水、わしが一気に全部飲みほしてやるわ。がぶがぶがぶ。」
　　　　（両手で水をすくって飲む。）
　　　　「ほら、川の水を全部飲んでやった。待てー、小僧！」（小僧を追いかける。）
　ここで、片隅で劇を見ていたGが「次は俺の番だ」と言って出てくる。
　そして、座椅子に座って毛布を膝に載せ、山姥と対峙する準備を整える。

第6場面：和尚が山姥と対峙し、食べてしまう

T（山姥）「小僧は、ここの寺に入っていったな。よーし。やい、和尚！」
　　　　（興奮した声で威嚇する。）
G（和尚）「はあ？」（落ち着き払って冷静な態度で山姥に臨む。）
T（山姥）「この中に今、小僧が逃げ込んできたただろうが。」
G（和尚）「いや、小僧はいないよ。」（身動き1つせず、ゆっくり答える。）
T（山姥）「本当にいないかぁ？その小僧はなぁ、わしを騙した悪い小僧なんじゃ。」
G（和尚）「いないよ。」（毅然とした態度で堂々と答える。）
T（山姥）「本当にいないかぁ？」
G（和尚）「いないよ。」
T（山姥）「嘘を言ったら、おまえまで食ってしまうぞっ！」
G（和尚）「おい、山姥。」
T（山姥）「なんじゃ、和尚。」
G（和尚）「もしよければ餅を食べるか？」（大きな声で言う）

T（山姥）	「おう、餅ならわしは大好物じゃ。くれ！和尚。これはうまそうじゃ。 　　もぐもぐもぐ。よく焼けていてうまいぞ。10個食ったら腹の足しになっ 　　たぞ。 　　でも、本当の人間の方がもっとうまいんじゃ。小僧を出せ！」
G（和尚）	「待て、ちょっとお話をしよう。」（冷静さを保ち、山姥に提案する。）
T（山姥）	「なんじゃ？聞いてやろう。」
G（和尚）	「お前は何でも化けれるのか？」（はっきりと大きな声で尋ねる）
T（山姥）	「そうじゃ。わしは大きな物から小さな物まで何にでも化けられるんじゃ。大 　　きな物だったら、タコ入道にだって化けらるぞ！小さな物だったら豆粒くら 　　いに小さくなってやるわ！」
G（和尚）	「では、小さくなってみろ。」（端的に指示を出す。）
T（山姥）	「よーし。わしがおまえの言う通り小さくなれたら、次はおまえが小僧を出 　　すんじゃぞ！」（台本には載っていないが即興で条件を出し、Gが応答でき 　　るか試してみた。）
G（和尚）	「いいよ、わかった。」（山姥の出した条件を承諾する。適切に応答できた。）
T（山姥）	「では化けるぞ！低ずく、低ずくよー。ひっひっ低ずくよー。」 　　（歌いながら身をかがめていく。） 　　「どうじゃ。こんなに小さくなったぞ。」
G（和尚）	「よーし、餅と一緒に食べてやる。」 　　（ここで立ち上がり、小さくなった山姥を手に取り、餅の中に詰める。）
T（山姥）	「うぁ、何をする！やめろ！和尚、やめろ！」
G（和尚）	「あーん。」（大きな口を開け、その口に豆粒になった山姥を持っていく。）
T（山姥）	「あー、おらが悪かった。助けてくれー！！頼む、和尚。」
G（和尚）	「ごくん。あーっ。小僧、もう山姥は俺が飲み込んだ。だいしょうぶだ。出てこい。」 　　H（小僧）は尻込みして出てこない。 　　「いいから、出てこい。」H（小僧）はようやく、のそのそと出て来る。

和尚が山姥と対峙する

≪プロセスの振り返り≫

　G児は立派に和尚の役を果たすことができた。第1場面の小僧とのやり取りでは、最初は小僧の願いを渋っていたが、根負けして許し、お札を渡したところまで筋書きを忠実に守ることができた。第7場面の山姥とのやりとりでは、落ち着き払った態度で臨み、山姥を餅にくるんで食べるところまで堂々と演じることができた。和尚としての威厳が感じられた。

　H児は第1場面で和尚さんに懇願する言葉が出なかったが、第2場面で道に迷って家を見つけて訪ねて行き、「いちばん（一晩）泊めてもらえんかのう」と言ったところは自発的に言葉を発した。また、劇の途中で止まることなく、ストーリーの展開に沿ったスムーズな動きを取ることができた。

第3項　映像による自己フィードバック時に児童が示した反応

　映像による自己フィードバックの後、「どこがよかったか」と尋ねた時に両児が答えた言葉や反応を表4に示す。

表4　映像による自己フィードバック場面での言葉や反応

回	G児	H児
2回H児	「片づけをしているところ。」	「片づけをしているところ。」
3回G児	「H児と同じ」とだけ答える。	「家をちゃんと作ったところ。」
4回H児	「鬼を退治したところ。」	「鬼がやられるところ。」
5回G児	「僕の声がでかくて上手だった。」	「声が大きいところ。」
6回H児	「片づけるところ。」	「毛布のところ。」
7回G児	「可愛そうだから、頭の雪を落とした。」	「手拭いを被せたところ。」
8回H児	「どうしたんだいと言ったところ。」	「最後に蟹と子蟹を助けたところ。」

9回G児	延長を2度希望したがわからなかった。	ビデオ再生した場面以外のことを言う。
10回H児	**「子どもにやめたまえと言ったところ」**	**「亀を助けたところ。」**
11回G児	映像のことでなく直前の出来事を言う。	**「帰らなければと言ったところ。」**
12回H児	(小声で)「片づけとったところ。」	G児のよかったところを話し出す。
13回G児	延長を希望する。提示場面以外を言う。	**「大きな声でセリフを言ったところ」**
14回H児	「わからない。H児といっしょ。」	**「先生の探し物を見つけ、役立った」**
15回G児	**「(結婚を)いいよと言ったところ。」**	**「いいよと言ってくれてよかった。」**
16回H児	**「勇気を出して自分から言ったところ」**	よいところでなく場面の概要を述べた。
17回G児	延長を希望する。「ちゃんとやってた。」	**「何でも化けれるところがよかった。」**
18回H児	**「勇気を出して穴に入ったところ。」**	「G児と同じ。」とだけ言う。
19回G児	**「ちゃんと餅をついていたところ。」**	**「2回ニャーと言ったところ。」**
20回H児	**「大丈夫?と言って鳥を助けたところ」**	**「鳥を助けたところ。」**(G児と同じ)

注1) 実施回数の右に記した「G児」「H児」は、ビデオ録画で取り上げた児童である。
注2) 「　」は児童が言ったままの言葉であり、それ以外は児童の言葉や反応を授業者がまとめた。
注3) 具体的かつ肯定的な意見であると授業者が判断した箇所は太字で記した。

　表4より、G児とH児は互いに相手のよいところを認め合い、尊重し合っていることがわかった。それは、両児はかつて特別支援学級の授業をいっしょに受けていたように、これまでの長い付き合いがあるため、相手のことをよく理解していたからだと思われる。H児の演技に対するG児の肯定的な意見の背景には、これまで自分が行ってきた嫌がらせに対して詫びる気持ちもあったと思われる。逆に、G児の演技に対するH児の肯定的な意見の背景には、いつも自分に話しかけ、相手をしてくれることへの感謝の気持ちもあったと思われる。G児とH児にとってはビデオフィードバック場面が相手の児童へ日ごろの自分の気持ちを表す場であったようだ。

第4項　児童の感想の分析

　両児が言ったり書いたりした感想を、「相手に関する感想」と「自分自身に関する感想」に分けて表5に述べる。

表5　対象児の感想一覧

回	G児	H児
	「H児に関する」感想	「G児に関する」感想
1	H児はレンガの家を作ったとこがよかった。	G児は煙突から入るところがよかった。
2	該当なし	G児は家をいっぱい作っていいと思いました。
3	該当なし	G児は鬼として登場してカッコよかった。
4	おばあさんの役を演じたところがよかった。	桃太郎(G児)が出てきて、わらえた。
6	該当なし	G児は雪を払ったり手拭いを被せてよかった。
7	H児は猿をやっつけたところがよかった。	該当なし
9	H児のよかったとこは亀を助けたことです。	G児は鯛や平目で踊るところがよかった。
10	H児は竜宮城の行き帰りに背中にのせて重かったのに送ってくれてよかったです。	浦島太郎(G児)が150年たっておじいちゃんになってびっくりたところが楽しかった。
11	H児は狼に食べられちゃったので、かわいそうだと思った。	G児は狼のお腹をナイフで切って、ぼくたちを助けたところがよかった。
12	おばあちゃん(H児)が風邪をひき、咳をしてかわいそう。	該当なし

13	姫（H児）は小槌でぼくをでかくしてくれてやさしかった。	G児はぼくといっしょに遊んでくれたところがよかった。
14	H児は、鬼から姫を守ったとこがよかった。	該当なし
16	該当なし	Gは怖い声で山姥を真似したとこがよかった
17	欲ばりじいさん（H児）は、いろんなとこにぶつかってこぶができてかわいそうでした。	該当なし
18	H児は宝がもらえていいなと思った。	G児は壁に当たって痛そうだった。
19	怪我したコウノトリを治してくれたおじいさん（H児）はやさしいなと思いました。	G児は落ちた瞬間に痛そうにし、怪我をしている真似をしたところがよかった。
20	該当なし	G児は幸せそうに鳥を助けたとこがよかった。
	「自分自身に関する」感想	「自分自身に関する」感想
1	狼役をして、家をこわして面白かった。楽しかったです。またやりたい。	レンガの家を作ってばんざいしたところが楽しかった。
2	最初の家は狼にこわされたが、最後の家がじょうぶでよかった。	該当なし
3	桃太郎が強くてやられて、もう桃太郎には近づかないようにしようと思いました。	鬼を倒したところと最後に村の全員に宝をあげたところがよかった。
4	桃太郎をやってよかった。次の劇を何するか楽しみです。	キビ団子のところで桃太郎と気持ちが通じた。
5	かさをもらったのに何もあげないと失礼なので、お正月だからあげました。次は、猿蟹合戦がやりたい。	最初は声が小ちゃかったけどだんだん楽しくなって声が大きくなった。おばあさんと乾杯したとこが心が通じた。次は浦島太郎がやりたい
6	宝をもらってうれしかった。かさをかぶってよかったと思いました。	おばあさんとおじいさんが貧乏だったから、こばんをいっぱいあげてすっきりした。
7	蟹をいじめて、柿を食べたところが楽しかった。うすが攻撃してきたからびっくりした。	最後にみんなで猿をやっつけたところがよかった。
8	ぼくは蟹を助けてよかったと思いました。猿は謝ったから許してよかったと思いました。	蜂に刺されて痛くなり、蟹に謝った。最後に、いい猿になってよかったと思いました。
9	次は、浦島太郎がやりたい。	いじめられている亀をぼくが助けたところがよかった。おじいちゃんになって嫌だった。
10	ぼくがよかったところは、亀がいじめられてたから、助けたところ。今回はよくできた。	鯛や平目を盆踊りみたいにうまくできた。また、今度やりたいです。
11	ぼくがよかったところは、狼が寝ている時にチャンスだったから、その間に赤ずきんとおばあちゃんを助けたところです。	ぼくがよかったところは、おばあちゃんにあげたくてお花をつんだところです。おばあちゃんになった狼の目が大きくなってびっくりした。
12	おばあちゃんに化けた狼の目とか耳とかがでかくてびっくりした。一寸法師もやりたい。	猟師をやってナイフで狼を切ったところがうまくできた。またやりたい。金太郎もやりたい。
13	ぼくが鬼と戦い、姫を助けれてよかった。	姫と一寸法師が幸せに暮らせてよかったです。
14	自分がよかったところは、赤ちゃんが生まれますようにと一生懸命願ったところです。	姫を助けてすっきりした。背が伸びますようにという願いがかなってよかった。またやりたい
15	楽しかったことは、山姥を騙して餅にくるんで食べたところです。	三枚のお札に「山になれ」「川になれ」と言って、寺に戻ってきたところがよかった。
16	最後に和尚さんに食べられてくやしい。	「餅でも食わんかね」と言ったのが面白かった。
17	ねずみたちといっしょに餅をついて食べておいしかった。幸せになりました。	最後におばあさんが欲張ったことを注意してくれたので、今後、欲張らないようにする。
18	おじいさんとねずみがいっしょに餅を食べておいしかった。またやりたいです。	ねずみたちと餅つきをやって、みんなで分けておいしかった。楽しかったです。
19	自分がよかったところは、けがしているようにやれたところです。またやりたいです。	すいかが大きすぎたのでみんなで食べればおいしいと思った。
20	金貨を近所の人にも分けたからよかった。まだ、力太郎や金太郎もやりたい。	まだ、鶴の恩返しもやりたい

（1）G児

　H児に関する感想では、「H児は猿をやっつけたところがよかった」（第7回目）と述べたように第9回目までは単なる行為を褒めた。以後は「H児は竜宮の行き帰りに背中にのせて重かったのに送ってくれてよかった。」（第10回目）、「姫（H児）は小槌でぼくをでかくしてくれてやさしかった。」（第13回目）と感謝の気持ちを述べた。さらに、「H児は狼に食べられちゃったので、かわいそう」（第11回目）、「おばあちゃん（H児）が風邪をひき、咳をしてかわいそう」（第12回目）、「欲ばりじいさん（H児）は、いろんなとこにぶつかってこぶができてかわいそう」（第17回目）というように、H児に対する共感や同情を述べた。

　自分自身に関する感想では、中盤までは「何々でうれしかった、楽しかった、よかった」といったステレオタイプの内容が多かった。終盤は、「和尚さんに食べられてくやしい」（第16回目）と役の立場からの感情を表現した。また、「餅を食べておいしかった」（第17、18回目）と実際は味わっていない味覚を想像で表現した。また、「次はさるかに合戦がやりたい」（第5回目）、「浦島太郎がやりたい」（第9回目）、「一寸法師がやりたい」（第12回目）、「力太郎や金太郎もやりたい」（第20回目）と希望する童話の題名を具体的に述べた。

（2）H児

　G児に関する感想では、第9回目までは「何々がよかった」というように演技を褒めていた。「浦島太郎（G児）がおじいちゃんになってびっくりしていた」（第10回目）、「G児は壁に当たって痛そうだった」（第18回目）、「G児は落ちた瞬間に痛そうにした」（第19回目）、「G児は、幸せそうに鳥を助けた」（第20回目）と第10回目からはG児の演技を見て、気持ちを推察する内容を述べた。

　自分自身に関する感想では、中盤までは「何々が楽しかった」「何々がよかった」と演技した行為そのものについて述べた。その後、「姫と一寸法師が幸せに暮らせてよかった」（第13回目）、「今後、欲張らないようにする」（第17回目）というように、劇で演じた内容から発展させてその後のことを述べた。また、「桃太郎と気持ちが通じた」（第4回目）、「おばあさんと乾杯したとこが心が通じた」（第5回目）、「みんなで分けて食べればおいしいと思った」（第18回目）というように、他者と心理的につながることへの喜びを述べた。なお、「次は浦島太郎がやりたい」（第5回目）、「金太郎がやりたい」（第12回目）、「鶴の恩返しがやりたい」（第20回目）と希望する童話の題目を具体的に述べた。

第5項　学級担任による通常の学級での行動の観察

　G児とH児が級友とどのような関わり方をしたか、また、両児の関係がどのように変化していったか、学級担任から聞き取った情報を表6に示す。

表6 学級担任からの聞き取ったG児とH児の行動記録

	G児	H児	両児の関係性
5月	注目されたい気持ちが強く、授業中に級友に話しかけたり挑発したりしてトラブルメーカーになり、苦情が多い。しかし、友だちを笑顔にするムードメーカーの一面もある。	嫌なことがあると大声で泣いたり、「ママ」と言ったりして発達段階に合わない幼児性がみられた。このようなことが2回あった。	G児に「来いよ」と言われるままH児が動いたらそこに水たまりがあり、足が濡れてしまう。このようにG児からH児に時々マイナスの働きかけをよくする。
6月	転入生によいところを見せようという気持ちから、前向きに取り組んでいる。	清掃時に級友が誤って本児の机を倒してしまったら、「バカ」と言って許そうとしなかった。	
7月	梅雨の季節が影響し、集中力が続かない。授業中に顔を洗ったり首を冷やしに行ってもよいことにした。	自ら進んで、みんなが飲んだ牛乳をきれいに整頓する姿が見受けられた。	G児がH児をやや見下している感がある。
9月	思ったことを口に出してしまうなど目立ちたいという気持ちが強いが、自分を制御している。	授業中に突然大きな声を出したり笑ったりしたが、周囲の子は偏見を持つことなく接している。	G児が挑発してきても、H児が相手にしなくなった。H児が大人になったことを感じる。両児が接する回数は減った。
10月	4月当初にあった級友への挑発もなく、適度な距離を保って会話したり遊んだりしている。	特定の子が気にかけてくれ、対等な立場で普通に話したり付きあったりしている。	
11月	学芸会ではオーディションの結果、希望通りの役になったので、張り切って練習に参加している。	学芸会の練習では、セリフの内容をもとに自分で振り付けを考えて意欲的に演じている。	時々、G児がH児に働きかけることはあるが、以前のようにいっしょにいることはなくなった。両児童とも別の交友関係を築くようになった。
12月	決められた無言清掃を実行するなどルールを守って生活しようとする姿が多く見られた。強がって嘘をつき通すこともあるが、級友がG児を理解しているため、大きなトラブルには発展しない。	自分の心を許せる特定の友達が出来きて、毎日楽しそうに学校生活を送っている。その子がH児のことを気に入っていて、働きかけてくるので、H児にとって居場所ができた。	

（1）G児

　1学期は周りから注目されたいという気持ちが強く、授業中に級友に話しかけたり挑発したりしたため、トラブルメーカーになり、苦情が多かった。しかし、級友を笑顔にするムードメーカーの一面も見られた。2学期は目立ちたいという気持ちを制御するようになった。級友への挑発もなくなり、会話をしたり、遊んだりするようになった。2学期の終わりには、決められた無言清掃を実行するなどルールを守って生活しようとする姿が見られた。それに伴い、周囲が受け入れてくれるようになった。強がって嘘をつき通すこともあるが、級友がG児を理解しているため、大きなトラブルには発展しなかった。

（2）H児

　1学期は嫌なことがあると大声で泣いたり、「ママ」と言ったりするなど幼児性が見られた。級友が誤ってH児の机を倒した時は許そうとしなかった。2学期は、授業中に突然大きな声を出したり笑ったりすることがあっても、周囲はH児に偏見を持つことなく接するようになった。2学期の終わりには、特定の児童（G児以外）がH児のことを気にかけ、働きかけてくるようになり、対等な立場で話したり遊んだりするようになった。心を許すことができる友達ができ、毎日楽しそうに学校生活を送っている。

第3節　まとめ

（1）G児

　心理劇的アプローチ場面で変化したことは、台本通りに演じるようになったこと、および、H児への挑発行為が減少したことである。G児は心理劇的アプローチを導入してしばらくの間、悪役を演じた時に負けることに強い抵抗を示し、勝つことへのこだわりを持っていた。台本通りに演じようとしなかったり、H児が嫌がる行為をしばしば行った。低身長であることや級友から責められることが多かったことを考えると、この頃のG児は劣等感を抱いていたのではないかと思われる。そのため、せめて劇の中では強い自分を演じ、H児に対して優位性を保ちたいと思っていたとしても不思議でない。ところが、第13回目を境にH児に対する挑発行為は減少し、自発性が増加した。この時に一寸法師を演じたG児は、前々から抱いていた「大きくなりたい」という願望を劇の中で実現させることができ、満足したようである。第17回目と第20回目にもG児は夢や憧れとも解釈できるセリフを表した。このように、現実では達成することが困難なことを心理劇的アプローチの場で何度か達成できたことにより、G児は心理的に安定して劣等感が軽減され、自己肯定感が高まった。同時に、勝つことへのこだわりが薄れたと推察される。第16回目は悪役の山姥を台本通りに演じることができた。劇後の感想で、「和尚さんに食べられてくやしい」と述べた。この感想より、勝ち負けに対する個人的なこだわりよりもストーリー全体を見渡し、自分が果たすべき役割は何かを考えた上で演じることができたと思われる。この頃は、心理的にも安定し、H児への挑発行為はほとんど見られなくなった。

　G児は、通常の学級でも4年生の1学期は級友を挑発する行為が多くみられた。G児は、過去に対人関係上のトラブルが多発して級友から責められたことから、対人関係上の劣等感を持っていて、学級替えになった今、新しい級友といち早く良好な関係を築いていかねばと思ったのではないだろうか。そのため、自ら級友に積極的に関わっていったところ、トラブルメーカーになったが、反面、ムードメーカーにもなった。2学期になってムードメーカーの面が級友から認められるようになり、対人関係上の劣等感が軽減でき、自己肯定感が高まったと思われる。心理的に安定して挑発行為もみられなくなり、2学期の終わりには決められたルールを守るようになった。通常の学級でもG児は劣等感が軽減して自己肯定感が高まったことによって心理的に安定し、学級全体のことを考えた上で落ち着いた行動が取れるようになった。

（2）H児

　心理劇的アプローチ場面でH児が変容したことは、自発的な言語が表出されるようになったことである。H児は劇を導入してしばらくの間、なかなかセリフが出てこなくて自分から話しかけていく場面がみられなかった。H児は幼少期の時より言葉の遅れがあり、知能検査では言語性IQが低かった。H児は話すことに苦手意識、あるいは劣等感を持っていたと思われる。第5回目の感想で、「最初は声が小ちゃかったけど、だんだん楽しくなって声が大きくなった」と述べている。このことから、H児が表出する言語はその時の心理状態に左右されることが推察される。そのように考えると、第6回目までは劇に不慣れなために言語表出に困難があった。第7回目から慣れてきて、少しずつ言語表出がみられるようになり、自信のあるセリフは言えるようになった。第18回目からはためらわずにセリフが言えるようになったようである。

H児は、通常の学級で2学期の終わりに心を許す友だちと楽しく会話ができるようになった。友だちと楽しく会話ができるようになったのは、心理劇的アプローチ場面で自発的にセリフが言えるようになったことが影響を及ぼしたのかもしれない。また、劇後の感想で他者と心理的につながることへの喜びが述べている。H児は心を許す友だちができたことによって通常の学級が心安らぐ場となり、心理的な安定がもたらされたと思われる。心理的に安定したことにより、泣き喚いたり、奇声を発したりするようなことも見られなくなった。

（3）両児の関わり

　以上のように、知的な遅れのみられるG児とH児に心理劇的アプローチを行った結果、両児とも心理的に安定し、自己肯定感が高まったと言える。

　G児は、通級指導教室でしばしばH児を挑発したり嫌がらせをしたりした。それはH児が嫌いだからではなく、「H児だったら許してくれる。」という親しみや甘えがこめられていたようだ。G児は4年生の1学期の頃、通常の学級でトラブルメーカーになって他児から苦情が多かった。そのため、H児以外の級友と人間関係を形成することができなかった。一方、H児はG児から嫌がらせや挑発を受けても怒ったり、抵抗したりせず、G児を受け入れていた。受動群の特徴の1つに挙げられている「人との接触を受け入れ、他人を避けはしない」（ウィング、1998）ことがH児にも当てはまる。H児が受動群であったからこそG児から挑発や嫌がらせをされても我慢し、受け入れていたのであろう。もし、H児が積極的であったなら、G児に反撃する、もしくはG児と同じ時間に通級指導教室で授業を受けることを拒否していたと思われる。すると、以後の心理劇的アプローチは成立しなかった。G児は、H児が自分の挑発や嫌がらせに耐えていることを知っていた。そのため、映像による自己フィードバック場面でH児に対して何回も肯定的な意見が言えたし、感想ではH児に対して感謝の気持ちや同情を述べたと思われる。H児は、G児から嫌がらせや挑発を受けていても感想でG児の気持ちを思いやる内容を述べた。両児は互いに相手を認め合い、必要とし合っていたことがうかがえる。やがて、通常の学級で2学期の終わりには両児とも別の級友と交友関係を築くようになり、両児が接することは少なくなった。G児が級友から受け入れられる姿をH児は見て安心し、自分も新しい交友関係を築き始めたのではないだろうか。両児は知的な遅れがあることも影響し、ともに通常の学級で他の級友と人間関係を築くまでに時間がかかった。その間、両児が通級指導教室でいっしょに心理劇的アプローチを行ったことによって孤立した状態を回避することができた。

第 II 章 心理劇的アプローチによる対象児の変化

第 1 節 通級指導教室と通常の学級における変化

対象児の特徴を表1に示す。

表1 対象児の学年・学級・性別等

	学年と性別			学年と性別			学級	知的能力差	童話の選び方	映像の自己フィードバック	実施回数
	児童	学年	性	児童	学年	性					
事例1	A児	3年	男	B児	3年	男	異なる	同じ	全て児童	無	12回
事例2	C児	5年	女	D児	4年	男	異なる	異なる	全て教師	有（提示のみ）	10回
事例3	E児	3年	男	F児	3年	男	同じ	異なる	児童と教師が交互	有（提示の後、発言させる）	22回
事例4	G児	4年	男	H児	4年	男	同じ	異なる	児童と教師が交互	有（提示の後、発言させる）	20回

第 1 項 通級指導教室における変化の特徴

（1）事例1

A児は、保育園の時からの念願であった主役を何度も立候補し、劇で立派に演じた。積極的な演技で大活躍し、劇が終わった後は満足感に満ち溢れていた。シェアリングの時に担当教師やB児から賞賛されて自信がつき、自己肯定感が高まった。

B児は、開始後、しばらくはA児に拒否的な態度を示し、差別意識や偏見を持っていた。しかし、劇の回数を重ねるうちにA児をともに劇を作り上げていく仲間として捉えるようになった。以後、A児を手助けし、賞賛するようになった。劇を演じることが人と関わるリハーサルとなり、A児に仲間意識を抱くようになった。

（2）事例2

C児は、特定の役に対するこだわりがあり、主役を拒否したことがあった。これは、気に入らない役を演じることへの抵抗感が強く、自分をベールで覆って防衛していたかのように見える。第9回では、嫌々ながら引き受けた鬼役を楽しみながら熱戦を繰り広げて戦った。戦っている中で覆っていたベールを取り外し、伸び伸びと演技ができた。以後、役へのこだわりはなくなり、与えられた役をはばかりなく演じた。

D児は、台本の内容を理解することに問題があり、劇でうまく演じられるかどうか不安が大きかった。緊張した状態がしばらく続き、場にあったセリフがなかなか出てこなかった。しかし、戦いの場面のある童話の劇で主役を何度も演じ、その都度、勝利する体験を積み、自己肯定感が高まった。最終回では自発的にセリフを言った。

（3）事例3

E児は、能力的に自分より劣るF児を見下していた。F児が手伝おうとしても拒否したり、F児の勧めを怒鳴って一蹴したこともあった。それでもF児は好意的に接し、E児に親切に働きかけた。やがて、E児はF児の負担を減らそうと、劇の途中でF児の役の一部を自発的に請け負ったり、F児が演技しやすいように積極的に働きかけたりした。

F児は、童話の劇をすることが好きであり、思ったままの感情を素直に演技で表わした。「さるかに合戦」の最後の場面で、「謝っているんだから猿を許してやろうよ。」と提案した。このやさしい気持ちでE児に接し続け、E児が歩み寄った。F児は、演技することにより自分を十分に発揮し、自分の働きかけによってE児が変わったことにより自己肯定感が高まった。

（4）事例4

G児は、悪役の時に筋書き通りに負けることに抵抗を示し、勝ちにこだわった。それは、G児が抱える劣等感も関係していた。その一つに低身長であることも含まれ、一寸法師役の時に背が高くなるという実生活での自分の夢を劇の中で叶えることができた。このことによって心理的な安定がもたらされ、以後、勝ちに対するこだわりは見られなくなった。

H児は、言語表出に問題を抱え、自発的なセリフがなかなか出てこなかった。そこには能力的な問題からくる自信のなさも関与していた。しかし、G児からの働きかけや教師からの支援を受け、少しずつ思いついたセリフが言えるようになった。やがて自発的なセリフが多く表出できるようになり、劇を楽しく行う中で自信が形成されていった。

第2項　通常の学級で見られた変化の特徴

（1）事例1（異なる学級）

A児は、以前は級友が嫌がる行為をよくやり、トラブルになると集団から離れた。その頃は、集団の中で活躍したかったが、活躍する場がないため、級友を意図的に挑発して注目を集めようとした。A児はその行為が受け入れられないことを自覚しており、他者から非難されるなど不利な状況になると集団から離れていった。しかし、通級指導教室で主役を立派に演じて活躍し、自信を持ったA児は、「今度は学級の中でも活躍したい。学級のみんなからも賞賛されたい。」と集団参加の意欲を持つようになった。こうしてA児は学級集団の中に入っていくようになった。

B児は、以前は自分から人に接していこうとしなかった。また、好き嫌いが激しく、好きでない級友が話しかけてきても応じようとしなかった。しかし、通級指導教室でA児といっしょに劇をしていく中でA児に仲間意識を持つようになった。このことが通常の学級において波及し、級友に仲間意識を持つようになった。B児は、話しかけてきた相手が誰であっても応じるようになり、学芸会でいっしょに踊る級友に自ら話しかけ、励ますこともあった。このように級友との付き合い方に変化が見られた。

（2）事例2（異なる学級）

心理劇的アプローチを開始したときは、C児は、特別支援学級から通常の学級に移ったばかりであった。そのこともあり、集団の中で自分を出すことができなかった。例えば、用事があっても級友に話しかけられなかったり、苦手なドッジボールに参加しようとせず、自分へのこだわりを持っていた。そこには、自分の弱さを級友に知られたくないという自己を防衛するこだわりがあった。通級指導教室で役へのこだわりが消えてから気の合った級友と会話をするようになり、ドッジボールに参加するようになった。こうして通常の学級でこだわりが緩和した。

D児は、特別支援学級から通常の学級に移った頃は、級友に一方的に話すために会話が成立しなかった。また、D児は級友と能力的な差があることを自覚して自信をなくし、グループ活動に参加しようとしなかった。D児は通級指導教室で主役として勝利する体験を何度もしたことにより、失

いかけていた自信を回復し、能力的に似通った何人かの級友に積極的に関わっていったり、グループでの話し合いで発言したりするようになった。

（3）事例3（同じ学級）

E児は、自己中心的な面が強かった。E児は、自分の思いが級友に伝わらないと怒り出して相手を責め、トラブルを頻繁に起こした。E児の相手の気持ちを考えない不用意な発言もよくみられ、E児を快く思っていない級友も少なくなかった。通級指導教室でF児に歩み寄るようになってから、通常の学級で困っている級友にやさしく声をかけ、助けるようになった。F児とは同じ学級であり、F児に理科の実験のしかたを教えることがあった。

F児は、能力的な面から通常の学級で自信を失いかけていた。自力で解決することが難しい問題に直面すると、援助を求めずに泣いていた。F児は通級指導教室で思い通りの演技ができたことによって自信を回復した。後期の学級委員長に立候補したが、票は得られなかった。気に入った女子に積極的に話しかけていくようになった。学芸会の練習では何度もやり直しになり、泣かずに最後まで頑張りぬいた。

（4）事例4（同じ学級）

G児は、トラブルメーカーであり、過去に大勢の級友といさかいを起こした。そのためG児は級友に負けたくない、級友より優位に立ち、級友の鼻を明かしたいという気持ちが強かった。虚勢を張り、目立った行動をすることで級友から注目を浴びようとした。勝つことにもこだわっていた。通級指導教室で心理的な安定がもたらされた頃から、級友への対抗心やこだわりはなくなり、親和的に接するようになった。G児の積極的なよい面が級友からも認められ、学級の中でムードメーカーになった。

H児は、まだ幼児性が残っており、嫌なことがあると大声で泣き喚いた。級友の誤ちを許さなかったこともある。能力的に差があることから、G児以外の級友とは対等なつき合いや会話ができなかったが、学級のために進んでよいことをしようとした。そのこともあり級友から好意的に受けとめられていた。通級指導教室で、自発的に言葉を言うようになってから学級の中で心を許す級友ができ、対等に話したり遊んだりするようになった。G児以外の級友と交友関係を持つようになった。

第2節　ＡＳＤの症状の変化の特徴

第1項　社会性の障害（対人関係、級友との付き合いかた）

A児は、注目を浴びたいという気持ちから級友への挑発行為を繰り返して集団活動に参加しようとしなかったが、心理劇的アプローチで主役を演じて活躍して満足感し、自信が形成された結果、嫌なことがあっても集団活動に参加するようになった。

D児は、引っ込み思案になって集団の輪に入っていけなかったが、心理劇的アプローチで勝つ体験をしたことによって自己肯定感が高まり、能力的に似通った数名の級友と積極的に交流を持つようになった。

F児は、能力的な問題から自信を失くし、困った状況になっても助けを求めることができなかったが、心理劇的アプローチで思い通りの演技ができたことによって自信を取り戻し、積極的に級友と関わっていくようになった。

これらの児童は、主役としての責任を果たし、他児や教師から賞賛されたことが自信の回復につながり、その結果、同年齢集団と交流する意欲が促進した。

B児は、対人関係が限定されていて好きでない級友が接してきても応じようとしなかったが、心理劇的アプローチによって人と関わるリハーサルができ、級友の誰が接してきても応じるようになった。

E児は、能力的に低い級友を見下し、拒否的な態度を取っていたが、その児童から心理劇的アプローチで好意的な働きかけを受けたことによって差別意識や偏見が改善され、親切に接していくようになった。

H児は、発語の問題から級友に話しかけていけなかったが、心理劇的アプローチをすることによって自発的な言語が増えた。通常の学級でも、特定の級友と会話をしたり交流を深めたりするようになった。H児はコミュニケーションが改善されたと思われる。

これらの児童は、心理劇的アプローチで相手の児童に仲間意識を持ったことによって、通常の学級で級友との付き合い方が良好になった。

第2項　こだわり（固執性）

C児は、防衛的な態度が強いことから苦手なドッジボールに参加しようとしなかったが、心理劇的アプローチで悪役を渋々引き受け、そこで羽目を外して演じる楽しさを知ってからは防衛的な態度が緩和し、ドッジボールに参加するようになった。

G児は、劣等感や対抗心から級友に勝つことに執着していたが、心理劇的アプローチ場面で自分の願望を実現させたことによって心理的に安定し、級友への対抗心はなくなり、親和的に接するようになった。

これらの児童は心理劇的アプローチでこだわりを扱ったことから通常の学級でのこだわりの減少につながった。本人のこだわりを利用した劇を行うことでこだわりが消えた（高原、2007）とする先行実践と同様の傾向が示された。

以上のように、多くの対象児が社会性の障害に改善がみられ、中にはこだわりが緩和した児童もいた。心理劇的アプローチではアドリブで劇が展開するため、セリフ、動作、場面の3つを同時に考えて演じていく。そのため、劇をする中で相手のことを思いやり、相手と協力し合いながらいっしょに劇を作っていこうとする態度が次第に形成されていった。

このような態度を形成することがＡＳＤ児の「社会性の障害」を改善することにつながる。心理劇的アプローチでは感情を体で表わそうとしたり、時には台本に書いてないことを表現しようとしたりする場合もある。このような時、児童は想像力を働かせて演じている。そのために想像力の障害から起こるとされる「こだわり」に改善がみられた児童もいた。

第3節　事例別の特徴からみた対象児の変化

第1項　在籍する学級の違い

対象児2名が同じ学級であったのは事例3と事例4であり、事例1と事例2は異なっていた。いずれの場合も担当教師は監督の役割を担い、劇の円滑な進行を心がけた。

（1）同じ学級の場合

　事例3ではE児はF児に長い間、見下した態度を取り、拒否的であった。E児のF児を否定的に見る態度は担当教師には強く感じられた。E児のF児への見方や態度が変わるまでにある程度の時間がかかったが、最終的にE児はF児を受容するようになった。それは、両者は週一回、通級指導教室で顔を合わせるだけでなく、日頃から通常の学級で顔を合わせていたため心理劇的アプローチにおける両児の人間関係と通常の学級のそれとが影響し合っていたと考えられる。仮に両児が異なる学級であり、顔を合わせる時が週1時間の通級指導教室だけであった場合には、E児の態度が変わるまでには更に長い時間を要していたと考えられる。

　事例4の場合ではG児とH児は1学期の頃は、両児とも通常の学級で他の級友と人間関係を形成できなかった。通級指導教室で両児がいっしょに心理劇的アプローチを行ったことによって両児の結束力が固くなったことが、映像による自己フィードバックの際の発言やシェアリングの感想から伺えた。そこには、相手を尊重する気持ちが込められていた。両児の結束力は通常の学級へ戻った時にも続き、二人は常に行動を共にしていた。結束した両児の関係は、2学期に他の級友と交流を持つようになるまで続いた。このように通級指導教室で心理劇的アプローチを行ったことで両児が学級で孤立した状態に陥らず、二人の結束力を強めたと思われる。

（2）異なる学級の場合

　事例2のC児とD児は学年や学級が異なっていたが、劇場面の両児の関係はとても良好であり、お互いによいところを認め合い、至らないところをカバーし合っていた。それは、前年度まで両児は同じ特別支援学級に在籍していたことが影響していると思われる。特別支援学級では、少人数で3年間、毎日顔を合わせていたので互いに相手の気心をよく知っていたと思われる。

　この（1）と（2）を比較する限り、対象児2名が異なる学級の場合よりも、現在、同じ学級の場合、あるいは、以前同じ学級であった場合の方が心理劇的アプローチを行うことによって両者の関係性は親密になっていくこと思われる。

第2項　知的な能力差

　対象児8名の中で知的な遅れがあると思われた児童は、事例2のD児、事例3のF児、事例4のH児であった。知的な遅れがある児童は、劇の途中でつまずくことが多かった。担当教師は、その度、台本を指し示したり、セリフを教えたりして劇が途切れないように支援した。同じペアのもう一方の児童も担当教師が支援しているところを見て、知的な遅れのある児童に親切に接するようになり、知的な遅れのある児童の演技に変化が見られた。

　事例2の第2回の場面である。D児（一寸法師役）はお花見に行く時、次の場面で鬼が出て来ることまで見通すことができず、何も持たずに出かけようとした。するとC児（お姫様役）は親切に針を持って行くことをD児に勧めた。次に、鬼が出て来た場面ではD児は鬼の前に立ちはだかり、身を持ってC児を守る演技をした。

　事例3の第15回の場面である。F児はあかずきんとおばあちゃんの役を演じることになっていたが、劇の途中でE児はF児には負担が大きいと感じ、おばあちゃん役を自ら引き受けて演じた。後の隠れる場面でE児（猟師役）は隠れようとしなかった。すると、F児（あかずきん役）は「かくれて、みんな！」とE児の自尊心が傷つかないように複数人称で呼びかけた。

事例4の第15回の場面である。H児（小僧役）はセリフや動きがわからずに止まっていた。すると、G児（和尚役）はセリフを教えたり、動作を指示したりして手助けした。劇が終わった後、H児はG児に「おふだをくれてありがとう。最後、山姥を食べるところがカッコよかったよ。」とお礼と賞賛の言葉を述べた。

　以上3つの事例では、相手の児童が遅れのある児童に親切に接していき、そのお返しとして遅れのある児童が相手の児童に何らかの形でお礼をした。いずれの児童にも相手を思いやる気持ちが育っている。

　高原（2002）は知的な遅れを伴う3名の自閉症者に10年間、心理劇を実施した。その結果、3名ともIQの上昇が確認されたとし、このことは心理劇により状況判断ができるようになり言葉での表現力が増したことによりIQ上昇という結果が表れたのではないかと考察している。本実践においても知的な遅れのある児童は相手の児童の働きかけによって状況判断をしたり言語表現をしたりする機会が増え、両児に相手を思いやる心も育つことが示された。

第4節　児童の変化をもたらした要因

第1項　映像による自己フィードバック

　森田（2003）は、自閉性障害者3名に心理劇を行った直後にビデオ映像で約20分間視覚的なフィードバックを与え、振り返りを行った。「今日の心理劇の中で上手にできたところはありましたか」と尋ねた結果、自分自身を認知する際にネガティブな側面よりもポジティブな側面に注目しやすかったと述べている。

　このことから視覚的なフィードバックは、自己認知する際にポジティブな側面に影響を与えることが推測できる。本実践は、森田（2003）を参考に、授業の導入部分で自分たちが前回、行った劇を見るという「ビデオ視聴」の時間を取り入れた。事例2、事例3、事例4では担当教師が前回の劇の録画からポジティブな面が表れた部分を取り上げ、児童に視聴させた。事例3と事例4では、視聴後にどこが良かったかを児童に発言させた。

　授業の中でビデオ視聴をさせ、振り返りを行うことが、次の劇に対する意欲を高め、その結果、自己肯定感や他者理解の促進、相手の長所を見ようとする態度が形成されたものと考える。

　ビデオを視聴させ、その後、児童に発言させることは、「映像による自己フィードバック」機能を考えたからである。児童に次のような反応や発言がみられた。

　事例2では両児童とも第3回までは無関心で反応を示さなかった。しかし、C児は、自分の演技が映し出された時、嬉しそうに微笑み（第4回）、声に出して笑い（第8回）、拍手をした（第10回）。C児は自分の演技を好意的に捉えた。D児は、「最後まで観たい」と視聴時間の延長を希望し（第5回）、ビデオで言っているセリフを繰り返して言い（第6回）、感想を述べ（第7回）、自分が戦っている姿が映し出された時に映像と同じように相手を投げ倒す動作をし（第8回）、相撲を取っている場面が映し出された時も相手を放り投げる動作をした（第10回）。D児は勝利する喜びを再び味わった。このように、両児童ともビデオ映像を観て肯定的な反応を示すようになった。

　事例3では、E児は、自分が演技する姿を映像で観て、「言われなくても自分からお面を用意したところがよかった」（第7回）、「おばあちゃんの役を自分からすすんでやると言ったところがよ

かった」（第16回）等、具体的で肯定的な意見を多く述べた。Ｅ児は自発性や積極性が自分の長所であることを認識し、自分の演技に自信を持った。Ｆ児は自分の長所がなかなか言えなかったために担当教師がよかったところを説明し、賞賛するようにしたところ、「（橋を）渡るのがたいへんそうだったから押さえていたところがよかった。」（第19回）、「亀をいじめるのをやめなさいと言ったところがよかったし、やっていて気持ちよかった」（第21回）と自分の演技に肯定的な意見が言えた。Ｆ児は自分の長所を発見し、自信が形成されていった。

　事例4では、Ｇ児は、Ｈ児の演技を映像で見て「勇気を出して自分から泊まらせてほしいと言ったところがよかった。」（第16回）、「勇気を出して自分から穴に入ったところがよかった。」（第18回）と答えた。Ｇ児はＨ児が自発的な言動が苦手であることを知っていて、Ｈ児の変化を映像から感じ取り、賞賛した。Ｈ児は、Ｇ児の演技を映像で見て「声が大きかったところがよかった」（第5回）、「大きな声でセリフを言ったところがよかった」（第13回）と賞賛した。Ｇ児への賞賛は、Ｈ児は自分が発語に困難があることを自覚していたので、大きな声でセリフを言うＧ児への憧れや尊敬の念もあったと思われる。このように、両児童とも相手の児童の演技の時の方がよいところをたくさん発言するようになった。

　以上のように、映像による自己フィードバックは、自分のよいところを認識したり、相手の児童のよいところを発見したりすることに役立った。児童は自信が形成され、他者理解が促進されたと言える。

第2項　童話の取り上げ方

　事例1は児童の希望によって取り上げる童話を決めた。児童は自分が選んだ童話であるため、意欲的に心理劇的アプローチに取り組んだ。事例1では、児童にはこの童話を演じさせたいという担当教師の願いは含まれていなかった。

　そこで、事例2では児童が抱える問題点の改善に役立つと思われる童話を担当教師が選定し、児童の了解を得た上で取り上げた。その結果、児童に変化がみられた一方、心理的な負担を感じていた児童もいた。

　事例3と事例4では児童が希望する童話と担当教師が推薦する童話を交互に取り上げた。

　事例3で、Ｅ児は最初、何を希望してよいかわからなかった。担当教師が「お話カード」の童話をすべて提示したところ、その中から面白い絵が描いてあるという理由で『にげだしたパンケーキ』を選択した。次週では、Ｅ児は時間をかけて楽しそうにパンケーキを焼いていた。Ｆ児は『白雪姫』にこだわりを持っており、6月に劇をしながら何度も「白雪姫がやりたい」と言っていた。第7、8回は担当教師が推薦する童話を取り上げる予定であったが、変更して『白雪姫』を実施した。すると第7回でＦ児は小人役の際、白雪姫が死んだ時の悲しみから、生きかえった時の喜びの感情の対比を明確に表現した。これらの光景は、児童が希望した童話を取り上げたからであると推察できる。

　事例4で、Ｇ児とＨ児は自分の順番が回って来る数回前からシェアリングの際に、「次は何々がやりたい」（第5、9、12、20回目）と希望を言っていた。自分の順番が回って来るのを楽しみにしており、希望した童話が取り上げられた劇では、嬉しそうな表情を浮かべ、意欲的に演じた。

　事例3は22回、事例4は20回と多くの回数を実施したが、児童が希望する童話を取り上げたからこそ、心理劇的アプローチに対する興味や意欲が持続し、その結果、自発性が増加し、自己肯定

感が高揚したと考えられる。

　以上のように児童が主体的に童話を選ぶことが、劇に対する意欲喚起につながり、心理劇的アプローチを長期間、実施していく動機づけになったと考えられる。劇化については基本的に本人の意思を尊重し、希望がある内容はなるべく劇化に至るよう努力する（高原、2012）とされている。心理劇的アプローチを長期間、継続していくには、極力、児童が希望する童話を取り上げることが望ましいと言える。

第3項　実施回数

　効果の表れる時期を検討するため、各事例の実施回数と効果の表れ方をふり返ってみる。

　事例1では、半年間に12回の心理劇的アプローチを行った。A児は、心理劇的アプローチ場面で活躍が見られる一方、「場からのはみ出し」が増加し、悪ふざけやその場にふさわしくない行為が見られた。通常の学級においても積極的に級友と関わろうとするが、その関わり方が不適切であるためにトラブルが続いていた。

　事例2では10回実施し、効果が表れ始めてきた矢先に、保護者から教科の補充指導の要望が出され、心理劇的アプローチは10回で終了した。これは、対象児が5年という高学年ということもあった。

　事例3と事例4では事前に保護者や学級担任に、心理劇的アプローチを2つの学期にわたって実施するという同意を得て開始した。事例3は8カ月間に22回、事例4は7カ月間に20回実施した。事例3ではE児のF児に対する態度が変わったのは第13回から第15回あたりであり、F児の自己肯定感が高まったのは19回目以後であった。事例4ではG児のH児への挑発行為がなくなり、自発性が増加したのは第13回以後であり、H児がためらわずに言語（セリフ）を表出するようになったのは第18回以後である。このように、事例3と事例4の対象児に変化が表れ始めたのは13回から18回であったため、成果が表れるまでに一定の回数と期間を要する。

　心理劇的アプローチの成果を検証するには、短期間に数回、実施しただけで判断するのではなく、変化が表れるまで一定期間継続する必要がある。

　しかし、通級指導教室は、病院や通所の治療機関や福祉機関とは異なり、当初から治療を長期にわたって行うことを前提にした、「個別の指導計画」は作成できない。それは、通級指導教室の個別の指導計画は単年度ごとに保護者や通常の学級担任等の合意の下に作成されるからである。事例3と事例4では、関係者の合意のもとに通級指導教室の1学期、2学期の全部の指導時間を心理劇的アプローチに費やすことができたために対象児に変化が見られたと考える。

第4部 実践編（Ⅱ）
通級指導教室における心理劇的アプローチの展開

　通級指導教室において心理劇的アプローチを展開していくための諸要件を考える。

　心理劇的アプローチは小学校の通級指導教室でＡＳＤの対人関係が向上することを目的に考案された。通級指導教室のサービスを拡充していくために小集団学習形態で発達障害児の指導方法を改善していく一つの提案として心理劇的アプローチを構想した。

　まず、従来の手法と心理劇的アプローチとの違いに言及する。心理劇的アプローチは、「童話を用いた心理劇」と異なり、原則として筋書き通りに演じるものである。

　次に心理劇的アプローチを実施する上での留意点を述べる。心理劇的アプローチの流れや手順、これを行う際の通級担当教師の役割に触れる。

　通級指導教室は、通常の学級から対象児を抽出して指導する。心理劇的アプローチを通級指導教室に導入するための周囲への働きかけの実際を紹介する。

　最後に、これからの通級指導教室の課題、ＡＳＤの支援の課題、通級指導教室で心理劇的アプローチを行うことの意義を述べる。

第12章　心理劇的アプローチと通級指導教室

第1節　従来の手法と心理劇的アプローチとの違い

第1項　ＳＳＴと心理劇的アプローチの違い

　発達障害児・者の社会性の支援としてＳＳＴが用いられることが多い。「ソーシャルスキルは、訓練された場面では習得されるが、訓練場面以外では用いられにくく、自発的なソーシャルスキルの使用が見られない」（谷、2013）とされ、般化の問題が指摘されている。第1章第3節のＥ小学校のＡ児の事例では、通級指導教室でＳＳＴを行っただけでなく、特別支援教育支援員や養護教員による実際の生活場面での支援を併用する般化プログラムを組んで対象児の問題行動の改善を図っている。高原（2007）は、「心理劇で内面にアプローチすることで、発達障害者の意欲を高め、社会との接点をつけ、般化の問題を解決する一歩になるのではないか」と提言している。

　心理劇的アプローチを通級指導教室で一定期間、実施した結果、児童は通級指導教室のみならず通常の学級でも変化がみられ、心理劇的アプローチが通常の学級での対人関係に影響を及ぼしたものと考えられる。

　これらのことより、心理劇的アプローチは、従来のＳＳＴよりも般化が可能であり、般化プログラムを組まなくても通常の学級で対人関係が改善される点が期待できる。心理劇的アプローチを行うメンバー2名が同じ学級である場合、両児の関わりは単なる通級指導教室のみの関わりだけにとどまらず、通常の学級での関わりにも波及していくと思われる。対象児の組み合わせを考えるとメンバー2名は同じ学級である方が通常の学級での般化が促進されると考える。

第2項　高原・高良の実践と心理劇的アプローチの違い

（1）生活経験

　高原や高良が実践した心理劇は、福祉施設や精神科病院で行われてきた。対象者は青年期以後の大人が中心であった。一方、今回の心理劇的アプローチでは小学校の通級指導教室で中学年、高学年の児童を対象に行った。福祉施設や精神科病院の場合と小学校の通級指導教室の場合とでは何が違ってくるのかを考える。

　一番大きな違いは、生活経験である。福祉施設や精神科病院の場合、対象者はそこに至るまでに9年間以上の学校生活を受け、その上で社会生活を積んだりもしている。心理劇を行う上でもこれまでの自分の経験を題材にしていることが多い。福祉施設で行われた心理劇のテーマを例に挙げると「修学旅行」、「家族旅行」、「温泉」、「バスハイク」、「高校合格」など、本人の実際の体験に基づいたテーマが多くみられる。こうした場合の心理劇では、対象者は過去の楽しかった思い出を再現し、再び楽しい気分に浸っている。あるいは、うまくいかなかった過去の出来事を心理劇で再度体験し、つまずいたところをやり直し、成功させることで心に残った傷を修復している。高原（2007）は、心理劇は体験のやり直しであるとしている。

　一方、小学校の通級指導教室の場合、対象者が児童であり、生活経験が大人よりも浅く、自分の経験を題材にして演じることに限界がある。今回の心理劇的アプローチにおいては、定められたストーリーに従って劇を演じ、演じる中で他者との適切な関わり方を学んでいく方式を採った。児童

にとっては演じること自体が今後を生きていくための学習につながっていくのである。

（2）障害・状態像の違い

　統合失調症者に行った心理劇と発達障害者に行った心理劇の違いを述べる。

　最初に統合失調症者に心理劇を導入したのは 1960 年に迎孝久氏であり、患者の社会への再適応を図るために精神病院で行った（高原、2007）。高良（2013）は精神科病院で行った心理劇の事例を 2 つ述べているが、両事例とも主たる対象者は心理劇を終了した後に院外で仕事に就いている。統合失調症者に対する心理劇は、個人の葛藤に直面することはできるだけ避けて、喜びや希望といった陽性感情を大切にしている。

　一方、高原（2009）は発達障害者を対象に心理劇を行い、そこでは他人との共感性を増し、協調性を高め、思いやりや人の痛みがわかり、独自の執着心を少なくするための生活指導プログラムの技法の一つとして行っている。そのため、時には対象者の弱点を真正面から捉え、これを克服し人格を発達させる試みを行った。

　今回の心理劇的アプローチは、対象であるＡＳＤ児が通常の学級に戻った時に学級集団に参加する意欲を持ったり、級友と良好な関係を築いたりすることを目的に行った。高良（2013）は患者の社会復帰を目指して行ったものと思われるが、今回の心理劇的アプローチは、通常の学級における集団や級友との関係の改善を目指して行った。児童に自信をつけさせるため、授業者はできるだけ児童のよいところを発見して褒めることに心がけた。

　次に、障害の程度を考えていく。高原（2007）が行った重度知的障害を伴う自閉症者への心理劇では、特にウォーミングアップを重視し、ゲーム、絵カード、体操などでレクレーション的要素を多く取り入れた。ウォーミングアップに 30 分という時間を取ったり、ウォーミングアップの段階だけを適用した例もある。重度の対象者にウォーミングアップを重視するのは、自閉性障害者が苦手とするイメージ力を喚起することもその目的の一つであるとされる（高原・松井、1997）。

　一方、今回の心理劇的アプローチの対象者は、高原（2007）の対象者と比べるとはるかに障害の程度は軽度である。心理劇的アプローチのウォーミングアップは、授業時間の関係で 10 分程度であり、内容は映像による自己フィードバックと台本の読み合わせであり、レクレーション的要素を含めることはできなかった。ウォーミングアップでレクレーションをすることなく劇が成立したのは、児童が映像による自己フィードバックにより、次の劇への意欲が高まり、台本を読むことによって劇のイメージ、例えば、ストーリーに見通しを持つなどが形成されたからである。

　通級指導教室には、対人関係や学習の失敗から自信や意欲を失くした、障害の程度で言えば軽度の児童が多く通っている。このような児童には、「このことは面白そうだし、自分にもやれそうだ」というやる気を高め、見通しを持たせることで、再び学習に対する意欲を高める必要がある。そのためには、心理劇的アプローチのウォーミングアップの場面で、児童が興味を引きつけるような道具類を事前に準備し、突如提示して児童をあっと驚かせる手法も有効である。

（3）人数と集団規模

　高原が自閉性障害者に行った心理劇では対象者だけでなくスタッフの人数も多かった。高良ら（1984）が行った「童話を用いた心理劇」でも対象者 8 人にスタッフ 3 名が当たっていた。心理劇は、集団心理療法の一つであり、原則として対象者だけでなく治療者も複数、必要となる（高原、2007）。高原（2007）は、心理劇の場では、単に治療者と対象者の一対一の場面でなく、同じよう

な症状を持つ集団内で理解してくれる人の存在がその人を成長させるとしている。

通級指導教室では、多くの場合、担当教師は1人で指導に当たっている。そのため対象者が多くなりすぎると一人ひとりの児童にきめ細やかな指導を行うことが困難になる。担当教師1名と児童1名の個別指導の形態では、劇として成立させることが困難である。たとえ成立したとしても児童は教師との関わりしかなく、子ども同士で関わる場面がない。心理劇的アプローチでは、基本的なスタイルとして担当教師1名と児童2名の単位で行った。

（4）効果の表れ方

心理劇は台本や取り決めなしに場（状況）が進行していく（高原、2007）。また、心理劇を始めて半年や1年では、ただ無表情に参加していることが多く、短期間の適用では効果が認められず、効果が表れるまで時間がかかる（高原、2007）。

通級指導教室では単年度ごとに指導の経過を対象児の保護者や学級担任に報告している。1年以内にある程度の成果を示していくには、行き当たりばったりの方式よりも一定の枠組みがあるものの方がふさわしい。

今回の心理劇的アプローチでは、筋書きが決められている童話を題材として取り上げ、児童は定められたストーリーという土台の上に乗って自分の役を演じた方が、演じる中で思ったことや感じたことが素直に表現できると考えた。実際に、児童は自分の好きな童話の希望を出し、生き生きと演じたことによって、自発的にセリフを言うようになったり、喜びや悲しみの感情を豊かに表わしたりした。このように児童に変化がみられた。通級指導教室では台本や取り決めなしの心理劇を行うより、童話という決められたストーリーの中で自分を表現する心理劇的アプローチの方が対象児に比較的早く自発性や想像性が発揮され、効果が表れると思われる。

（5）高良ら（1984）との差異

心理劇的アプローチは、高良ら（1984）の実践をベースにし、ASDの小学生に適した形に手続きを変更して行った。高良ら（1984）の実践と心理劇的アプローチとの差異を表1に示す。

表1　心理劇的アプローチと高良ら（1984）との差異

	高良ら（1984）	心理劇的アプローチ	手続きを変更した意図・目的
童話の選定方法	前もって決めておくか、その場で希望を取り上げる。	前時に対象児の希望を聞き、決める。	一週間前に題目を決め、心の準備をする。一週間の間に自分の役のイメージを持つ。
筋書きの確認	監督が読み上げるか、市販のテープを聴く。	児童と教師が交代して読む。	聴くだけでなく、自ら音読することによって内容が適確に理解できる。
実施方法	同一セッションで1つの童話を役割交代法で2回施行する。	同じ題目を異なる日に2度行い、原則的にどちらか一方で主役を演じる。	主役で活躍することにより自信をつける。主役を演じることは心理的な負担も大きいが、それを乗り越えて演じることで達成感が得られる。
展開	筋書きにとらわれることなく自由に演じてもよい。	多少の変更は認めつつも、原則的に筋書きを守って演じる。	童話を筋書き通りに演じることにより社会性全般が高まる。
シェアリング	感想を述べる。	感想を述べた後に、感想文を書く。	口頭発表の後、感想文も書くことにより劇の振り返りを行い、自己の洞察を深める。

最も大きな違いは、展開である。高良ら（1984）は童話の筋にとらわれることなく自由に演じさせたが、心理劇的アプローチでは原則的に多少の筋書きの変更は認めるが、ストーリーを変えるようなことは認めず、筋書きを守って演じる。筋書きを守って演じさせた理由は2つある。

一つは、即興性に対する不安や緊張を避けるためである。一人の児童が決められたストーリーとは異なるストーリーに変更した場合、もう一人の児童は変更されたストーリーに追従していくため、その後の場面を即座に予測してアドリブで演じなければならない。即興で演じることは、ＡＳＤの小学生には不安や緊張を感じ、自発的な演技が抑圧される。そのため、決められたストーリー自体は変更しないで、話の枠組みは維持しつつ、その中に出て来る言葉や動作を児童が独自に創造して演じさせることにした。

　もう一つは、意味のある終わり方をするためである。童話はどの作品においても意味のある終わり方をしている。ハッピーエンドで終わる童話もあれば、戒めで終わる童話もあり、それぞれ終わり方に工夫がされている。童話は筋書きを通して一つの教訓が得られるように構成されている。したがって、童話を筋書き通りに演じた場合は、教訓や戒めなどの意味のある終わり方になるが、自由に演じさせた場合は意味のある終わり方になるとは限らない。人智の集大成とも言われる童話を題材として劇を展開していくので童話を筋書き通りに演じさせ、意味のある終わり方で幕を閉じた。

（6）心理劇的アプローチの長所と短所

　心理劇的アプローチは万能ではなく、長所もあれば短所もある。

　長所は意欲的に劇を演じることができることと、劇を終えた時に満足感が得られることである。

　心理劇的アプローチで担当教師は、児童が希望する童話を取り上げたり、映像による自己フィードバックを導入して児童に活躍した場面を見せたり、児童の興味を引きつけるような道具類を準備した。その結果、児童は自分の役を主体的に演じようと意欲的に劇に臨むことができた。劇の中で児童は主役を演じることによって自己肯定感を高めたり、悪役を遠慮はばかりなく演じて羽目を外したりし、劇を終えた時に満足感を得ることができた。このように、心理劇的アプローチでは児童が主体的、意欲的に劇に取り組めることと、演じ終えた時に満足感が得られることが長所として挙げられる。

　短所は、通級担当教師はその学校に１名しかいないため、心理劇的アプローチは指導者１名だけで行わなければならないことである。心理劇は原則として対象者だけでなく治療者も複数必要となる（高原、2007）とされる。複数の治療者は主治療者である監督を中心に対象者の補助自我として、それぞれが連携をとって関わっていく（高原、2007）とされる。しかし、心理劇的アプローチでは、通級担当教師１名が監督や補助自我を兼務するため、教師同士が連携を取って児童の指導に当たったり、高良（1984）のように劇後にスタッフミーティングを行ったりすることができない。通級担当教師は１人ですべての業務を行わなくてはならないため、事前に周到な準備をした上で授業に臨まなくてはならない。また、心理劇的アプローチを進めていく中で、何らかの特別な働きかけが必要であると思える児童もいる。そのような場合でもスタッフによるミーティングは行えないため、学級担任との共通理解や相談が重要になってくる。

第2節　心理劇的アプローチを実施する上での留意点

第1項　心理劇的アプローチの流れや手順

（1）映像による自己フィードバック

　授業の冒頭で行う「映像による自己フィードバック」は、心理劇で行う「ウォーミングアップ」に相当する。ウォーミングアップでは、参加者が劇を始めるにあたって心身のリラックスを図るため、劇のテーマを話し合ったり、ゲームや運動をしたりして20分程度の時間を費やす。通級指導教室で行った心理劇的アプローチは1回が45分間という時間的な制約があるため、心理劇のウォーミングアップのように十分な時間をかけることができない。短時間で児童にこれから行う劇に対する意欲づけを図るためにこの方法を考えて取り入れた。提示した前時の映像場面は、児童のポジティブな面がみられたところを担当教師が予めチェックし、その箇所のみを抽出した。そのためどの児童も映像を観て喜び、言葉や動作で反応を示した。提示時間は3分間であったが、児童の反応から「映像による自己フィードバック」はウォーミングアップの役割を果たし、この後に演じる児童の劇への意欲が喚起された。ネガティブな場面や問題場面の映像は取り上げず、ポジティブな場面の映像だけを取り上げることが肝要である。

（2）役割決めの確認

　「役割決めの確認」は、心理劇では「主役となる者を選択する時間」（高良、2013）に相当する。心理劇的アプローチでは、前の時間に取り上げる童話を決定し、児童の配役も一通り決めた。そのため、担当教師が「先週決めたように、A君は○○の役、B君は○○の役でいいですか。」というように各自に割り当てられた役について了解を取る。ほとんどの場合は「いいです。」と了解する。気が変わって「やっぱり嫌だ。」と言う児童もいる。そのような場合は理由を尋ね、拒否する気持ちが強い場合は担当教師の役と交代する。事例2の第13回『力太郎』で、C児は前の時間には了解していたが、主役の力太郎を「私は力がないから」という理由で拒否した。D児が「力太郎は先週やって面白かったから、もう一度やる。」と言ったので、D児の役とC児の役とを交代した。このように役決めで留意すべき点は、児童の気持ちを最優先し、無理に役を押しつけないことである。あくまでも児童の自発性を尊重するという姿勢を維持する。

（3）「おはなしカード」等の台本の音読

　台本の音読は、童話の筋書きを児童が確認し、共通理解を図る時間である。高良ら（1984）の実践では監督が童話の筋を読み上げる、あるいは市販のテープを全員で聴く方法を採っていた。

　心理劇的アプローチでは台本を場面ごとに児童と教師で交代読みをした。児童は話を聞くだけでなく、自ら音読することによって、「今からこの童話を劇で演じていく。」という自覚を各児童に持たせた。原則として場面ごとに順番で読み手を交代していったが、「劇の中で実際に言うセリフの箇所は自分で読みたい。」と言った児童もいて、時には各児童が劇場面で言うセリフの箇所を音読させたこともあった。

　このように児童自身に童話を音読させ、「劇で演じる時はここに書いてある内容の言葉を言うのだな。」というように音読の段階から劇で言うセリフを意識させる。

（4）準備

　「準備」は、高良（2013）の中での「ファースト・インタビュー」に相当する。「ファースト・イ

ンタビュー」とは、劇に入る前に監督が主役と言語による交流を行うことである（高良、2013）。「ファースト・インタビュー」は主に言語を介して行われたが、「準備」は言語的な要素よりも視覚的、動作的な要素の方が強い。心理劇は「アクションを媒介とした演劇的手法を用いる集団精神療法」（高良、2013）である。「準備」は、衣装やお面を身につけることで、劇を行う意欲を促進させた。

（5）劇化

高良ら（1984）は、劇化において童話の筋にとらわれることなく自由に演じることが許されるという保証を与えていた。心理劇的アプローチでは原則的に筋書きを守って演じさせた。

（6）シェアリング

シェアリングは「メンバーが自分の感じたことを自由に言語化していく」（高良、2013）ことである。心理劇の多くは、高良（2013）と同様に言語のみによるシェアリングを行っている。心理劇的アプローチでは、口頭発表だけでなく感想文も書かせてシェアリングを行った。それは、劇の振り返りを多角的に行い、自己の洞察をより深めるためである。

手順は、児童はまず自分が劇を演じた感想を述べ、次に相手の児童の良かった点を述べた。児童の発言には通級担当教師からも肯定的なコメントが添えられる。児童は相手の児童の発言や教師からのコメントを参考に自己に対する洞察を再度行い、感想文を書いた。このように最初は感想を口頭で述べ、次に感想文を書くことによって劇の振り返りを行った。

（7）次時の予告・おわりに

次回行う童話の題目と各自の役割を決めた。実際に劇を行う1週間前に題目と役割を決め、次週行う劇の見通しを持たせ、一週間の間に決められた役をどのように演じるかを考える時間を与えた。こうすることで役柄のキャラクターに対するイメージを想像できる。一週間考えた末に、決められた役柄に対するイメージが湧かず、「やはりこの役は無理だ。」という場合には、役を変更した。

第2項　心理劇的アプローチを行う際の通級担当教師の役割

（1）分析家

通級担当教師は、心理劇的アプローチ場面の録画を観て、児童が表出した言語や行動について解釈し、児童のアクションの過程を分析していく。児童が劇の中で表出したセリフの裏には児童の願望や憧れが隠されている場合もある。そのような児童の願望や憧れが劇の中で表れていないか意識しながら、劇を進行させていく。そして、児童の願望や憧れが表れていた場合、その児童の利益になることについては学級担任に適切に伝える。例えば、事例4のG児は心理劇的アプローチが始まった直後には、勝つことにこだわった。第3回の『桃太郎』で鬼役を演じた時に、「降参するのは嫌だ。俺は絶対に降参しないぞ！」と言い張って負けようとせず、いつまでも桃太郎（H児）と戦い続けた。通常の学級でG児は級友と頻繁にトラブルを起こし、それがもとで2階の窓から飛び降りようとしたこともあった。日頃からG児は、「級友に負けたくない」、「級友の鼻を明かしたい」という気持ちを持ち、級友に対する対抗意識が劇の中で負けることに強い抵抗感として反映されたと通級担当教師は分析した。劇の中でG児が勝つことに強い執着心を持っていたことを学級担任に報告した。学級担任は、「G児は学級の中でも目立ちたいという気持ちが強いが、過去の対人関係上の失敗から自分を制御しているように感じられる。日ごろ制御している自己顕示欲が通級指導教室で解

き放たれ、一気に表面化したのだろう。」と語った。以後、心理劇的アプローチでは活躍の場が多い主役をなるべく多くＧ児に推奨するようにした。通常の学級では学級担任は全体の場で指名するなど意図的に活躍の場を与えるように配慮した。

　このように通級担当教師は、児童が表出した言語や行動を共感的に理解し、その言動の意識、無意識を分析すると同時に、学級担任と情報を共有し、通常の学級の中での適応を図っていく。

（2）プロデューサー

　心理劇的アプローチは童話を題材に行い、現実とは異なる架空の場面について児童が想像力を働かせて自分の役割が演じられるよう、劇で使用する道具類等を用意した。このように通級担当教師はプロデューサーの役割を果たしていく必要がある。

　高良（2013）は、「監督は、メンバーに感動的な体験を提供すべく舞台と雰囲気をプロデュースする」と述べている。通級担当教師は、心理劇的アプローチの場面を魅力あるドラマに仕上げるための演出を施していく。すなわち、児童が満足した演技ができるように劇場面と雰囲気をプロデュースしていく。そのために遊びの要素を取り入れたり、児童を楽しませたりすることで演じることへの緊張感をほぐし、劇への意欲づけを行う。高原や高良が行った心理劇では道具類等は使用しないが、心理劇的アプローチでは、劇で使用する道具類、衣装、お面などを通級担当教師が事前に用意し、劇を行う直前に提示して児童の興味関心を引きつけた。これを事例１のＢ児を例に考えてみる。Ｂ児は第１回と第２回は劇に対する意欲が低く、はみ出し行動が頻繁にみられた。第３回の『ふしぎなすいか』でコウノトリの役を演じた時である。事前に、通級担当教師が紙製の白い羽根および鳥のお面を用意し、それを準備の時にＢ児の目の前に差し出したところ、特に羽根に興味を持ち、さっそく両腕に取りつけて何度も羽ばたく練習をした。劇場面では、その羽根とお面をつけて鳥になりきって演じた。第３回以後は、劇に意欲的に取り組むようになり、Ａ児に協力するようになった。

（3）指導者

　通級担当教師は、児童を指導する立場にある者として児童との信頼関係を構築することに努める。児童との信頼関係は、劇後のシェアリングが最も構築されやすい。シェアリングでは、通級担当教師は児童の感想を聞く援助者として児童に寄り添い、支持的で受容的な態度で児童にも関与していく。通級担当教師の受容的態度は、児童が心理劇的アプローチ場面でどのような言動を示してもシェアリングでは一貫して維持していく。事例３のＥ児を例にして述べる。Ｅ児は、日頃から人を許容する寛大さに欠けていた。第３回『さるかに合戦』で蜂やうすの役を演じた時の最後の場面で、猿に対して執拗で過激とも思える行為をいつまでも続けた。劇後のシェアリングの時、蟹と子蟹を演じたＦ児は「猿は謝って反省していたのだから、許してやった方がいいと思った。」と劇場面でＥ児が取った行動に批判的な意見を述べた。それに対し、Ｅ児は「いいや、猿はお母さん蟹にわざと青柿をぶつけて怪我をさせたのだから、絶対に許すことはできない。」と強い口調でＦ児に反論し、自分が取った行為の正当性を主張した。道徳の授業であれば、Ｆ児が述べた寛容さを示す意見の方が尊重されるが、シェアリングの場面では通級担当教師はＦ児の寛容な意見に肩入れすることなく、Ｅ児の厳しい意見も同時に認めた。

　通級担当教師は特定の意見のみを支持することは避け、指導者として児童が述べたすべての意見を尊重し、受容していく態度を示す。心理劇的アプローチでは、決して児童に自分の考えを押しつ

けたり、統制したりしようとせず、あくまでも通級担当教師は中立的に児童を支持していく。

　通級担当教師は指導者として基本的にオープンな態度であることが望まれる。心理劇的アプローチでは、必要に応じて通級担当教師自身の適切な自己開示がなされ、それが児童に影響を与え、結果としてグループ全体に暖かい受容的雰囲気がかもしだされることもある。心理劇的アプローチでは、原則として児童2名に劇で登場する主要な人物の役を割り振り、通級担当教師は補助自我として脇役を演じていた。事例3の第14回『三枚のおふだ』の配役を決める時である。E児とF児が「先生が山姥役をやるところが見てみたい」と言い始めた。通級担当教師が悪役のモデルを示すことを期待したようである。山姥は劇の中心人物であるが、児童の期待に応えて通級担当教師が演じた。劇の中で小僧を優しく歓待するおばあさんから一転し、人食いの恐ろしい山姥に変身する姿を演じた。すると、2人の児童は劇の最中に歓声や悲鳴を上げ、シェアリングの時に「ああ、面白かった」、「とっても怖かった」と大喜びであった。E児は「悪役をやるのも面白いことがわかった」と言い、次回から自発的に悪役を引き受けるようになった。それまで、E児は悪役を演じることに抵抗があり、進んで引き受けようとはしなかったが、通級担当教師が山姥を演じる姿を見て、悪役を演じることへの抵抗感が薄れた。第16回『あかずきんちゃん』では狼役になり、堂々と悪役を演じた。

　通級担当教師が指導者として児童の考えを全面的に受容したり、モデルを示してオープンな雰囲気を作ったりすることは、その後の心理劇的アプローチの進行を円滑に進めるための重要な要素である。

（4）グループリーダー

　高良（2013）は「監督は、グループリーダーとしてメンバーの安全を守るためにグループの構造を管理して、境界的枠組みを設定する」と述べている。リーダーの役割の一つに劇の開始と終了の合図を出すことが挙げられている。心理劇的アプローチでは、開始の合図は、児童2名が衣装や被り物を身につけ、必要な道具類を手元に準備したことを確認した上で鳴らすベルである。終了の際にはどのタイミングでベルを鳴らすか、的確な判断が求められる。原則は、台本に書かれている内容を一通り演じ終えた時点で終了となるが、時には延長して劇をしばらく継続することもある。そのような場合は、児童の自発性や想像性が顕著に見られた時であり、続きを即興で演じたいと思えた時である。事例2の第6回『3びきのこぶた』の最終場面である。台本では狼がやけどをしたところで話は終了しているが、劇では3番こぶた（C児）がやけどを負った狼（教師）のところへ氷水を持っていき、「これで冷やすといいよ」と言い、さらに「もう私たちを食べようなんて思わないでね」とやさしく諭した。そこで、狼（教師）は「こんな俺にでも、親切にしてくれるのか。こぶたたちはなんてやさしいんだろう」と劇をつなげた。すると、3番こぶた（C児）は「わかればいいよ。では、みんなでお肉を焼いて食べよう」と仲直りにバーベキューをいっしょにすることを提案した。この場面では、通級担当教師はC児が劇の中で想像性を発揮していると判断し、劇を延長して続行することにした。C児は優しさや独創性を発揮できた。

　劇の終了の際、ベルを鳴らして区切りをつけると同時に、各児童に対して役割を解除する。役割解除は、劇での役割体験を日常生活上で延長させないために行い、劇で使用した衣装や被り物等もこの場ですべて外させる。特に、戦いの場面のある劇を演じた後は、役割解除を明確に行うことによって通常の学級に帰った際に級友に対して乱暴な行為を働く危険をなくしておく。

通級担当教師はグループのリーダーとして、児童間の橋渡しや仲介役を務める。児童の2人が異なる通常の学級に在籍している場合は、相手の児童のことをよく知らないまま、いっしょに心理劇的アプローチを行うこともある。相手の児童に対する誤解や偏見を抱いた状態で劇を演じる児童もいる。そのような場合は、通級担当教員がリーダーシップを発揮してグループ内をまとめていく。通級担当教員が働きかけることによって、心理劇的アプローチを進行させていく過程で児童は当初抱いていた誤解や偏見は少しずつ解消されていき、徐々に信頼関係を形成していく。

事例1のB児を例にみていく。B児は、日ごろから問題行動が多いA児に偏見や差別意識を持っていた。第1回の劇が開始される時に、「こんなやつといっしょに劇をするのか」と言ったり、劇の中でA児が働きかけてきても応答しなかった。そこで、第2回からは通級担当教員はB児のA児に対する偏見等を解消するため、A児が主役で活躍した時は大いに賞賛し、B児がA児に手を貸した時には、A児に代わってお礼を言ったりするなど、両児を接近させる働きかけを意識的に行った。すると、B児は次第に劇の中でA児に好意的に接していくようになったり、シェアリングの時にA児の活躍を素直に褒めたりするようになり、A児への差別意識は仲間意識へと変わっていった。

通級担当教員はグループのリーダーとして児童相互の信頼関係が形成されていくことを目指し、グループを構成する児童たちが互いによいところを認め合えるように働きかける。

以上の4つの役割を通級担当教員は心理劇的アプローチ場面で児童と個人的に関わっていく中で遂行していく。それぞれの役割を一つ一つ独立して果たしていくのではない。これらの役割は有機的なつながりがあるために4つの役割を総合的に捉えた上で児童に働きかけていく。

第3節　心理劇的アプローチを導入するための周囲への働きかけ

通級による指導は、特定の時間に対象児を通常の学級から取り出して指導する。そのため、通級指導教室の授業の内容は、対象児の学級担任や保護者から事前に了解を得る必要がある。心理劇的アプローチを対象児に試みるために周囲にどのように働きかけたのか、その実際を述べる。

第1項　学級担任への働きかけ

通級による指導を受けている児童は、通常の学級に籍を置き、通級による指導の時間以外は学級担任の指導を受けている。通級担当教師は学級担任と協力体制を築いて対象となる児童の指導に当たっている。学級担任に心理劇的アプローチを行うことを十分に理解してもらう必要がある。そのために指導を開始する前に心理劇的アプローチを行う意図や計画を記した依頼文を学級担任に提出した。依頼文を表1に示す。

心理劇的アプローチを実施するにあたり、学級担任に通常の学級における対象児の評価や情報提供を求めた。そのためにも同意が必要であった。6人の学級担任に協力を求め、いずれの学級担任も快諾し、協力的であった。学級担任から協力が得られるためには、実践の意図や目的を学級担任に十分理解してもらうことが大切である。

対象児が通常の学級で日頃から級友とトラブルが多かったり、集団に馴染めず孤立した状態であったりする場合は、学級担任自身が「何とかしたい」と思っている。そういうときには、校内委

表1 学級担任への依頼文

○年○組担任
　○○○○先生
　　　　　　心理劇的アプローチの実施に際して（お願い）
　以下のように通級指導教室で「童話を題材とした心理劇的アプローチ」を実施することを計画しました。なにとぞ、ご理解、ご協力のほど、よろしくお願いします。
1　目　　　的　　自閉的傾向のある児童の対人関係の向上を図るため
2　場　　　所　　通級指導教室
3　対象児童　　○○○○と○○○○（2人ペアで行います）
4　実施期間　　平成○○年○月から○○年○月まで20回程度
5　実施時間　　毎週○曜日の○時限
6　効果の検証方法（担任の先生にお願いしたいこと）
　①　各児童に対し、対人関係評価シート（2枚）による評価を3回お願いします。事前（5月下旬）、終了直後（2月下旬）、終了して1カ月後（3月下旬）
　②　月に1度、級友や集団との関わり方について情報を聞かせてください。
　以上、お手数おかけしますが、ご協力のほどよろしくお願いします。
　　　　　　　　　　　　　　　　　　　　　　通級指導教室担当　＊＊＊＊

員会において通級指導教室で指導を行うかどうかを議論する。学級担任が通級指導教室に通わせて子どもに支援としたいと考えている場合には協力が得やすい。こうした場合には、学級担任も心理劇的アプローチに期待している。授業が終わった後は、その都度、対象児の様子や変化を授業記録に記して学級担任に報告した。表2にその授業記録の一部を示す。

表2　心理劇的アプローチの授業記録（通級指導教室）　　対象児　○年○組　F児

	学習内容	特記事項	担任印	備考
第1回 ○月○日 （○） ○校時	・『3びきのこぶた』（1回目）の劇を行う。 ・音読、役決めの後、劇を演じる。 ・シェアリング	・1番と3番ブタを演じた。 ・協力して家を作る場面で困難が見られた。	印	自分で問題を解決できるようになってほしいです。
第2回 ○月○日 （○） ○校時	・『3びきのこぶた』（2回目）の劇を行った。 ・狼役を演じた。 ・シェアリング	・前回は「場からのはみ出し」が多く見られたが、今回は見られず、進歩を感じた。	印	前回撮ったビデオのことを楽しそうに話していました。
第3回 ○月○日 （○） ○校時	・『さるかに合戦』（1回目）を行った。 ・蟹と子蟹の役を演じた。	・母蟹が怪我をして、子蟹が泣くところなどは豊かに感情を表現した。	印	教室を出て行く時にE児に自ら声をかけ、誘いました。
第4回 ○月○日 （○） ○校時	・『さるかに合戦』（2回目）を行った。 ・蜂、栗、うす、牛の糞の役を演じた。	・「猿は謝っているのだから許してやろう」と言い、やさしい気持ちを表わした。	印	やさしさが見られて嬉しいです。E児にもやさしさが伝わってほしいです。
第5回 ○月○日 （○） ○校時	・『にげだしたパンケーキ』（1回目）。 ・主役（パンケーキ）を演じた。	・自分の役を正しく認識し、逃げる場面と食べられる場面を対象的に演じた。 ・主役の自覚が見られた。	印	教室での様子と違い、片づけの時、積極的にE児を手伝おうとしていて嬉しいです。

第6回 ○月○日 (○) ○校時	・『にげだしたパンケーキ』(2回目)。 ・お母さん、にわとり、ぶたの役を演じた。	・パンケーキを作る場面が時間をかけて楽しそうだった。調理は好きなようだ。	㊞	読書の時、チョコレートやデザートの本を読んでいて食べ物に興味がある。
第7回 ○月○日 (○) ○校時	・『白雪姫』(1回目)を行い、お妃と小人の役を演じた。 ・なかなか筋書きが理解できなかった。	・白雪姫が毒リンゴを食べて倒れた場面は、お妃の気持ちになって喜びを表わした。	㊞	自分のやりたい劇ができたが、難しかったからか、あまり話しませんでした。
第8回 ○月○日 (○) ○校時	・『白雪姫』(2回目)を行い、主役を演じた。途中で止まらず、最後まで演じた。	・夏休みで1カ月以上空いたら、心理劇的アプローチの感じがつかめないようで、セリフが少なかった。	㊞	通級へ行く時、E児が忘れていたので、微笑みながら声をかけました。
第9回 ○月○日 (○) ○校時	・『桃太郎』(1回目)で、おばあさん、犬、猿の役を演じた。 ・感想を積極的に発表した。	・E児に執拗な働きかけをしたため怒らせることになった。相手の感情が理解できないようだ。	㊞	教室でも前の子にしつこく話しかけます。やめてと言ってもしつこいです。
第10回 ○月○日 (○) ○校時	・『桃太郎』(2回目)を行い主役を演じた。 ・反省をたくさん言ったり、書いたりした。	・感情が高ぶり、興奮気味で落ち着きがなかった。E児を挑発する言動が見られた。	㊞	興奮すると言葉遣いが悪くなったり、周りが見えなくなったりすることがよくあります。
第11回 ○月○日 (○) ○校時	・『三枚のおふだ』(1回目)を行った。 ・山姥を演じた。 ・感想を沢山述べた。	・あらすじは理解できて演じたが、最後の和尚とのやりとりは意味がつかめていなかった。	㊞	行く前から「三枚のお札をやるよ。」と楽しそうに話していました。
所見	『さるかに合戦』の第2回目の時、「猿は反省して謝っているのだから、許してあげよう。」と提案したように、人に対してやさしい気持ちを持っている。この気持ちが通常の学級の中でも表れているから、級友から認められているのだろう。この気持ちがあれば、大人になっても人から援助してもらえ、社会の中で生きていくことができると思われる。			

授業記録は、まず通級担当教師が授業内容と特記事項の欄に記入して学級担任に提出する。学級担任はそれを見て押印し、気づいたことがあれば備考欄に記入して返却する。所見欄は、通級担当教師がそのページの授業をすべて実施した上で、特に印象に残ったことを記載する。授業の記録をとり、それを学級担任にも見てもらい、学級担任と対象児の指導経過について共通理解を図った。

第2項　保護者への働きかけ

　心理劇的アプローチを実施することについて対象児の保護者宛てに次のような依頼文を作成し、保護者からの理解と了解を得た。特に、心理劇的アプローチの場面をビデオで録画することにおいて、その目的と用途を明確に記し、理解を求めた。

　このような依頼文を心理劇的アプローチを行うすべての児童の保護者に提出した。いずれも実践への同意とビデオ撮影に対する同意が得られた。

表3　保護者宛ての依頼文

　　○年○組　　○○○○君
　　保護者様
　　　　　　　　　　　　　　お願い
　日ごろは、通級指導教室での授業にご理解、ご協力していただき、ありがとうございます。
　今日は、これから○○君が通級指導教室で学習していく内容について提案させていただきます。

○○君が上手に人と関われるようになったり、自分の気持ちをうまく表現したりするようになるため、今後、通級指導教室では「童話の劇」を行っていきたいと思っております。いっしょに劇をするもう一人の児童と授業者（＊＊）を含めて３人で週に１回行っていく予定です。劇は、『浦島太郎』や『桃太郎』など誰もがよく知っている童話を20回くらい行っていこうと思っております。

　１時間の学習活動を次のように計画しました。（　）の中はそれぞれの活動のねらいです。

①物語を音読する。（読解力を高める。）

②役割を決めて劇をする。（セリフを言ったり動作をしたりすることによって表現力を高める。）

③劇を演じた感想を発表したり感想文に書いたりする。（発言したり作文を書いたりする力を高める。）

④劇を振り返る。（自分たちが演じている姿をビデオで見て、よかったところを認め合う。）

　以上の手順で行います。

　つきましては、④の「劇を振り返る」で使うため、劇を行っている場面をビデオで録画させていただきたく思います。録画ビデオを観ることによって自分たちが上手に演じている場面を再度確かめ、自己肯定感を高めたり、他の児童のよいところを発見したりすることが目的であり、他の目的は一切ありません。どうか、ご理解のほどよろしくお願いいたします。

　なお、よろしければ○○君が通級指導教室で劇をしている場面をいつでも見に来てください。きっと喜ぶと思います。お待ちしております。また、劇の様子を詳しくお知りになりたい方は、お申し出くだされば書面にて報告させていただきます。

　以上、よろしくお願いします。

　平成○○年○月○○日

通級指導担当教師　＊＊＊＊

第4節　これからの通級指導教室

第１項　通級指導教室の課題

　近年、通常の学級では、いわゆる「気になる児童」が、ますます増加する傾向にある。通級指導教室に対して学級担任や保護者から気になる児童に特別な支援をしてほしいという依頼が寄せられることが多くなった。その結果、一人の通級担当教師が指導する児童数は年々増加し、中には30人の児童を担当している者もいる。通級による指導は、原則、個別指導を中心とするとされているが、多数の児童を指導していくには、個別指導よりも小集団指導の指導形態を採らざるを得なくなることがある。

　通級担当教師の中には対象児に効果的な指導をするには個別指導こそが望ましいという考えから、個別指導の形態のみを堅持しようとする教師もいる。そのような教師が、年度の途中で通級による指導が必要になった児童がいる場合にも、「今は時間割がいっぱいに詰まっていて、空いている時間が一つもない。新年度になって時間割を編成し直す時まで待ってほしい。」と言って年度途

中で新規の対象児を受け入れようとしない場面に遭遇したこともあった。また、定められた自分の専門分野の指導を忠実に行うという信念を持って指導に当たっている通級担当教師もいる。例えば、ある言語障害通級担当教師のもとに、「学級にいる学習障害児に通級指導教室で読み書きの指導をしてほしい」という依頼が学級担任から出された際、「ここは、構音障害や吃音の発音の改善を目指して言語指導を行う場であり、教科の補充を行う場ではない。」と依頼を拒否した通級担当教師にも出くわした。

　このような場合には、学級担任や保護者から「融通がきかない」、「わがままで自分勝手だ」、「子どもを主体に考えていない」といった批判が通級担当教師に浴びせられる。現実的には通級担当教師が校内において通常の学級の担任や保護者から信頼されているとは限らない。通級担当教師は、目の前の児童の実態を把握した上で、学級担任や保護者の要望になるべく応えようと心がけ、柔軟な対応を講じていく必要がある。

第2項　自閉症スペクトラム障害の支援の課題

　高原（2007）は、発達障害者へ心理劇を適用する目的として、1）表現の場としての意味、2）社会性向上の場としての意味、3）集団療法の場としての意味の3点を挙げている。この3点を心理劇的アプローチに当てはめて見ていく。表現の場については、劇が筋書き通りに展開していく中で、児童はどのような言い方やふるまい方をすると自分の役割が遂行できるか考えながら演じていく。F児は浦島太郎役を演じた時、おじいさんになる場面で工夫を凝らした。岩陰に隠れて玉手箱を開け、煙（白マフラー）といっしょに回転して岩陰から出てきて、そして腰をかがめて白髪（白帽子）と白髭（白マフラー）を装備した。このように、どのような表現のしかたをするかは児童の自発性に委ねられていた。児童は、「このように演じると面白くなりそうだ」とか、「台本に書かれているセリフ通りでなく、言い方を変えてみよう」という気持ちを持って演じ、セリフや動作を工夫していた。自閉性障害をもつ子どもは、ごっこ遊びや想像的な活動がふつうの子どものように発達しない（ウィング、1998）とされるが、心理劇的アプローチが想像力の障害を改善する場になるかもしれない。社会性向上の場については、悪役を演じた場合、例えば『さるかに合戦』で猿役を演じた場合は最後に、蟹に「ごめんなさい、もうしません」と謝罪する。誰かから物をもらった場合、例えば『桃太郎』の劇で犬や猿がキビ団子をもらった時は「ありがとうございます」とお礼を言う。つまり、このような場合は何と言ったらよいかということが劇を演じる中で学習できるため、ＡＳＤの児童が苦手としている「人と関わるための基本的なスキル」を身につけていくことができると思われる。集団療法の場については、児童2名は劇を結末まで到達させるという共通の目標を持って演じた。その中で、セリフがわからなくなった児童がいた場合は、もう一方の児童が教えたり、相手の児童が演じやすいように手伝ったりした。このように、相手のためになる働きかけが言われなくても自発的に行えたことは、心理劇的アプローチが担当教師も含めて3名による集団療法として機能したからであると思われる。ＡＳＤの児童が苦手としている人の気持ちを読み取ることが心理劇的アプローチをすることによって改善される可能性がある。

第3項　心理劇的アプローチの概要

　心理劇は、対人関係の維持が難しい統合失調症患者に適用されてきた（高原、2009）。その心理

劇を小学校の通級指導教室でＡＳＤ児に適用するために、従来の心理劇に工夫を加え、児童が演じやすいように童話を題材に、筋書き通りに演じさせる方式をとった。これを心理劇的アプローチと名づけた。この方式によってＡＳＤ児が通常の学級の中で級友と良好な関係を築くことを目標におこなった。

　一般的に、心理劇は台本や取り決めがない状態で場が進行していく（高原、2009）。ＡＳＤ児には先の見通しが持てないと緊張したり興奮したりする特徴がある。そのため、ＡＳＤ児には活動内容や流れに見通しを持たせることが重要である（内山ら、2002）。ＡＳＤ児を対象とした事例ではないが、高良ら（1984）は精神神経科に入院中の患者が心理劇を行う中で「即興性」に対して著しい不安、緊張を示したことに注目した。そこで、筋が知られて親しみのある『あかずきんちゃん』や『桃太郎』などの童話を用いて心理劇を行ったところ、8人中6人の患者に自発性の回復や獲得が認められた。高良ら（1984）はこの童話を用いた心理劇を心理劇的アプローチの変法として位置付けた。

　小学生はどの児童も学校で行われる学芸会で毎年劇を経験している。小学校に入学する以前にも保育園や幼稚園でもお遊戯会や発表会で劇を経験していて、児童の多くは劇に慣れ親しんでいるため、高良ら（1984）が行った童話を用いた心理劇を小学生のＡＳＤ児に適用することにした。

　心理劇に童話を取り入れ、筋書きに従って演じさせる方式では、児童は劇に出てくる登場人物の一人になりきることによって、その役がたとえ悪役であっても自分の人格とは別であることを本人も周囲も認識している。そのため、安心してその役を演じることができる。童話は親和性が高く、ストーリーが想像しやすい。童話を題材にした心理劇的アプローチでは先の見通しが持てるため、不安感の強いＡＳＤ児でも安心して劇の中で遊ぶことができる。

第4項　総括：通級指導教室で心理劇的アプローチを行うことの意義

　ここでもう一度、各事例における対象児の成果や変容を簡単に振り返ってみる。

　A児は、心理劇的アプローチで保育園の時からの念願であった主役を立派に演じ、何度も賞賛されたことによって自信がつき、通常の学級での集団活動に参加できるようになった。B児は、心理劇アプローチをすることが人と関わるリハーサルとなり、通常の学級で誰にでも応じるようになった。C児は、心理劇的アプローチにおいて拒否していた悪役を引き受けるようになったら、通常の学級でもこだわりが緩和されてドッジボールに参加するようになった。D児は、心理劇的アプローチで主役を演じ、戦いの場面で勝利する体験を重ねたことによって自己肯定感が高まり、通常の学級でグループに入れるようになった。E児は、心理劇的アプローチでF児が好意的に接し続けたらF児に親切に接するようになり、通常の学級でも困っている級友にやさしく声をかけ、助ける場面が見られた。F児は、心理劇的アプローチで思ったままの表現が自由にできたことによって自信を回復し、後期の学級委員に立候補したり、気に入った女子に積極的に話しかけていく姿が見られた。G児は、心理劇的アプローチで自分の夢（背が高くなる、お金持ちになる等）を叶えることができたことによって心理的に安定し、通常の学級で級友への接し方も改善されてムードメーカーになった。H児は、心理劇的アプローチで少しずつ自発的な言語が表出できるようになってきたら、通常の学級で心を許す級友ができ、対等に話したり遊んだりするようになった。

　心理劇的アプローチを行ったことが、集団活動への参加や級友との付き合い方にどのように影響

を及ぼしたか考えていく。

　まず、集団活動への参加が促進したことである。集団活動への参加が促進したことは主役を演じたことと関係があると思われる。主役とはドラマの内容を創造する主演者であり、集団を代表する存在である（高良、2013）とされているように、主役を演じることは緊張感やプレッシャーを伴う。その緊張感やプレッシャーをはねのけ、勇気を出して責任のある主役を引き受け、そして精一杯の演技をして主役の責任を果たした時、劇が終わった後に感じる達成感や満足感は格別なものがあると思われる。さらに、シェアリングの時に主役で活躍したことを他児や教師から賞賛されれば、自信につながっていく。Ａ児がそうであった。心理劇的アプローチを行う前のＡ児は級友とトラブルがあると集団から離れていった。その頃は、級友と良好な関係を築くことができないことから集団から逃げていたと言える。ところが、心理劇的アプローチで何度も主役に立候補し、その都度、活躍する姿が見られた。３人で行った心理劇的アプローチであったが、そこでＡ児は他者と関わることに自信を持ち、もともとＡ児は積極・奇異型のＡＳＤと推定されるので、「今度は大勢の中で活躍したい。もう一度、みんなの中に入っていってみよう。」と思って集団の中に入っていくことができた。このように考えると、積極・奇異型のＡＳＤ児は心理劇的アプローチで主役を演じて活躍したことが自信の回復につながるのではないだろうか。

　次に、級友との付き合い方が改善されたことである。心理劇的アプローチで役の上で他者と関わることが、実際の生活上の人間関係を構築していくことにつながった児童もみられた。Ｂ児がよい例である。心理劇的アプローチを開始する前のＢ児は好き嫌いが激しく、相手に合わせようという気持ちが欠けていた。心理劇的アプローチを開始してしばらくの間、Ｂ児はＡ児に拒否的な態度を取っていたが、回を重ねるうちにＡ児を手助けしたり、賞賛したりするようになった。通常の学級でも接してきた相手が誰であっても応じるようになった。いっしょに心理劇的アプローチを行っているＡ児に仲間意識を抱くようになり、その意識が同じクラスの級友にまで波及した。Ｂ児のように受身型のＡＳＤ児にとって心理劇的アプローチを行うことは、仲間意識を持つことが促進され、さらに級友との付き合い方も改善されることが示唆された。

　以上のように、心理劇的アプローチを行うことは、集団への参加が促進することと級友との付き合い方が改善することの２つの効果があると考えられる。したがって、集団への参加に抵抗を示していたり、級友と関わることが苦手であったりするＡＳＤ児あるいはその周辺の児童が通級指導教室に通っている場合、心理劇的アプローチを実施することによって対人関係上の問題点が改善する可能性がある。

本書の出典

　本書の各章は、以下の論文を加筆・修正しながら整理しなおしたものです。指導事例は、共同で行ったものです。本書に掲載することに賛同してくださった皆様に厚く御礼申し上げます。

【第2章第1節】
長田洋一、都築繁幸（2015）小学校通級指導教室における発達障害児の指導内容と指導形態の検討　障害者教育・福祉学研究　11，67-77.

【第2章第2節】
都築繁幸、長田洋一（2016）ASDの対人関係の向上を目指した小学校の実践研究の動向に関する一考察　障害者教育・福祉学研究　12，131-143.

【第3章】
都築繁幸・長田洋一（2017）心理劇の学校教育場面の適用に関する実践的課題　障害者教育・福祉学研究 13，117-126.

【第4章第1節】
山口歩美、都築繁幸（2010）高機能広汎性発達障害児に対する心理劇の試み(2)　障害者教育・福祉学研究　6，47-62.

【第4章第2節】
都築繁幸、山口歩美、渡邊桃子、安田琴美、井上茉莉花、宮里早百合（2009）広汎性発達障害児の集団心理劇の試み－1泊2日の合宿を通して－　障害者教育・福祉学研究　5、77-83.

【第4章第3節】
都築繁幸、野呂尚子、原田知代（2006）ADHDの疑いのある児童に対する心理劇の試み　障害児教育方法学研究　4（1），40-50.

【第5章】
渥美麻衣、佐藤史子、都築繁幸（2019）自閉症スペクトラム児の自己表出技能に対する集団指導－中学校自閉症・情緒障害特別支援学級におけるロールプレイング的手法の活用－　障害者教育・福祉学研究　15，35-43.

【第7章】
長田洋一、都築繁幸（2019）通級指導教室の自閉症スペクトラム児に対する童話を題材とした心理劇の適用　障害者教育・福祉学研究　15，45-53.

【第8章】
長田洋一・都築繁幸（2018）通級指導教室に知的な遅れのある自閉症スペクトラム児に対する童話の心理劇の適用　障害者教育・福祉学研究　14，9-17.

【第9章】
長田洋一・都築繁幸(2019) 通級指導教室に通う自閉症スペクトラム児に対する童話を題材とした心理劇アプローチ　臨床発達心理実践研究　14（2），105-114.

【第10章】
長田洋一、都築繁幸（2019）知的な遅れがみられる小学4年の自閉症スペクトラム児2名に対する心理劇－LD通級指導教室における自立活動の授業実践－　盛岡大学紀要　36，45-56.

文献

【第1章】

1) 井澤信三・小島道生編 (2015) 障害児心理入門 [第2版] ミネルヴァ書房
2) 加藤康紀 (2015) はじめての通級これからの通級 Gakken
3) 文部科学省 (1992) 通級による指導に関する充実方策について (審議のまとめ)
4) 文部科学省 (1993) 学校教育法施行規則第73条の21第1項の規定による特別の教育課程
5) 文部科学省 (2008) 特別支援学校学習指導要領等改定案のポイント
6) 文部科学省 (2012) 通級による指導の手引 解説とQ&A 改訂第2版
7) 文部科学省 (2016) 学校教育法施行規則の一部を改訂する省令等の公布について (通知)
8) 文部科学省ホームページ (2019)
   http://www.mext.go.jp/component/a_menu/education/micro_detail/__icsFiles/afieldfile/2019/03/06/1414032_09.pdf
9) 中央教育審議会 (2005) 特別支援教育を推進するための制度の在り方について (答申)

【第2章】

第1節

1) 日野久美子 (2013) 障害の特性を「個性」と言えるまで. LD ADHD＆ASD 2013年7月号、34-37.
2) 廣瀬由美子 (2013) 高機能自閉症のある児童の国語科補充指導―通常の学級との連続性を探る―. LD ADHD＆ASD 2013年4月号、12-15.
3) 深川美也子 (2012)「安心」と「自尊心」がキーワード. LD ADHD＆ASD 2012年7月号、16-19.
4) 福井伊津子 (2008) 体を動かす時間の保障とできることを作る. LD＆ADHD 2008年7月号、29-30.
5) 関原真紀 (2008) ADHDの通常の学級での適切行動を増加させるための機能的アセスメントを用いたチーム支援の実践. LD研究第17 (3)、323-331.
6) 菊池哲平・伊津野央・江川めぐみ・林田亜砂美 (2014) 発達障害児のためのグループ・プレイ・セラピーの取組 (1) ～大学と情緒障害通級指導教室の連携～. 熊本大学実践研究31、137-146.
7) 近藤智実 (2013) 国語の教科の補充指導で、大切にしてきたこと. LD ADHD & ASD2013年4月号、34-37.
8) 古田島恵津子 (2012) 子どもが成長を実感する指導と評価のサイクル.LD ADHD & ASD2012年7月号、8-11.
9) 公文眞由美 (2010) ユニバーサルデザインの提案と地域ネットワーク活用の試み―この子を担任してよかったと言える通常の学級との連携を目指して. LD研究19 (1)、26-28.
10) 公文眞由美 (2014) 情報を整理し、子どものつまずきから支援を考える. LD ADHD＆ASD 2014年4月号. 62-65.
11) 楠雅代 (2013) 通常の学級と連携した説明文の指導. LD ADHD＆ASD 2013年4月号、18-25.
12) 中村敏秀 (2014) コミュニケーション相談所、コミュニケーションの格言―通常の学級担任との連携した指導について―. LD ADHD＆ASD 2014年4月号、26-29.
13) 岡田智・三好身知子・桜田晴美・横山佳世 (2014) 通級指導教室における自閉症スペクトラム障害のある子どもへの小集団でのソーシャルスキルの指導―仲間交流及び話し合いスキルプログラムの効果について―. LD研究23 (1)、82-92.
14) 長田洋一 (2002) LD児の認知言語能力を高める. LD＆ADHD 2002年4月号、22-23.
15) 長田洋一 (2013) 漢字の読みに困難を示す児童に漢字読み能力を向上させる試み―「ことばの教室」における教科書の音読とルビ打ちを通して―. LD研究第22 (3)、291-301.
16) 長田洋一・都築繁幸 (2015) 小学校通級指導教室における発達障害児の指導内容と指導形態の検討、障害者教育・福祉学研究11、67-76.
17) 笹森洋樹・青木規子・堀川淳子・藤本優子・柘植雅義 (2008) 発達障害のある子どものライフステージに応じた支援と連携. 日本LD学会第17回大会発表論文集.245-246.
18) 杉本陽子 (2014) 書くことが苦手な子どもへの支援―その子にとっての「できる」を実感し、安心して授業に参加できる手だてを探す. LD ADHD＆ASD 2014年1月号、58-61.
19) 高畠佳江・武藏博文 (2013) 広汎性発達障害児の積極的コミュニケーションを図る支援―通級指導教室でのソーシャルスキルトレーニングとチャレンジ日記・発表を通して―. LD研究22 (3)、254-266.
20) 上野一彦 (2013) 学校は何のために行くのか―教科の補充指導の大切さ―. LD ADHD & ASD2013年4月号、6-7.
21) 梅田真理 (2003) 非言語性の問題をもつ児童の算数指導―図形の領域に困難さをもつ双子の事例を通して―. LD研究12 (2)、160-164.
22) 渡邉正基・長澤正樹 (2007) 読み書き障害の児童に対する音読と作文による読み書き指導. LD研究16 (2)、145-154.
23) 吉田英生 (2009) 特別に見る目と特別に見ない目. LD＆ADHD 2009年7月号、8-11.
24) 吉橋哲 (2008) 在籍校・家庭・通級指導教室との連携を通して―「サポート教室・スクラム」の取組から―. LD＆ADHD 2008年10月号、24-27.

第2節

1) 青山新吾 (2007) 通級指導教室におけるグループ指導の検討―発達障害のある二人の女の子の関係変化―. 国立特殊教育総合研究所研究紀要 34、51-66.
2) 遠藤昌代 (2009) 小学校における発達障害のある児童の教育支援体制に関する研究(1) 通常の学級に在籍する広汎性発達障害の

ある児童の教育支援体制の試み—校内リソースを活かした小集団指導を通して—. くらしき作陽大学・作陽音楽短期大学研究紀要 42(1)、13-26.

3) 福原律子・古田島恵津子・加藤哲文（2008）高機能自閉症児のセルフ・マネージメント手続きによる問題行動低減の試み. ＬＤ研究 17(3)、332-340.

4) 今津恵・宇野宏幸（2009）リーダーシップタイプを考慮した担任コンサルテーション—通常の学級の学級経営と高機能広汎性発達障害児の認知特性をふまえて—. ＬＤ研究 18(1)、52-65.

5) 石隈利紀（1999）学校心理学 誠信書房.

6) 五味洋一・大久保賢一・野呂文行（2009）アスペルガー障害児童の授業参加行動への自己管理手続きを用いた学級内介入. 行動療法研究 35(1)、97-115.

7) 香川尚代・小泉令三（2014）小学校での SEL-8S プログラムの導入による社会的能力の向上と学習定着の効果. 日本学校心理士会年報 7、97-109.

8) 梶正義・藤田継道（2006）通常の学級に在籍するＬＤ・ＡＤＨＤ等が疑われる児童への教育的支援—通常の学級担任へのコンサルテーションによる授業逸脱行動の改善—. 特殊教育学研究 44(4)、243-252.

9) 関原真己（2008）ＡＤＨＤの通常の学級での適切行動を増加させるための機能的アセスメントを用いたチーム支援の実践. ＬＤ研究 17（3）、323-331.

10) 菊池哲平・伊津野史・江川めぐみ・林田亜砂美（2014）発達障害児のためのグループ・プレイ・セラピーの取組（1）〜大学と情緒障害通級指導教室の連携〜. 熊本大学実践研究 31、137-146.

11) 小泉令三・若杉大輔（2006）多動傾向のある児童の社会的スキル教育—個別指導と学級集団指導の組み合わせを用いて—. 教育心理学研究 54、546-557.

12) 小関俊祐（2015）不適応行動を示す小学校 3 年生児童への行動コンサルテーションの適用. 行動療法研究 41(1)、67-77.

13) 小関俊祐（2018）子どもを対象とした学級集団への認知行動療法の実践と課題. 健康心理学研究 30、107-112.

14) 興津富成・関戸英紀（2007）通常の学級での授業参加に困難を示す児童への機能的アセスメントに基づいた支援. 特殊教育学研究 44(5)、315-325.

15) 松浦直己・橋本俊顕・竹田契一（2007）高機能自閉症児に対する認知の歪みへのアプローチ—認知行動療法の応用とパッケージング—. ＬＤ研究 16(2)、126-135.

16) 森脇愛子・藤野博（2009）アスペルガー障害児に対するソーシャル / コミュニケーション支援—生態学視点に基づく学級ルームベースのアプローチ. 臨床発達心理実践研究 4、67-77.

17) 岡田智・三好身知子・桜田晴美・横山佳世（2014）通級指導教室における自閉症スペクトラム障害のある子どもへの小集団でのソーシャルスキルの指導—仲間交流及び話し合いスキルプログラムの効果について—. ＬＤ研究 23(1)、82-92.

18) 大久保賢一・福永顕・井上雅彦（2007）通常の学級に在籍する発達障害児の他害行動に対する行動支援—対象児に対する個別的支援と校内支援体制の構築に関する検討—. 特殊教育学研究 45(1)、35-48.

19) 大久保賢一・高橋尚美・野呂文行（2011）通常の学級における日課活動への参加を標的とした行動支援—児童に対する個別的支援と学級全体に対する支援の効果検討—. 特殊教育学研究 48(5)、383-394.

20) 大久保美里・加藤哲文（2012）発達障害児の機会利用型ＳＳＴが交流学級場面における般化促進に及ぼす効果. 上越教育大学心理教育相談研究 11、107-115.

21) 長田洋一（2015）反応性愛着障害のある広汎性発達障害児の通常の学級における適応を目指して—校内支援体制の構築及び専門医との連携を通して. 臨床発達心理実践研究 10、68-77.

22) 佐囲東彰・加藤哲文（2013）学級全体に対する支援が個人の問題行動の低減に及ぼす影響—School-Wide Positive Behavior Support の視点から—. ＬＤ研究 22(3)、267-278.

23) 関戸英紀・安田知枝子（2011）通常の学級に在籍する 5 名の授業参加に困難を示す児童に対する支援—学級ワイドな支援から個別支援へ—. 特殊教育学研究 49(2)、145-156.

24) 曽山和彦・堅田明良（2012）発達障害児の在籍する通常の学級における児童の学級適応に関する研究—ルール、リレーション、友だちからの受容、教師支援の視点から—. 特殊学級学研究 50(4)、373-382.

25) 多賀谷智子・佐々木和義（2008）小学 4 年生の学級における機会利用型社会的スキル訓練. 教育心理学研究 56、426-439.

26) 多賀谷智子（2014）小学 4、5 年生の社会的スキル向上のためのセルフモニタリング効果. 日本学校心理士会年報 7、135-143.

27) 高畠佳江・武藏博文（2013）広汎性発達障害児の積極的コミュニケーションを図る支援—通級指導教室でのソーシャルスキルトレーニングとチャレンジ日記・発表を通して—. ＬＤ研究 22(3)、254-266.

28) 高橋晃・下平弥生・井上美由紀他（2014）自閉症児に対するコミュニケーション・会話指導などの実践研究 3- 教育現場における行動問題に対する応用行動分析学的アプローチー. 岩手大学教育学部附属教育実践総合センター研究紀要 13、165-177.

29) 戸田叔子（2007）高機能自閉症児の仲間関係を育てる「遊び」の指導. 臨床発達心理実践研究 2、51-56.

30) 都築繁幸・長田洋一（2016）ASD の対人関係の向上を目指した小学校の実践研究の動向に関する一考察 障害者教育福祉学研究 12、121-130.

【第3章】

第 1 節

1) 三浦幸子（1993）子どもの臨床心理劇 武藤安子編著 発達臨床—人間関係の領野から 第 3 部第 6 章 建帛社 109-137.

2) 高原朗子（1995）自閉性障害者に対する心理劇—感情表出の促進を目指して— 心理劇研究 19(1)、1-8.

3) 高原朗子（1998）自閉性障害児・者に対する心理劇—2 泊 3 日の林間学校を通して— 心理劇研究 21(2)、1-12.

4) 高原朗子編著（2007）発達障害のための心理劇―想いから現に―. 九州大学出版会.
5) 高原朗子編著（2009）軽度発達障害のための心理劇―情操を育む支援法― 九州大学出版会 3-22.
6) 高良聖（2013）サイコドラマの技法―基礎・理論・実践― 岩崎学術出版社 112-133.
7) 滝吉美知佳・田中真理（2010）自己理解の視点からみた広汎性発達障害者の集団療法に関する先行研究の動向と課題 東北大学大学院教育学研究科研究年報 58、189-212.
8) 吉田さおり・高原朗子（2000）ある広汎性発達障害児の心理体験に関する一考察 心理劇研究 24(1)、31-41.

第2節
1) 古川卓（1994）マン・ツー・マン形式の心理劇；ある高齢の失語症女性への適用事例から 心理劇研究 17、1-8.
2) 池田顕吾（2007）心理劇治療の実際（1）高原朗子編著 発達障害のための心理劇―想から現に― 第3章 九州大学出版会 43-67.
3) 黒川祐美子（2010）軽度発達障害のある幼児に対する心理劇 心理劇 15、37-46.
4) 松井達矢（2009）あおぞらキャンプでのあるADHD児に対する心理劇 高原朗子編著 軽度発達障害のための心理劇―情操を育む支援法― 第4章3節 九州大学出版会 97-102.
5) 森田理香（2003）自閉症者の心理劇場面のフィードバックにおける自己認知 心理劇研究 27(1)、17-23.
6) 三浦幸子（1993）子どもの臨床心理劇 武藤安子編著 発達臨床―人間関係の領野から 第3部第6章 建帛社 109-137.
7) 中村真樹（2012）広汎性発達障害児への心理劇―情動表出と情動理解の促進に向けた集団指導療法― 長崎純心大学純心人文研究 18、65-74.
8) 野並美雪・小原敏郎・武藤安子（2000）発達臨床における心理劇の展開―対人関係様式と認知様式の統合的変化 心理劇 5(1)、51-64.
9) 高原朗子（1993）自閉性障害者に対する心理劇治療の試み 心理劇研究 16、1-7.
10) 高原朗子（1995）自閉性障害者に対する心理劇―感情表出の促進を目指して― 心理劇研究 19(1)、1-8.
11) 高原朗子・松井達矢（1997）知的障害者に対する心理劇―イメージを喚起するウォーミングアップを導入して― 心理劇研究 21(1)、16-26.
12) 高原朗子（1998）自閉性障害児・者に対する心理劇―2泊3日の林間学校を通して― 心理劇研究 21(2)、1-12.
13) 高原朗子（2000）思春期を迎えたアスペルガー障害児に対する心理劇 心理劇 5、39-50.
14) 高原朗子（2001a）青年期の高機能自閉症者に対する心理劇 心理臨床学研究、19(3)、254-265.
15) 高原朗子（2001b）あるアスペルガー症候群の青年に対する心理劇―「ねばならない」の世界から「ゆっくりのんびり」の世界へ― 臨床心理学 1(6)、789-800.
16) 高原朗子（2002）青年期の自閉症者に対する心理劇の効果―10年間の実践の検討― 特殊教育学研究 40(4)、363-374.
17) 高原朗子（2004）高機能広汎性発達障害者に対する心理劇―アスペルガー症候群への適用を中心に― アスペハート 6、4-9.
18) 高原朗子編著（2012）発達障害児の生涯支援―社会への架け橋「心理劇」― 九州大学出版会
19) 高良聖・大森健一・入江茂・高江州義英（1984）童話を用いた心理劇の試み―分裂病者への集団精神療法として― 精神療法 10(1)、49-57.
20) 高良聖（2013）サイコドラマの技法―基礎・理論・実践― 岩崎学術出版社.
21) 滝沢広忠（1992）精神分裂病者に対する心理劇療法 札幌学院大学人文学会紀要 51、17-37.
22) 塚越克也（1996）精神発達遅滞児に対する発達援助法としての心理劇の試み 心理劇研究 19(2)、8-14.
23) 土屋直子（1991）自閉症患者への心理劇の適用 熊本心理研究 8、2-18.
24) 吉田さおり・高原朗子（2000）ある広汎性発達障害児の心理体験に関する一考察 心理劇研究 24(1)、31-41.
25) 吉川昌子（2009）LD及び周辺児・者親の会によるソーシャル・スキル学習グループでの実践 高原朗子編著 軽度発達障害のための心理劇―情操を育む支援― 第3章5節 九州大学出版会 68-74.

【第4章】
1) 針塚進（1993）高齢者と自閉性障害者の情動活性化に向けた心理劇の意義. 九州大学教育学部紀要、38（1）、89-95.
2) 栗田広・長沼洋一・福井里江（2000）高機能広汎性発達障害をめぐって（総論）. 臨床精神医学 29（5）473-478.
3) Lorna Wing（1996）The autistic spectrum:A guide for parents and professionals. Constable and Company Limited、London（久保紘章、佐々木正美、清水康夫監修：自閉症スペクトル. 東京書籍、1998）.
4) 高原朗子（2000）思春期を迎えたアスペルガー障害児に対する心理劇. 心理劇 5（1）39-50.
5) 高原朗子（2007）広汎性発達障害者に対する心理的援助. 特別支援教育を担う教師のトレーニングプログラム開発に関する研究 研究報告書 29-34.
6) 遠矢浩一（2006）軽度発達障害児のためのグループセラピー. ナカニシヤ出版.

【第5章】
1) 国立特別支援教育総合研究所（2008）平成19年度課題別研究「小・中学校における自閉症・情緒障害等の児童生徒の実態把握と教育的支援に関する」研究成果報告書.
2) 高原朗子（2010）発達障害児・者施設におけるロール・プレイング. 臨床心理学 10、359-364.
3) 高良聖（2010）ロール・プレイングと心理劇、その比較検討. 臨床心理学、10、341-347.

【第6章】

1) 廣瀬由美子（2013）高機能自閉症のある児童の国語科補充指導―通常の学級との連続性を探る―．ＬＤ ＡＤＨＤ＆ＡＳＤ 2013年4月号、12-15.
2) 藤井和子（2015）通級による指導に関する研究の動向と今後の課題―自立活動の観点から―. 特殊学級学研究 53(1)、57-66.
3) 稲本純子・熊谷恵子（2008）ソーシャルスキルトレーニングの介入方法についての文献研究―軽度発達障害児を対象としたソーシャルスキルトレーニングを中心に― 筑波大学学校教育論集 (30)，55-63.
4) 工藤雅道（1996）精神遅滞養護学校での心理劇―劇指導への心理劇的手法の導入について―. 心理劇研究 19(2)、21-24.
5) 文部科学省（2016）通常の学級に在籍する発達障害の可能性のある特別な教育的支援を必要とする児童生徒に関する調査結果について.
6) 文部科学省ホームページ（2019）http://www.mext.go.jp/component/a_menu/education/micro_detail/icsFiles/afieldfile/2019/03/06/1414032_09.pdf
7) 武藤崇（2007）特別支援教育から普通教育へ― 行動分析学による寄与の拡大を目指して― 行動分析学研究、21、7-23.
8) 長田洋一・都築繁幸（2015）小学校通級指導教室における発達障害児の指導内容と指導形態の検討 愛知教育大学・障害者教育福祉学研究 第11巻 pp.67-76.
9) 笹森洋樹・青木規子・堀川淳子・藤本優子・柘植雅義（2008）発達障害のある子どものライフステージに応じた支援と連携．日本LD学会第17回大会発表論文集．245-246.
10) 笹森洋樹（2010）通級による指導における発達障害のある子どもの自立活動の指導～特別支援教育における新しい通級のあり方 (5)～．日本LD学会第19回大会発表論文集．182.
11) 笹森洋樹（2011）発達障害を対象とする通級指導教室と通常の学級との連携のあり方に関する研究 国立特別支援教育総合研究所報告書
12) 下村治（2014）在籍学級に活きる教科の補充指導―特別支援教育と教科教育の理論を双方向に活用する実践．LD ADHD & ASD 2014年7月号、36-39.
13) 高原朗子（1999）知的障害児の自発性を高める心理劇的働きかけ―ダウン症と自閉症児に対する適用― 心理劇研究 23(1)、22-31.
14) 高原朗子（2007）発達障害のための心理劇―想いから現に―. 九州大学出版会.
15) 高原朗子編著（2009）軽度発達障害のための心理劇―情操を育む支援法― 九州大学出版会 3-22.
16) 高原朗子編著（2012）発達障害児の生涯支援―社会への架け橋「心理劇」― 九州大学出版会
17) 高良聖・大森健一・入江茂・高江州義英（1984）童話を用いた心理劇の試み―分裂病者への集団精神療法として― 精神療法 10(1)、49-57.
18) 高良聖（2013）サイコドラマの技法―基礎・理論・実践― 岩崎学術出版社 112-133.
19) 都築繁幸・山口歩美・渡邉桃子・安田琴美・井上茉莉花・宮里早百合（2009）広汎性発達障害児の集団心理劇の試み―1泊2日の合宿を通して― 障害児教育・福祉学研究 5、77-83.
20) 上野一彦（2013）学校は何のために行くのか―教科の補充指導の大切さ―. LD ADHD & ASD2013年4月号、6-7.
21) 内山登紀夫・水野薫・吉田友子編著（2002）高機能自閉症・アスペルガー症候群入門. 中央法規、160-215.
22) 山口歩美・都築繁幸（2010）高機能広汎性発達障害児に対する心理劇の試み（2） 障害児教育・福祉学研究 6、47-62.
23) 矢野裕子（2009）特別支援学校での実践 (1) 高原朗子編著 軽度発達障害のための心理劇―情操を育む支援法― 第3章2節 九州大学出版会 52-56.

【第7章】

1) 文部科学省（2012）発達障害の可能性のある特別な教育的支援を必要とする児童生徒に関するチェック表.

【第9章】

1) 三浦幸子（1993）子どもの臨床心理劇 武藤安子編著 発達臨床―人間関係の領野から 第3部第6章 建帛社 109-137.
2) 文部科学省（2012）発達障害の可能性のある特別な教育的支援を必要とする児童生徒に関するチェック表.
3) ウィング、L．（1998）久保紘章・佐々木正美・清水康夫監訳. 自閉スペクトル―親と専門家のためのガイドブック―. 東京書籍（原著 1996）pp.39-78.

【第10章】

1) ウィング、L．（1998）久保紘章・佐々木正美・清水康夫監訳. 自閉スペクトル―親と専門家のためのガイドブック―. 東京書籍（原著 1996）pp.39-78.

【第11章】

1) 森田理香（2003）自閉症者の心理劇場面のフィードバックにおける自己認知 心理劇研究 27(1)、17-23.
2) 高原朗子（2002）青年期の自閉症者に対する心理劇の効果―10年間の実践の検討― 特殊教育学研究 40(4)、363-374.
3) 高原朗子編著（2012）発達障害児の生涯支援―社会への架け橋「心理劇」― 九州大学出版会

【第12章】

1) 高原朗子・松井達矢（1997）知的障害者に対する心理劇―イメージを喚起するウォーミングアップを導入して― 心理劇研究

　　21(1)、16-26.
2）　高原朗子編著（2007）発達障害のための心理劇―想いから現に―. 九州大学出版会.
3）　高原朗子編著（2009）軽度発達障害のための心理劇－情操を育む支援法－　九州大学出版会 .
4）　高良聖・大森健一・入江茂・高江州義英（1984）童話を用いた心理劇の試み－分裂病者への集団精神療法として－　精神療法
　　10(1)、49-57.
5）　高良聖（2013）サイコドラマの技法－基礎・理論・実践－ 岩崎学術出版社　112-133.
6）　谷晋二（2013）自閉症スペクトラム障害の支援技法の総括と今後. 精神療法　39(3)、364-369.
7）　内山登紀夫・水野薫・吉田友子編著（2002）高機能自閉症・アスペルガー症候群入門. 中央法規、160-215.
8）　ウィング、L . （1998）久保紘章･佐々木正美･清水康夫監訳 . 自閉スペクトル－親と専門家のためのガイドブック－ . 東京書籍（原
　　著 1996）pp.39-78.

あとがき

　本書は、通級指導教室のサービスの拡充や発達障害児の指導方法の改善をめざすために心理劇的アプローチを通級指導教室において試み、その実践例を紹介したものです。

　心理劇は、精神障害者の治療法として考案され、病院で統合失調症患者に適用されてきました。その心理劇を高原氏は福祉施設で重度の自閉症者に適用し、自閉症者の自発性や自己表現力が向上することを実証しました。高原氏は心理劇を主に成人に対して行ってきましたが、本書の第4章では地域療育活動として大学や合宿でASDの小学生を対象に心理劇を行いました。参加した子どもたちは、自分の居場所を得ることができました。第5章では、心理劇を学校教育現場で適用し、中学校特別支援学級の授業でASDの中学生に行いました。そこでは、生徒たちは互いに暖かいことばをかけあうようになりました。

　こうした試みをベースに高良氏が実践した「童話を用いた心理劇」をヒントにして、通級指導教室に適用できるように、「童話を用いた心理劇」を心理劇の変法として位置づけ、心理劇的アプローチとして考えました。心理劇的アプローチは小学校の通級指導教室で通級による指導を受けているASDの小学生を対象に、通常の学級で対人関係が向上することを目的に行いました(第7章から第10章)。心理劇的アプローチが「童話を用いた心理劇」(高良ら、1984)と異なる点は、「童話を用いた心理劇」は心理劇の展開を筋書きにとらわれず、途中から変えてもよいとしています。心理劇的アプローチでは原則として筋書き通りに演じることとしています。8名の児童に心理劇的アプローチを実践したところ、次の4つの成果がみられました。

①自己肯定感の高揚

　通常の学級で度重なる対人関係上の問題から自己肯定感が低かった児童が、劇の中で主役を一生懸命演じ、活躍したことにより達成感や満足感を得ました。主役を何度も経験したことによって、達成感や満足感はやがて自己肯定感へとつながっていきました。心理劇的アプローチで得られた自己肯定感は、通常の学級の中で「次は大勢の中でも活躍したい」という意欲に変わり、学級全体で取り組む行事や活動に積極的に参加するようになりました。

②仲間意識の芽生え

　通常の学級で級友と関わりを持つことが苦手な児童が、もう一人の児童といっしょに劇を演じる中で関わりを持ったことによって相手の児童に仲間意識を持つようになりました。その仲間意識は通常の学級に戻った後も級友に持つようになり、級友が接してきた時には好意的に応じるようになりました。

③こだわりの緩和

　心理劇的アプローチを行う中で、防衛的な態度が強いことから悪役に対してこだわりがあり、役を引き受けることを拒否した児童がいました。また、劣等感が強いことから悪役を演じた時に負けることを拒否して勝つことにこだわった児童もいました。しかし、劇の回数を重ねるうちに次第にこだわりが緩和し、悪役として羽目を外して暴れ回る楽しさを知ったり、劇全体の流れを汲んで負けを受け入れたりしました。これらの児童は通常の学級でもこだわりが緩和し、以前は拒否していた苦手なドッジボールに参加するようになったり、級友への対抗意識が薄れて親和的に接するようになりました。

④児童2名の相互理解の促進

　心理劇的アプローチを開始した当初、相手の児童に偏見や差別意識を抱き、拒否的な態度を示した児童がいました。しかし、いっしょに劇を演じる中で相手の長所を発見し、好意的に接するようになりました。また、知的な遅れのある児童と遅れのない児童がペアを組んだ事例では、遅れのない児童が「自分が助けてやらなければ」という気持ちを持ち、遅れのある児童に親切に接するようになり、遅れのある児童はお礼の気持ちを言葉や態度で表わし、いずれの児童にも互いを思いやる心が育ちました。

　心理劇的アプローチを行うことによって成果を得ていくには、一定期間、実践を継続することです。心理劇的アプローチは数回実施するのみで成果が表れるものではなく、10〜20回継続して行ってこそ成果が表れるからです。心理劇的アプローチを長期にわたって実施していくために、担当教師は「児童が意欲的に劇を演じるための手だて」を講じ、実践に対して「保護者や学級担任の理解を得る」ための働きかけをしていく必要があります。

　このことを達成するために担当教師がすべき具体的な方策は以下のとおりです。

（1）児童が意欲的に劇を演じるための手だて

①児童から童話の希望が出された場合は、なるべく早い時期に取り上げます。中には童話にこだわりを持っている児童もいます。そのような児童は、自分が気に入っている童話を演じることによって満足します。

②劇で使用する道具類等を事前に可能な範囲で整えておきます。そして、劇を開始する直前に児童の前に提示します。児童は用意された道具類等を見ることによって、演技に対する具体的なイメージが湧き、劇への意欲が高まります。

③映像によるフィードバックで児童が上手に演じた場面を見せます。児童は自分の長所を認識すると同時に、相手の児童の長所も発見します。このことが児童の自己肯定感や他者理解にもつながります。

（2）保護者や学級担任の理解を得るための働きかけ

①実践の前に実践の意図や計画を記した文書を作成し、実践に対する同意を得ます。

②実践中は定期的に児童の様子や変化を報告します。

　特に、学級担任と密な連絡を取っていく必要があります。心理劇的アプローチを行う目的は、対象児の通常の学級での級友との関係を改善していくことです。そのため、対象児が級友に対してどのような関わり方をしていて、何が問題点であるか、また、心理劇的アプローチを進めていく中で級友との関係はどのように変化してきたかを通級担当教師は定期的につかんでおく必要があります。通級担当教師は学級担任に心理劇的アプローチの経過を逐一報告すると同時に、学級担任から対象児と級友との関係性について情報を聞き取っていくことが大切です。

　通級指導教室は担当教師が1人で指導に当たっています。心理劇の構成要素である「監督」と「補助自我」は、本来は別々の指導者が担当しますが、通級指導教室では担当教師が1人で兼務しなければなりません。そのため、劇の中で「監督」としてどのように立ち振る舞うか、どのタイミングで劇を終了するか、また、「補助自我」として児童の自発性や創造性が促進されるためにどのよう

な働きかけをしたらよいかなどを児童の動きを予想した上で事前に考えておく必要があります。実際の劇場面では児童は予想に反した動きをすることも多々あります。しかし、事前に「監督」や「補助自我」としての立ち振る舞い方を考えておくと、たとえ児童が予想に反した動きを取っても、担当教師は臨機応変に対応することが可能です。担当教師1人で2つの役を卒なくこなすためには、事前の周到な準備が必要です。

　通級指導教室の運営に携わっている教師は、児童が成長していくには、多くの関係者が連携して、児童を支援していくことが重要であると感じています。本書で示した実践において児童たちに見られた変化は、心理劇的アプローチのみによってもたらされたものではないことは十分に認識しております。本書で述べたことは、あくまでも現状の通級指導教室のサービスの質の向上を図っていく上での一つの提案にすぎません。多くの学校において通級指導教室の担当者が短期間に交代し、保護者から必ずしも満足感が得られていない現状を何とかしたいと考え、児童が安心・安定する場所としての通級指導教室の在り方を考えていくための基礎資料を提示しました。本書で示した実践が、通級指導教室の担当者のお役に立てたとすれば望外の喜びです。何分にも心理劇的アプローチは、実践の途上にあり、多くの方々のご批判、ご指導を仰ぎ、更に実践を深めてまいりたいと思います。

2020年3月30日
都築繁幸
長田洋一

【 著者紹介 】

都築 繁幸

1952 年愛知県生まれ。筑波大学大学院博士課程単位取得退学。教育学博士(筑波大学)。
筑波大学心身障害学系、米国ギャローデット大学、信州大学教育学部、愛知教育大学(理
事・副学長)を経て現在、東京通信大学人間福祉学部学部長・教授。この間、カナダ西オ
ンタリオ大学客員研究員、名古屋大学・愛媛大学・山梨大学・鳴門教育大学等の非常勤
講師等を歴任。特別支援教育士スーパーバイザーとして学校コンサルテーションを行う。
「ＬＤ児の教育支援」(保育出版社) など著書等多数。愛知教育大学名誉教授。

長田 洋一

1958 年愛知県生まれ。愛知教育大学大学院教育学研究科博士課程単位取得退学。1982
年より 2018 年 3 月まで公立小学校教諭(1993 年 4 月から 2018 年 3 月まで通級指導教
室を担当する)、2018 年 4 月より盛岡大学文学部教授。読売新聞社読売教育賞最優秀賞、
東京書籍東書教育賞優秀賞など実践報告多数。教育学修士、特別支援教育士スーパーバ
イザー、学校心理士、臨床.発達心理士。

心理劇的アプローチと
小学校の通級指導教室
―発達障害児への教育支援―

2020 年 4 月 1 日 初版第 1 刷発行
2022 年 6 月 11 日 オンデマンド版第 1 刷発行

■著　作　都築 繁幸・長田 洋一
■発行人　加藤 勝博
■発行所　株式会社 ジアース教育新社
　　　　　〒101-0054　東京都千代田区神田錦町 1-23　宗保第 2 ビル
　　　　　TEL 03-5282-7183　FAX 03-5282-7892
　　　　　E-mail:info@kyoikushinsha.co.jp
　　　　　URL:https://www.kyoikushinsha.co.jp/

■表紙デザイン・DTP　小林 峰子
Printed in Japan
ISBN978-4-86371-536-3
定価はカバーに表示してあります。
乱丁・落丁はお取り替えいたします。(禁無断転載)